Theorie und Praxis der Personalentwicklung

D1641909

Manfred Becker
Volker Schwarz
Anke Schwertner
(Hg.)

Theorie und Praxis der Personalentwicklung

Aktuelle Beiträge aus Wissenschaft und Praxis

2. Auflage

Rainer Hampp Verlag   München und Mering 2002

Bibliografische Information Der Deutschen Bibliothek

Die Deutsche Bibliothek verzeichnet diese Publikation in der Deutschen Nationalbibliografie; detaillierte bibliografische Daten sind im Internet über http://dnb.ddb.de abrufbar.

ISBN: 3-87988-666-0
1. Auflage: 2001
2., überarb. und erw. Auflage: 2002

© 2002   Rainer Hampp Verlag   München und Mering
Meringerzeller Str. 10 D – 86415 Mering

www.Hampp-Verlag.de

Liebe Leserinnen und Leser!
Wir wollen Ihnen ein gutes Buch liefern. Wenn Sie aus irgendwelchen Gründen nicht zufrieden sind, wenden Sie sich bitte an uns.

Vorwort zur 1. Auflage

Personalentwicklung ist zum Nadelöhr für die Erhaltung von Beschäftigungs- und Wettbewerbsfähigkeit geworden. Ohne intensive, systematische und kontinuierliche Anstrengungen in der betrieblichen und beruflichen Bildung, der Förderung von Wollen, Können und Dürfen und der leistungsoptimalen Gestaltung der Arbeit in Gruppen, Projekten und innovativen Teams sind einzelne Mitarbeiter und Unternehmen nicht wettbewerbsfähig. Die Praxis der Personalentwicklung boomt. Internationalisierung, Innovationsdruck und Informationsverarbeitung sind wesentliche Treiber der Veränderungen, die durch Personalentwicklung bewältigt werden müssen.

Die theoretische Durchdringung der Personalentwicklung ist derzeit noch ein bunter Flickenteppich unterschiedlichster Forschungszugänge. Die Berufs- und Betriebspädagogik, die Soziologie und die Betriebswirtschaftslehre thematisieren jeweils aus ihrer Sicht ausgewählte Aspekte der Personalentwicklung. Der hier vorlegte Tagungsband versucht deshalb eine erste Systematisierung des Forschungsfeldes. Die Beiträge sind zu einem großen Teil das Ergebnis eines Workshops, der vom 18. bis 19. November 1999 in der Leucorea zu Wittenberg dem Thema ,Wissenschaftlicher Erkenntnisstand und praktische Relevanz der Personalentwicklung' gewidmet war.

Die Beiträge behandeln – noch in loser Verbindung zueinander – wichtige Aspekte der betrieblichen und der überbetrieblichen Personalentwicklung. Der Überblicksartikel von *Manfred Becker* und *Volker Schwarz* systematisiert zentrale Ergebnisse aus Theorie und Praxis der Personalentwicklung anhand der Schwerpunkte Kontextbedingtheit der Personalentwicklung, Akteure, Ziele, Inhalte und Methoden der Personalentwicklung. Die Autoren identifizieren dabei als zukünftige Forschungsfragen die inhaltliche Neuausrichtung der Personalentwicklung, die Entwicklung von Verfahren zur Erfassung des Wertschöpfungsbeitrages der Personalentwicklung und die Veränderung des Selbstverständnisses der Personalentwickler. *Lutz Bellmann* befasst sich in seinem Beitrag mit den empirischen Ergebnissen des IAB-Firmenpanels zur Aus- und Weiterbildung. Es zeigt sich dabei, dass vor allem in kleinen Betrieben der Privaten Dienstleistungen und des Handels nicht ausgebildet wird. Zur Erhöhung der Ausbildungsquote verweist der Autor auf die Notwendigkeit des verstärkten Einsatzes von Ausbildungsverbünden und die Vorschläge für neue Strukturmodelle, die eine Aufteilung der Ausbildung in Basis- und Ergänzungsmodule vorsehen. An Weiterbildungsmaßnahmen hat im ersten Halbjahr 1999 jeder fünfte Arbeitnehmer teilgenommen. Auffällig dabei ist insbesondere der geringe Anteil der un- bzw. angelernten Arbeiter, der Facharbeiter und der einfachen Angestellten. Bis zu einem gewissen Grad tragen bereits jetzt die Maßnahmen des SGB III zur Förderung der Weiterbildung bei. Nach Ansicht von Bellmann ist deren Potential jedoch noch nicht ausgeschöpft. So schlägt er die gezielte staatliche Förderung von Qualifizierungsmaßnahmen für durch Betriebsänderungen von Arbeitslosigkeit bedrohte Arbeitnehmer vor. Der Stand der Personalentwicklung in der öffentlichen Verwaltung steht im Mittelpunkt des Artikels von *Anne Drescher*. Dabei konstatiert die Autorin den zunehmend größeren Stellenwert der Personalentwicklung bei den Reformbemühungen in der öffentlichen Verwaltung. Die Personalentwicklung entwickelt sich außerdem mehr und mehr zu einer Daueraufgabe. Noch nicht ausreichend entwickelt sind die strategische Ausrichtung und Vernetzung der verschiedenen Personalentwicklungsmaßnahmen sowie das Personalentwicklungscontrolling. Inhaltlicher Schwerpunkt des Beitrags von *Reinhold Weiß* ist die Kompetenzentwicklung. Sie stellt seiner Ansicht nach ein tragfähiges Konzept zur Erweiterung der bislang am traditionellen Qualifikationsbegriff ausgerichteten Personalentwicklung dar. Erforderlich dazu sind allerdings eine adäquate Aufteilung in zentrale und dezentrale Kompetenzentwicklung sowie eine stärkere Betonung der Selbstorganisation, des informellen Erfahrungslernens und des Wertschöpfungsbeitrags von Maßnahmen der Kompetenzentwicklung. Als ebenfalls notwendig sieht der Autor eine verstärkte Verbetrieblichung der Arbeitgeber-Arbeitnehmer-Beziehungen an. *Hans-Gerd Ridder* thematisiert in seinem Aufsatz, ob und wie personalwirtschaftliche Ressourcen als Grundlage für Wettbewerbsvorteile wirken können. Der Autor betont dabei insbesondere die Bedeutung von Entwicklungsgeschichte und Kultur des jeweiligen Unternehmens. Aufbauend darauf und auf der Zusammensetzung der Belegschaft können Personalentwicklungs-Instrumente gestaltet werden. Auszurichten sind diese am strategischen Grundverständnis des Unternehmens. In seinem Aufsatz zur Reformbedürftigkeit der Personalentwicklung diskutiert *Manfred Becker* Kennzeichen und Beispiele einer an den Anforderungen der New Economy ausgerichteten Personalentwicklung. Dabei gewinnt seiner Ansicht nach insbesondere die unmittelbare Verwertbarkeit von Kompetenzen an Bedeutung. Ein Praxiskonzept zur Personalentwicklung stellen *Manfred Becker* und *Dieter Bührnheim* vor. Wesentliche Elemente des Konzepts der B/A/S sind Anforderungsprofile, Strukturierte Mitarbeitergespräche, Zielvereinbarungen und variable Vergütung. Neben Personalentwicklungs-Instrumenten sind auch Qualitätsstandards wesentlich für eine die Wettbewerbsfähigkeit erhöhende Personalentwicklung. *Manfred Becker* und *Hartmut Brand* erläutern in ihrem Beitrag die wesentlichen Standardanforderungen, die an den Personalentwicklungsprozess der AOK gestellt werden. In einem abschließenden Glossar werden auf der Basis der Beiträge und der aktuellen Literatur wesentliche Grundbegriffe der Personalentwicklung erläutert und zentrale Literaturhinweise aufgelistet.

Den Teilnehmerinnen und Teilnehmern des Kolloquiums in der Leucorea zu Wittenberg gilt unser Dank ebenso wie den Autoren dieses Bandes.

Halle (Saale), im Frühjahr 2001　　　　　　　　Manfred Becker

　　　　　　　　　　　　　　　　　　　　　　Volker Schwarz

Vorwort zur 2. Auflage

Für die zweite Auflage dieses Tagungsbandes wurden die Beiträge „Vom Wissenshamster zum Kompetenzwiesel" (Manfred Becker), „Engpassfaktor qualifizierte und motivierte Mitarbeiter. Personalentwicklung bei der B/A/S mbH" (Manfred Becker/Dieter Bührnheim) und „Qualitätsstandards für Personalentwicklungsmaßnahmen der AOK" (Manfred Becker/Hartmut Brand) überarbeitet, ergänzt und aktualisiert. Der neu hinzugenommene Beitrag von Wolf-Rainer Lowack erweitert den vorliegenden Band um einen Erfahrungsbericht zum eigenverantwortlichen Lernen in der unternehmerischen Praxis. Am Beispiel der BASF AG werden Voraussetzungen und Maßnahmen zum Aufbau einer zeitgemäßen Lernkultur aufgezeigt.

Die Bibliographie zur Personalentwicklung wurde auf den neuesten Stand gebracht.

Die Beiträge haben – ein Jahr nach Erstauflage – nichts an Aktualität und Bedeutung eingebüßt. Status Quo, Gestaltungsansätze und Ansatzpunkte zur Systematisierung der Personalentwicklung werden in Aufsätzen zur überbetrieblichen Arbeitsmarktforschung, betrieblichen Erstausbildung, Kompetenzentwicklung und Mitarbeiterförderung dargestellt.

Die Diskussion zur Personalentwicklung und insbesondere zur Kompetenzentwicklung ist nicht stehen geblieben. In dem ebenfalls im Rainer Hampp Verlag erschienenen Tagungsband zum 2. Wissenschaftlichen Symposium „Personalentwicklung als Kompetenzentwicklung" wird der Dialog zwischen Theorie und Praxis weitergeführt. Die beiden Tagungsbände bilden eine thematische Einheit und sind dem interessierten Leser als inhaltlich verbundene Lektüre empfohlen.

Halle (Saale), im Sommer 2002   Manfred Becker

Volker Schwarz

Anke Schwertner

Gliederung

Manfred Becker/Volker Schwarz

Personalentwicklung in Theorie und Praxis. Forschungsstand und weiterführende Forschungsfragen

1 Einleitung

Der kontinuierliche Wandel der Unternehmen führt zu einer zunehmenden Bedeutung der anwendungsorientierten Personalentwicklung. Diese strebt sowohl die Verbesserung der theoretischen Erkenntnisse als auch die Fortentwicklung des relevanten Praxiswissens an. Dabei beschäftigt sie sich mit folgenden grundlegenden Fragen (vgl. Abbildung 1):[1]

Fragen einer anwendungsorientierten Personalentwicklung	
Beschreibung	Wie ist die Personalentwicklung in der Praxis ausgestaltet?
Erklärung	Warum existiert ein bestimmter Personalentwicklungszustand?
Gestaltung	Wie kann ein angestrebter Personalentwicklungszustand erreicht werden?
Prognose	Welcher zukünftige Personalentwicklungszustand ist bei Eintritt bestimmter Bedingungen zu erwarten?

Abbildung 1

In den vergangenen Jahren entstanden dazu eine Vielzahl von theoretischen und praxisorientierten Veröffentlichungen.[2] Schwerpunkte sind

- der Zusammenhang von Kontextfaktoren und Personalentwicklung,

- die Akteure der Personalentwicklung,

- die Ziele der Personalentwicklung,

- die Inhalte der Personalentwicklung und

- die Methoden der Personalentwicklung.

Im Folgenden werden ausgewählte Ergebnisse der unterschiedlichen Forschungsbereiche aus anwendungsorientierter Sicht dargestellt und diskutiert.

---

[1]   Vgl. Becker (1999a), S. 13.
[2]   Vgl. u. a. Arbeitskreis Betriebliche Weiterbildungsforschung (1996), Arbeitskreis Betriebliche Weiterbildungsforschung (1997), Arbeitskreis Betriebliche Weiterbildungsforschung (1999), Becker (1999a), Brinkhaus (1995), Ennen/Günther (1996), Grieger (1997), Hanft (1995), Jäger/Buck (1997), Laske/Gorbach (1993), Meier (1995), Mentzel (1997), Müller (1996), Münch (1995), Neuberger (1994), Riekhof (1997), Reinhardt (2000), Sonntag (1999a), Stiefel (1999), Struck (1998), Thom (1987), Wunderer/Arx (1998).

2 Forschungsstand in Theorie und Praxis

Zur Systematisierung der vielfältigen Einzelergebnisse zur Personalentwicklung ist es sinnvoll, diese anhand der oben genannten Forschungszugänge zu untersuchen (vgl. Abbildung 2). Dabei werden Erkenntnisse aus unterschiedlichen Wissenschaftsdisziplinen herangezogen.

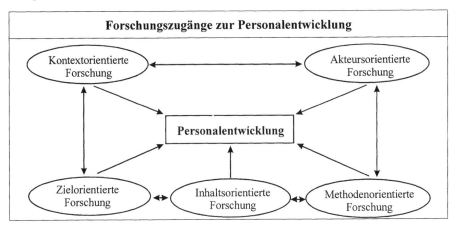

Abbildung 2

2.1 Kontextorientierte Forschung

Die kontextorientierte Forschung geht davon aus, dass externe und interne Rahmenbedingungen die Ausgestaltung der Personalentwicklung beeinflussen. Der Wertewandel, die Arbeitsmarktsituation und das in der Bundesrepublik existierende Bildungssystem stellen wesentliche externe Einflussfaktoren dar. Intern wird die Personalentwicklung durch den Stand der Unternehmenstransformation, die eingesetzten Technologien und die Branchenzugehörigkeit bestimmt. Im Einzelnen existieren dazu folgende Forschungsergebnisse:

Die Rahmenbedingungen haben sich in den vergangenen Jahren zunehmend gewandelt.[3] Als Reaktion darauf wurden/werden in Unternehmen Prozesse dezentralisiert und die Zusammenarbeit zwischen Unternehmen intensiviert.[4] Legt man die Kontingenzhypothese zugrunde, dann ergeben sich daraus für die Personalentwicklung weitreichende Konsequenzen:

Der Zusammenhang von Wertewandel und Personalentwicklung wurde bislang kaum untersucht. Eine Ausnahme ist die Forschungsgruppe um v. Rosenstiel, die sich mit

---

[3] Vgl. zu den sich rasch verändernden Rahmenbedingungen Picot/Reichwald/Wigand (1998), Hesch (1997) und Faulstich (1998).

[4] Vgl. z. B. Döhl/Kratzer/Sauer (2000), S. 8 ff.

dem Phänomen ‚Wertewandel[5]/berufliche Orientierung' über einen längeren Zeitraum hinweg eingehender beschäftigt hat (vgl. zu den Ergebnissen Abbildung 3).[6] Ausgegangen wird dabei von der Annahme, dass „[...] die Übereinstimmung der individuellen Wertorientierungen mit den zentralen Werten und Zielvorstellungen des Unternehmens zur Basis der Identifikation [wird] und letztlich zu[r] Handlungsfähigkeit [des Unternehmens] [...]"[7] beiträgt.

Stabilität und Wandel von Berufsorientierungen						
	Berufsorientierung nach Berufserfahrung					
	Karriere-orientierung		Freizeit-orientierung		Alternatives Engagement	
	80er	90er	80er	90er	80er	90er
Karriereorientierung 80er: n = 109	80%		8%		12%	
90er: n = 379		69%		10%		21%
Freizeitorientierung 80er: n = 96	25%		68%		7%	
90er: n = 176		31%		28%		41%
Alternatives Engagement 80er: n = 78	13%		28%		49%	
90er: n = 448		18%		11%		71%

Abbildung 3
(Quelle: v. Rosenstiel (1999), S. 108 f.)

Wie Abbildung 3 verdeutlicht, unterscheidet v. Rosenstiel in karriere-, freizeit- und alternativ orientierte Berufseinsteiger (Berufsorientierung bei Berufseinstieg). Die Fortentwicklung der Berufsorientierung nach ersten Berufserfahrungen wurde in den 80er Jahren (entspannter Arbeitsmarkt, stabile Unternehmensumwelt, geringerer Konkurrenzdruck) und in den 90er Jahren (angespannter Arbeitsmarkt, dynamische Unternehmensumwelt, hoher Konkurrenzdruck) untersucht (Berufsorientierung nach Berufserfahrung). Dabei ergab die erste Erhebung in den 80er Jahren, dass Berufseinsteiger mit Karriereorientierung diese von Unternehmen gewünschte Ausrichtung überwiegend auch nach ersten Berufserfahrungen beibehalten (zu 80%). Freizeitorientierte sind in ihrer Orientierung zu 68% konstant. Alternativ Engagierte

---

[5]   Vgl. allgemein zum Wertewandel und seinen Ursachen Stengel (1999).
[6]   Vgl. u. a. v. Rosenstiel (1999), v. Rosenstiel/Nerdinger/Spieß (1998), v. Rosenstiel/Djarrahzadeh/Einsiedler/Streich (1993), v. Rosenstiel/Nerdinger/Spieß/Stengel (1989) und Stengel (1999).
[7]   v. Rosenstiel (1999), S. 106. Vgl. auch Stengel (1999).

dagegen, denen Querdenken unterstellt wird, bleiben nur zu 49% alternativ ausgerichtet. Aufgrund des hohen unternehmensinternen Anpassungsdrucks wandelt sich bei 28% das Engagement in Richtung Freizeitorientierung.[8] In den 90er Jahren nehmen die Leistungsanforderungen zu. Deshalb werden Freizeitorientierte weniger eingestellt. Sie sehen sich aufgrund des organisatorischen Anpassungsdrucks zudem zu einem großen Teil gezwungen, ihre Einstellung nach ersten Berufserfahrungen zu verändern (31% sind nun karriereorientiert, 41% alternativ engagiert). Die als erforderlich angesehene unternehmerische Innovationsfähigkeit fördert die Rekrutierung alternativ Engagierter, die ihre Ausrichtung auch in der Organisation beibehalten können.[9]

Neben ‚orientierungsfilternden' Auswahl- und Selbstselektionsmaßnahmen erfordert die zunehmende Leistungs- und Innovationsorientierung von der Personalentwicklung Motivationsleistungen, die auch Freizeitorientierte zu einem höheren Output anreizen (z. B. Maßnahmen der Personaleinführung und der Unternehmenskulturgestaltung[10]). Der durch den gesellschaftlichen Wertewandel bewirkte Trend zur Selbstständigkeit macht eine organisatorische Einbindung der an interessanten Arbeitsinhalten und persönlicher Weiterentwicklung interessierten ‚alternativ Engagierten' notwendig. Strukturierte Mitarbeitergespräche als Möglichkeit zur Ermittlung der individuellen Bedürfnisse der Mitarbeiter nehmen an Bedeutung zu.[11] Auf der Basis der ermittelten Ziele sind Personalentwicklungsmaßnahmen zu gestalten. Insbesondere bei den Bildungsaktivitäten ist dabei darauf zu achten, dass unterschiedlichen ‚Lerntypen' in variierenden Unternehmenssituationen verschiedene Formen des selbstgesteuerten Lernen[12] zugestanden werden. Eine Untersuchung von Wittmann/Kaschube belegt ferner, dass die Berufsorientierung u. a. auch die Bereitschaft zur Teilnahme an Personalentwicklungsmaßnahmen beeinflusst: „Personen mit höherer Karriereorientierung und höherem alternativen Engagement zeigen ein höheres Maß an Initiative, das zur Teilnahme an Personalmaßnahmen führt."[13] Insgesamt ergibt sich somit die Erfordernis, die individuellen Interessen der Mitarbeiter an Personalentwicklung zu fördern.[14] Dies geschieht nach einer Studie von Wittmann et al. in der betrieblichen Praxis bislang jedoch nur bedingt.[15]

---

[8] Vgl. v. Rosenstiel/Nerdinger/Spieß/Stengel (1989), S. 101 ff. Vgl. ferner Rosenstiel (1999), S. 108 f.

[9] Vgl. v. Rosenstiel (1999), S. 109. Vgl. auch v. Rosenstiel/Nerdinger/Spieß (1998).

[10] Vgl. zur Unternehmenskultur und ihrem Zusammenhang zur Personalentwicklung Becker (1999a), S. 54 ff.

[11] Vgl. auch Weiß in diesem Band. Vgl. zum Strukturierten Mitarbeitergespräch Becker (1994), Becker (1999a), S. 369 ff. und Teilkapitel 2.4.

[12] Vgl. zum selbstgesteuerten Lernen u. a. Straha (1996).

[13] Wittmann/Kaschube (1998), S. 161.

[14] Vgl. auch Weiß in diesem Band.

[15] Nach der Untersuchung werden Unternehmensziele (Mittelwert 3.1 auf einer Skala von nicht wichtig [1] bis sehr wichtig [4]) am höchsten bewertet, gefolgt von Zielen, die gleichzeitig Mitarbeitern und der Organisation dienen (Mittelwert von 3.0). Mitarbeiterorientierte Ziele

Der Zusammenhang von flexiblen Beschäftigungsformen und Personalentwicklung ist bislang in der Literatur ebenfalls noch nicht ausführlich behandelt worden. Unter flexiblen Beschäftigungsformen versteht man alle Formen der Beschäftigung, die vom sog. ‚Normalarbeitsverhältnis‘[16] abweichen.[17] Flexible Beschäftigungsformen lassen sich unterteilen in Formen raschen Beschäftigungswechsels (Leiharbeitsverhältnisse und befristete Arbeitsverhältnisse) und in Formen auftragsbezogener Beschäftigung (Scheinselbständigkeit und Selbstständigkeit) (vgl. Abbildung 4).[18] Der Anteil an flexiblen Beschäftigungsverhältnissen nimmt zu. In einem Gutachten für die ‚Bayrisch-Sächsische Kommission für Zukunftsfragen‘ kommen Buch und Rühmann zu dem Ergebnis, dass bereits bis zu einem Drittel aller abhängig Beschäftigten nicht mehr innerhalb eines Normalarbeitsverhältnisses arbeiten.[19]

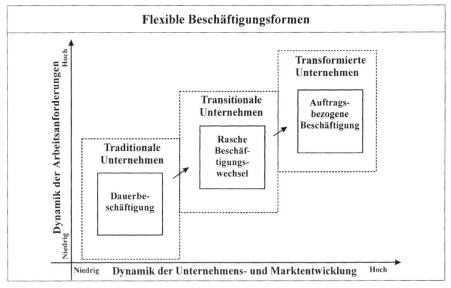

Abbildung 4

---

      werden als eher unwichtig betrachtet (Mittelwert von 2.0). Vgl. Witt-mann/Kaschube/Bullemer/Feldmeyer/Prechtl/Staßen/Warnecke/Wins (1997), S. 233 f.

[16]   Ein Normalarbeitsverhältnis ist auf Dauer angelegt (unbefristeter Arbeitsvertrag) und gründet sich auf der persönlichen Abhängigkeit des Arbeitnehmers vom Arbeitgeber. Vgl. im Gegensatz dazu eine engere Definition von Hoffmann/Walwei (1998), S. 410.

[17]   Vgl. Walwei (1995), S. 9.

[18]   Vgl. ähnlich Hoffmann/Walwei (1998), S. 410.

[19]   Vgl. Buch/Rühmann (1998), S. 51 ff. Zit. n. Döhl/Kratzer/Sauer (2000), S. 11. Für eine andere Abgrenzung und weniger extreme Ergebnisse vgl. Hoffmann/Walwei (1998), S. 413 ff. Vgl. zur zunehmenden Bedeutung flexibler Beschäftigungsverhältnisse auch Albert/Bradley (1997), S. 2.

Die sich daraus ergebende Segmentierung der Belegschaft in Stamm- und Randbelegschaften erfordert eine Differenzierung in den Leistungen der Personalentwicklung. Dies belegt z. B. die in der Praxis erkennbare Tendenz zur Auslagerung bestimmter Personalentwicklungsaufgaben.

Während für die Stammbelegschaft Personalentwicklung auch weiterhin in betrieblicher Verantwortung betrieben wird, ist bei zeitlich befristeten oder auftragsbezogenen Beschäftigten in der Randbelegschaft zunehmend mehr Eigenverantwortung für die Sicherung der Beschäftigungsfähigkeit notwendig.[20] Überbetriebliche Bildungsträger gewinnen dadurch an Bedeutung. Voraussetzung dafür ist allerdings, dass diese ein hinreichend differenziertes Angebot bei entsprechender Markttransparenz schaffen. Da die Anzahl der Arbeitgeberwechsel im Verlauf des Berufslebens zunehmen wird, erfordert auch die innerbetriebliche Personalentwicklung vermehrt eigene Investitionen der Mitarbeiter (z. B. in Form von Freizeitopfern). Konkretere praktische Umsetzungsvorschläge für eine differenzierte Gestaltung der Personalentwicklung wurden bislang nicht entwickelt.

Das Bildungssystem in der Bundesrepublik Deutschland setzt sich aus der schulischen Bildung und der beruflichen Sekundärbildung (Ausbildung im dualen Ausbildungs- oder Hochschulsystem, Einzelmaßnahmen der beruflichen Weiterbildung) zusammen. Unmittelbar gestalten kann die betriebliche Personalentwicklung Teile der beruflichen Erstausbildung und die Weiterbildung. Insbesondere die Ausgestaltung der beruflichen Erstausbildung[21] wird dabei von staatlichen Regelungsvorgaben stark beeinflusst. Die Weiterbildung unterliegt lediglich zu einem geringen Ausmaß bindenden Vorschriften.[22] Sowohl die berufliche Erstausbildung als auch die betriebliche Weiterbildung stehen aufgrund der Veränderungstendenzen in der Wirtschaft unter starkem Anpassungsdruck.[23] Die Forschung zur Weiterbildung befasst sich seit den 90er Jahren zunehmend mit Überlegungen zur Vermittlung überfachlicher Qualifikationen und Kompetenzen.[24] Während die Weiterbildung – mit Ausnahme der Einzelvorschriften zur Arbeitsförderung[25] – auch zukünftig einzelbetrieblich geregelt werden soll, wurden zur Neuordnung des dualen Systems eine Reihe von Reformvorschlägen entwickelt.

---

[20]   Vgl. Weiß in diesem Band.

[21]   Vgl. zur Regulierung der betrieblichen Erstausbildung z. B. Becker (1999a), S. 120 ff. und Greinert (1998), S. 105 ff.

[22]   Vgl. Becker (1999a), S. 141. Vgl. ferner zu Einzelvorschriften, die auf die Weiterbildung Einfluß nehmen Becker (1999a), S. 127 ff. Vgl. für einen aktuellen Vorschlag zur Ausweitung der Beteiligungsrechte des Betriebsrats in Weiterbildungsfragen Däubler (2000), S. 1193 ff.

[23]   Vgl. z. B. Geißler (1991) und Greinert (1998), S. 184 ff.

[24]   Vgl. z. B. Arbeitskreis Betriebliche Weiterbildungsforschung (1996), Arbeitskreis Betriebliche Weiterbildungsforschung (1997), Arbeitskreis Betriebliche Weiterbildungsforschung (1999) und Staudt/Kriegesmann (1999). Vgl. hierzu auch die Darstellung des Wandels vom Qualifikations- zum Kompetenzbegriff in Teilkapitel 2.3.

[25]   Vgl. zu der 1997 durchgeführten Reform der Arbeitsförderung durch das Sozialgesetzbuch III (SGB III) z. B. Bundesministerium für Arbeit und Sozialordnung (1998) und Bellmann in diesem Band.

Dabei konzentrieren sich wissenschaftliche Veröffentlichungen verstärkt auf die Notwendigkeit des für das duale System grundlegenden ,Berufskonzepts'[26] und die Entwicklung neuer Formen der Wissensvermittlung[27], während die Tarifpartner oder ihnen nahestehende Institutionen konkrete Ausbildungsstrukturmodelle diskutieren.[28] Die vorgeschlagenen Reformüberlegungen befassen sich mit der Anpassung bestehender Ausbildungsberufe,[29] der Schaffung neuer Ausbildungsberufe[30] und der Problematik einer Verzahnung von betrieblicher Erstausbildung und Weiterbildung. Als Anforderungen an eine reformierte berufliche Erstausbildung stellt der Deutsche Industrie- und Handelstag (DIHT) die Ermöglichung der vollen Berufsfähigkeit[31], die Beibehaltung des Berufskonzepts, die Ableitung der Inhalte der Berufsbilder aus den Tätigkeitsfeldern, die Betonung fachlicher Qualifizierung, die Ausweitung des Lernens im Betrieb (Praxisphasen) und die Konzentration der schulischen Ausbildung auf Basiswissen.[32]

Sowohl der Deutsche Gewerkschaftsbund (DGB) als auch der DIHT sind sich im Grundsatz darin einig, die Ausbildungsstruktur zu verändern:[33] Neben einer Grundqualifikation sollen innerhalb des Ausbildungsgangs Wahlpflichtoptionen bestehen, deren Umfang in einer Rahmenausbildungsordnung zu regeln ist. Dies hat den Vorteil, dass damit Betrieben in begrenztem Umfang eine betriebsspezifische Ausbildung ihrer Nachwuchskräfte ermöglicht wird. Verstärkt werden kann dies – abhängig vom individuellen Leistungsvermögen – zusätzlich durch freiwillige Wahlbausteine. Deren erfolgreicher Abschluss ist durch einen getrennten Ausweis im Ausbildungszeugnis oder als separates Zertifikat zu bestätigen. Um im Rahmen der neuen Ausbildungsstruktur eine Verzahnung von Aus- und Weiterbildung zu erreichen, sollen die Wahlpflicht- und Wahlfächer im Rahmen der Weiterbildung auch im weiteren Verlauf der beruflichen Tätigkeit absolviert werden können.[34]

---

[26]   Vgl. z. B. Baethge (1996). Vgl. auch Pütz (1999).

[27]   Vgl. z. B. die Arbeit von Schirmer (1997). Insbesondere die Optimierung von Methoden der Berufsausbildung hin zu einer stärkeren Handlungsorientierung (z. B. in Juniorfirmen) werden dabei ausführlich diskutiert. Vgl. zur Handlungsorientierung etwa Becker (1999a), S. 161 ff. und Achtenhagen (1998). Vgl. zu Juniorfirmen beispielsweise Achtenhagen/Tramm (1994).

[28]   Vgl. z. B. Breitmeier (1997), DIHT (1999) und DGB (1999).

[29]   Umgesetzt wurden bislang die Neuordnung z. B. in den vier 1997 genehmigten IT-Ausbildungsberufen IT-System-Elektroniker, Fachinformatiker, IT-Systemkaufmann und Informationskaufmann.

[30]   Beispiele sind die Berufsbilder des Mechatronikers oder des Mediengestalters für Digital- und Printmedien 1998 sowie die Laborberufe der chemischen Industrie von 1999.

[31]   „[Volle] Berufsfähigkeit heißt, mit dem Abschluß der Ausbildung eine vollwertige Erwerbstätigkeit aufnehmen zu können, ohne dass eine zusätzliche stützende oder überleitende Qualifizierung erforderlich ist." DIHT (1999), S. 5.

[32]   Vgl. DIHT (1999), S. 5. Ähnlich bereits Breitmeier (1997), S. 836 ff.

[33]   Vgl. zum folgenden DGB (1999) und DIHT (1999). Vgl. ferner auch Breitmeier (1997) und Pütz (1999).

[34]   Über eine Verkürzung der beruflichen Erstausbildung besteht dagegen keine Einigkeit. Während der DGB eine mindestens dreijährige Ausbildung fordert, sieht der Vorschlag des DIHTs eine zwischen Arbeitgeber und Auszubildendem innerhalb eines bestimmten Zeitrahmens ver-

Zukünftige Forschungsfelder sind die Entwicklung von allgemeinen und betriebsspezifischen Inhalten für einzelne Qualifikationsmodule (orientiert an Funktionen oder Prozessen), die Entwicklung von Regelungen zur Zertifizierung der gesamten modularisierten Ausbildungsgänge bzw. einzelner Elemente aus diesen und die Evaluation von Ausbildungsgängen und Einzelzertifikaten hinsichtlich ihrer Verwertbarkeit in der betrieblichen Praxis.[35]

Die Untersuchung des Zusammenhangs von Personalentwicklung und der praktizierten Form der Unternehmensführung kann auf erste empirische Ergebnisse zurückgreifen. Ausgangspunkt einer von Becker 1998 durchgeführten Untersuchung ist die Annahme, dass die Personalentwicklung dafür verantwortlich ist, unternehmerische Strategieentscheidungen zu initiieren, zu unterstützen und zu stabilisieren.[36] Unternehmen in unterschiedlichen ‚Generationen' der Unternehmensführung – so die konkretisierende Hypothese – benötigen eine entsprechend ‚angepasste' (d. h. eine die jeweilige Strategie unterstützende) Personalentwicklung. Grundlage der Studie ist eine Schema, das idealtypisch bei der Unternehmensführung und der Personalentwicklung von jeweils drei Entwicklungsstadien (‚Generationen') ausgeht (vgl. Abbildung 5).[37]

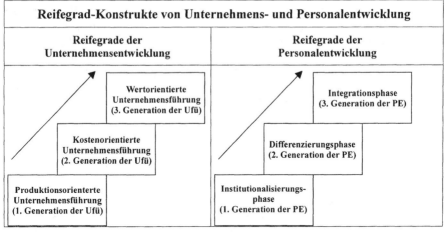

Abbildung 5
(Quelle: Becker (1998a), S. 3 f.)

Abhängig von den Ausprägungen von Merkmalen wie Unternehmensziele, Unternehmensstrategie und Unternehmensstruktur unterscheidet man in produktionsorien-

---

traglich zu vereinbarende Ausbildungszeit zwischen zwei und dreieinhalb Jahren vor. Vgl. DGB (1999), S. 3 und DIHT (1999), S. 7.

[35] Vgl. Reuchling (2000), S. 5 ff.

[36] Vgl. Becker (1998a), S. 20.

[37] Vgl. hierzu und zum Folgenden Becker (1998a).

tierte Unternehmensführung (‚traditionale Unternehmen'), kostenorientierte Unternehmensführung (‚transitionale Unternehmen') und wertorientierte Unternehmensführung (‚transformierte Unternehmen'). Der jeweiligen Phase der Unternehmenstransformation lässt sich eine phasentypisch ausgestaltete Personalentwicklung zuordnen. Als Merkmale erfasst wurden dabei u. a. Personalentwicklungs-Inhalte, Professionalisierung der Personalentwicklungsmitarbeiter und Organisation der Personalentwicklung.[38]

In der aufgrund ihres geringen Stichprobenumfangs als begrenzt aussagefähig anzusehenden empirischen Überprüfung ergibt sich zwischen

- der produktionsorientierten Unternehmensführung und der Institutionalisierungsphase der Personalentwicklung,

- der kostenorientierten Unternehmensführung und der Differenzierungsphase der Personalentwicklung sowie

- der wertorientierten Unternehmensführung und der Integrationsphase der Personalentwicklung

jeweils ein Zusammenhang.[39]

Die Personalentwicklung in der Institutionalisierungsphase umfasst Bildungsmaßnahmen.[40] Diese werden abhängig von den auftretenden Qualifikationsdefiziten der Mitarbeiter i. d. R. off the job durchgeführt. In der Differenzierungsphase ist die Personalentwicklung um Fördermaßnahmen zu erweitern. Die Maßnahmen sind auf der Basis eines Soll-Ist-Vergleichs von gegenwärtigen Qualifikationen und zukünftigen Anforderungen anhand eines Funktionszyklusses[41] systematisch zu planen. Der Erfolgskontrolle (in Form einer Kontext-, einer Input-, einer pädagogischen und einer Transferkontrolle) kommt eine wesentliche Bedeutung zu.[42] Ziel der Personalentwicklung in der Integrationsphase ist die Förderung organisatorischer Lernprozesse. Deshalb sind die Inhalte der Personalentwicklung um Maßnahmen der Organisationsentwicklung zu erweitern. Ein Personalcontrollingsystem evaluiert die dezentral durchgeführten Maßnahmen.

Ebenfalls empirisch gestützt wird der Zusammenhang von Strategie und Personalentwicklung durch eine schriftliche Befragung von 165 europäischen Unternehmen zur Personalentwicklung in Europa. Dabei ergibt sich, dass „[...] Unternehmen mit stark ausgeprägtem Strategieprofil [...] signifikant häufiger ein innovatives Personal-

---

[38]   Vgl. für eine vollständige Auflistung der erhobenen Merkmale Becker (1998a), S. 3 ff.
[39]   Vgl. Becker (1998a), S. 14.
[40]   Vgl. zu den Inhalten der Personalentwicklung Abschnitt 2.4.
[41]   Vgl. zum Funktionszyklus der Personalentwicklung Abschnitt 2.5
[42]   Vgl. hierzu auch den Beitrag von Becker/Brand in diesem Band.

entwicklungsverständnis [als Unternehmen mit schwachem Strategieprofil aufweisen].«[43]

Zusammenfassend kann gesagt werden, dass Kontextfaktoren zwar starken Einfluss auf die Personalentwicklung haben, eine einseitig daran ausgerichtete Personalentwicklung jedoch „[...] fragwürdig und unvollständig ist, weil sie vornehmlich von einer (Außen-)Determiniertheit des betrieblichen Personalbedarfs ausgeht, Bedarf aus den externen Anforderungen deduzieren zu können glaubt und Personalentwicklung als einseitige Anpassung an diese Anforderungen versteht.«[44] Zusätzlich werden deshalb im Folgenden die Akteure der Personalentwicklung (Mitarbeiter, Personalentwickler, Entscheidungsträger) in die Betrachtung einbezogen (akteursorientierte Forschung). Darauf aufbauend werden die bisherigen Forschungsergebnisse zu den konzeptionellen Grundlagen der Personalentwicklung (ziel-, inhalts- und methodenorientierte Forschung) dargestellt.[45]

2.2 Akteursorientierte Forschung

Akteure der Personalentwicklung sind die unmittelbar von Personalentwicklungsaktivitäten betroffenen Mitarbeiter, die für Konzeption und Durchführung verantwortlichen Personalentwickler, die für die Genehmigung von Personalentwicklung zuständigen Entscheidungsträger und – in begrenztem Umfang – die einen institutionellen Rahmen und Fördermittel zur Verfügung stellenden staatlichen Institutionen.[46]

Grundsätzlich besteht Konsens darüber, dass Individuen sich lebenslang fortentwickeln können.[47] Die Entwicklung kann jedoch in unterschiedliche Richtungen verlaufen. So ergeben empirische Untersuchungen, dass mit zunehmendem Alter die sog. ‚fluide Intelligenz' (z. B. Gedächtnis, Informationsverarbeitung und Problemlösefähigkeit) abnimmt.[48] Bei entsprechenden Trainingsmaßnahmen sind jedoch nach einer

---

[43] Reinhardt (2000), S. 225. In der Untersuchung wird zwischen starker und schwacher Strategieausprägung sowie traditioneller und innovativer Personalentwicklung unterschieden. Eine starke Strategieausprägung wird bei Unternehmen unterstellt, die sich an die dynamische Umwelt durch eine differenzierte Unternehmensstrategie anpassen.

[44] Arnold (1999), S. 11.

[45] Auf eine eingehende Untersuchung des Zusammenhangs von eingesetzten Technologien und Personalentwicklung wird verzichtet. Vgl. hierzu Staudt (1997), S. 35 ff. und Struck (1998), S. 79 ff. Ebenfalls nicht näher behandelt werden branchenspezifische Unterschiede bei der Personalentwicklung. Vgl. z. B. zur Personalentwicklung in Kreditinstituten die verschiedenen Praxiskonzepte in Schwuchow/Gutmann (1998) und Meier (1995). Vgl. außerdem zum Stand der Personalentwicklung in der öffentlichen Verwaltung den Beitrag von Drescher in diesem Band. Aufgrund von recht schwachen Belegen für Unterschiede in unterschiedlichen europäischen Ländern, wird der Länderaspekt hier ebenfalls nicht weiter verfolgt. Vgl. Reinhardt (2000), S. 228 f.

[46] Der Akteur ‚Staat' wird aufgrund seiner nur indirekten, auf Rahmensetzung und Fördermittel basierenden Bedeutung im Folgenden nicht weiter betrachtet.

[47] Vgl. Oerter (1999) und die von ihm genannte Literatur.

[48] Vgl. Horn (1982). Zit. n. Oerter (1999), S. 34.

Untersuchung von Baltes, Sowarka und Kliegl auch bei älteren Mitarbeitern (in begrenztem Umfang) noch Lerneffekte möglich.[49] Dazu ist jedoch die Schaffung eines Klimas erforderlich, das Vertrauen in die eigenen Fähigkeiten entstehen lässt.[50] Die Möglichkeiten lebenslangen Lernens werden bestimmt durch

• die Persönlichkeit des Mitarbeiters,

• seine Einstellungen,

• seine Motivation,

• die Lernumgebung (‚organisatorisches Setting‘) und

• das allgemeine Umfeld (z. B. Arbeitsmarktsituation, staatliche Fördermaßnahmen, Wirtschaftskrisen)[51].

Generell ist davon auszugehen, dass Persönlichkeitsmerkmale (wie Temperament oder Intelligenz) und Einstellungen über die Zeit verhältnismäßig stabil sind.[52] Ursachen für die Stabilität können genetisch vorgeprägte Dispositionen (d. h. Begabung) oder situationsspezifische Erfahrungen sein. Nach empirischen Untersuchungen liegt der Anteil der Begabung bei Temperamentsmerkmalen bei ca. 50%, während er bei der Intelligenz sogar bis zu 80% genetisch bedingt ist.[53] Damit stellen genetisch bedingte Einflüsse deutliche Grenzen für die Gestaltung der Personalentwicklung dar. Da es sich jedoch um individuell unterschiedlich auftretende Einflüsse handelt, zieht Brandstätter den Schluss, dass dennoch „[...] ein sehr großer, wenn auch nicht genauer abschätzbarer Spielraum für Lernen in Organisationen [...]"[54] besteht. Empirische Studien belegen diese Erkenntnisse. Besonderes Gewicht kommt mit zunehmendem Entwicklungsniveau des Mitarbeiters – neben dem Vorwissen – der Lernmotivation zu.[55] Diese ist in Anlehnung an die Zieltheorie von Locke dann besonders hoch, wenn die formulierten Lernziele als verpflichtend empfunden werden (d. h. akzeptiert werden), spezifisch und schwierig formuliert sind.[56] Bei der Verwendung von Einschätzungsverfahren und der Entwicklung bzw. Durchführung von Personalentwicklungsmaßnahmen sind deshalb individuelle Unterschiede (bei Begabung, Vorwissen und Motivation) zu berücksichtigen.[57] Da die Bereitschaft zur Veränderung auch durch Gefühle beeinflusst wird, sind Lernprozesse nur dann nachhaltig möglich, wenn sie durch Alltagserfahrungen gestützt werden und – im Falle

---

[49]   Vgl. Baltes/Sowarka/Kliegl (1989). Zit. n. Oerter (1999), S. 35. Vgl. auch Krapp/Weidenmann (1999), S. 82 und die dort angegebene Literatur.
[50]   Vgl. Brandstätter (1999), S. 65.
[51]   Vgl. hierzu Teilkapitel 2.1.
[52]   Vgl. dazu die bei Brandstätter (1999) genannten Untersuchungen.
[53]   Vgl. Brandstätter (1999), S. 67 und die von ihm zitierten empirischen Studien.
[54]   Brandstätter (1999), S. 71.
[55]   Vgl. Krapp/Weidenmann (1999), S. 82.
[56]   Vgl. für eine aktuelle Zusammenfassung der Lerntheorie von Locke Kohnke (2000).
[57]   Vgl. auch Krapp/Weidenmann (1999), S. 82 f.

des sozialen Lernens – über reine Wissensvermittlung hinausgehen.[58] Nicht betriebsspezifische, seminaristische Wissensvermittlung in der Personalentwicklung ist somit um andere Lehr- und Lernformen zu ergänzen.

Ein weiterer, bis zu einem bestimmten Grad von Individuen beeinflussbarer Einflussfaktor ist das ‚organisatorische Setting' des Mitarbeiters. Abhängig von seiner Zielgerichtetheit kann ein Mitarbeiter – unter Beachtung der Einfluss nehmenden sozialen Zwänge (z. B. gesellschaftliche Normen, Gruppenzwang) und der sonstigen Hemmnisse (z. B. Benachteiligung von Behinderten, Jugendlichen ohne Berufsabschluss) – zur Passung seiner eigenen Fähigkeiten und Vorstellungen mit den Arbeitsplatzbedingungen beitragen. Voraussetzungen dafür sind hinreichende Informationen und eine umfassende Handlungskompetenz. Aufgabe der Personalentwicklung ist die Schaffung eines sozialen Umfelds, das zur Sicherheit und Motivation des Einzelnen beiträgt. Ferner sind innerhalb einer Organisation Möglichkeiten zur individuellen Weiterentwicklung zu eröffnen. Die dafür möglicherweise erforderlichen Einstellungsänderungen sind abhängig von der Gestaltung der Arbeitsbedingungen.[59] So ist eine Bereitschaft zur Weiterentwicklung nur dann zu erwarten, wenn „[...] selbständiges Denken und unkonventionelle Lösungsvorschläge positiv aufgenommen werden."[60] Außerdem sind gesonderte Entwicklungsmöglichkeiten für benachteiligte Mitarbeitergruppen anzubieten.[61]

Erfolgreiche, die personenspezifischen Anforderungen berücksichtigende Personalentwicklung hängt einerseits von den fachlichen und überfachlichen Kompetenzen der Personalentwickler, andererseits aber auch vom Abgleich der unterschiedlichen Deutungsmuster der an Personalentwicklung beteiligten Entscheidungsträger ab.

In der Literatur wird die Rolle der Personalentwickler erst seit kurzem intensiver behandelt.[62] Hintergrund ist der erkennbare Bedeutungsverlust der Personalentwickler als Gestalter von Qualifizierungsmaßnahmen. Dieser ist u. a. auf folgende Faktoren zurückzuführen:

- eine häufig stärker an Rationalisierungszwängen ausgerichtete betriebliche Personalpolitik,

- die verstärkte Kostenorientierung in der Personalentwicklung,

- die Kollision ‚moralischer' und ‚ökonomischer' Handlungsmaximen im Selbstverständnis der Personalentwickler,

---

[58] Vgl. Brandstätter (1999), S. 71 f.
[59] Vgl. hierzu auch Winslow/Bramer (1994). Zit. n. Reinhardt (2000). S. 210.
[60] Brandstätter (1999), S. 71.
[61] Vgl. Oerter (1999), S. 36 ff.
[62] Vgl. z. B. Büchter/Hendrich (1996), Faulstich (1998) und Becker (1999a), S. 492 ff. Vgl. für eine Untersuchung von Programmen zur Professionalisierung von Personalentwicklern Faulstich/Lindecke (1994).

- die fehlende strategische Ausrichtung der Personalentwicklung[63],

- der nicht erkennbare Wertschöpfungsbeitrag der Personalentwicklung[64],

- die häufig bestehende Enttäuschung über die Wirksamkeit zentraler Personalentwicklungskonzepte[65],

- der verstärkte Einsatz von Selbstlernprogrammen und

- die Fremdvergabe von Personalentwicklungsaufgaben an externe Bildungseinrichtungen und Berater.[66]

Die Überwindung des Bedeutungsverlustes erfordert einen Rollenwandel der Personalentwickler. Das ‚traditionelle Personalentwicklungsverständnis' (Rollen: Personalentwicklungsspezialist, Operativer Unterstützer und Initiator von Personalentwicklungskonzepten) wird durch ein ‚innovatives Personalentwicklungsverständnis' (Rollen: Stratege, Consultant, Manager der Personalentwicklungsfunktion und Beziehungsmanager) ergänzt oder ersetzt.[67] Der Rollenwandel macht eine „[...] deutlichere unternehmerische Profilierung der Personalentwicklungsfunktion [...]"[68] notwendig. Damit rückt einerseits die Professionalisierung der Personalentwickler, andererseits aber auch die Erfordernis zum Nachweis des Ergebnisbeitrags der Personalentwicklung in den Mittelpunkt weiterer Forschungsbemühungen.

Eine umfassende Ausweitung der fachlichen, methodischen, sozialen und reflexiven Kompetenzen[69] ist Voraussetzung einer erfolgreichen Personalentwicklungsarbeit. Obwohl der Begriff der Profession eine lange Tradition hat,[70] kann er aufgrund seiner Vielschichtigkeit nur schwer eingegrenzt werden.[71] Allgemein umfasst Professionalisierung einen fortgesetzten Prozess der Spezialisierung von benötigten und ge-

---

[63]   Vgl. Meinecke (1999). Zit. n. Reinhardt (2000), S. 211 f.
[64]   Vgl. Meinecke (1999). Zit. n. Reinhardt (2000), S. 212 f.
[65]   Vgl. Faulstich (1998), S. 222 ff.
[66]   Über das genaue Ausmaß der Auswirkungen auf die Personalentwicklung besteht allerdings
        noch Uneinigkeit. Vgl. Altrichter/Gorbach (1993), S. 81. In einer aktuellen Befragung schweizerischer Personalexperten zur Entwicklung des Personalmanagements von Wunderer/Dick
        ergibt sich jedoch, daß auch zukünftig das Outsourcing von Personalentwicklungsmaßnahmen
        wohl nur in gegrenztem Maße stattfindet. Vgl. Wunderer/Dick (2000), S. 146. Dies bestätigt
        auch eine US-amerikanische Benchmarking-Studie, an der sich insgesamt 501 Unternehmen
        beteiligt haben. Vgl. Van Buren/McMurrer (2000), S. 20.
[67]   Vgl. zur Zuordnung der Rollen zum jeweiligen Personalentwicklungsverständnis Reinhardt
        (2000), S. 221 f. Vgl. für die nähere Beschreibung der einzelnen Rollen Meinecke (1999).
        Zit. n. Reinhardt (2000), S. 218. Weniger weitgehend sind die Erwartungen von Becker
        (1999) und Faulstich (1998), die die zukünftige Rolle der Personalentwickler eher als
        operative Lernvermittler sehen. Vgl. Becker (1999), S. 518 f. und Faulstich (1998), S. 224 f.
[68]   Reinhardt (2000), S. 235.
[69]   Vgl. für diese Einteilung Faulstich (1998), S. 225 ff. Vgl. für eine Kritik an der
        Kategorisierung nach Faulstich Weiß (1999), S. 445.
[70]   Vgl. zur geschichtlichen Entwicklung der Berufe Becker (1979), S. 41 ff.
[71]   Vgl. z. B. Beyer/Metz (1995), S. 188. Vgl. ferner Neuberger (1997), S. 140.

sellschaftlich anerkannten Tätigkeitsbündeln.[72] Nach Faulstich sind die Hauptkenn-zeichen einer professionalisierten Tätigkeit eine spezifische Wissensbasis, spezielle Zugangswege, spezielle Zugangsvoraussetzungen, ein tätigkeitsspezifisches Selbst-verständnis und das Bestehen von Berufsverbänden.[73] Eine derart professionalisierte Personalentwicklung stellt „[...] eine zentrale Strategie [dar], um die eigenen Ar-beitsmöglichkeiten zu verbessern und auch einer personalorientierten Management-strategie zum Durchbruch zu verhelfen."[74] Ziel der Professionalisierung ist die Erfül-lung der sog. ‚Professionalisierungsgleichung‘, d. h. das optimale Zusammenwirken von Begabung (B), Lernen (L), Erfahrung (E) und Anerkennung (A) (vgl. Abbildung 6).[75]

Professionalisierungsgleichung

$$P = f\,(B, L, E, A)$$

P = Professionalität

B = Begabung i. S. genetischer Voraussetzungen

L = Lernen i. S. von erworbener Spezialkenntnisse

E = Erfahrung i. S. der Erprobung im Einsatz

A = Anerkennung i. S. der gesellschaftlichen Honorierung der besonderen Bedeutung einer Tätigkeit

---

Abbildung 6
(Quelle: Becker (1999a), S. 504.)

Die Professionalisierung von Personalentwicklern wird zwar zunehmend themati-siert[76], praktische Ansätze und Forschungserkenntnisse existieren dagegen noch eher selten.[77] Eine mögliche Erklärung dafür liegt darin, dass Personalentwicklung eine

---

[72]   Vgl. auch Wächter (1987), S. 142. Vgl. ferner Putz/Nöbauer (1995), S. 56.
[73]   Vgl. Faulstich (1998), S. 228 f.
[74]   Faulstich (1998), S. 228.
[75]   Vgl. hierzu Becker (1999a), S. 501 ff.
[76]   Vgl. z. B. Arnold (1999), S. 13.
[77]   Vgl. aber z. B. die Weiterbildungs- und Aufbaustudiengänge an der Universität Koblenz-Lan-dau, der Technischen Universität Braunschweig, der Technischen Universität Chemnitz sowie einer Reihe nicht-universitärer Bildungsträger.

Kooperations- und nicht delegierbare Führungsaufgabe ist.[78] Dadurch gerät die Personalentwicklung unter Laieneinfluss und -kritik. „Laienkontrolle stellt für die Professionals ein mehrfaches Problem dar. Sie impliziert zum einen ein bestimmtes Wissen, welches überhaupt Kontrollfähigkeit ermöglicht; die Laien können sich selbst als kompetent ansehen und ab einem gewissen Punkt auf Beratung oder Dienstleistung der Professionals verzichten. Auf der anderen Seite kann Laienkontrolle den Professional unter Legitimations- bzw. Rechtfertigungsdrang seines Tuns setzen."[79]

Zusätzlich besteht eine weiteres Problem der Personalentwicklungsakteure darin, dass die durch sie und andere betriebliche Entscheidungsträger beeinflusste Implementierung der Maßnahmen „[...] tendenziell eine problemlose, konfliktarme, interessenausgleichende und hierarchiefreie Realität [...]"[80] voraussetzt. Betrachtet man die Praxis betrieblicher Entscheidungsprozesse zur Personalentwicklung,[81] so kann diese Annahme nicht aufrechterhalten werden. Entscheidungen zur Personalentwicklung lassen sich deshalb realitätsnäher als ‚politische Prozesse' beschreiben (und weniger als wertneutral entwickelte Entscheidungen). So erklärt Hanft die in den von ihr untersuchten Fallstudien erkennbare hervorgehobene Bedeutung von Nachwuchsförderung und Führungskräfteentwicklung durch den organisationsinternen ‚Zwang' der Personalentwickler zur Erfüllung der Interessen von Mitarbeitern und Entscheidungsträgern. Die Implementierung der Personalentwicklung hängt somit stark von ihrer betrieblichen ‚Machtposition' (manifestiert durch die Einordnung der Personalentwicklung in die betriebliche Organisationsstruktur, die Organisation des Personalbereichs und den Zugang zu Informationen) ab.[82] Grundsätzlich kann nach Weber et al. gesagt werden, dass eine ausgewogene Machtverteilung bei Personalentwicklungsentscheidungen bessere Lösungen bringt als einseitig verteilte Macht. Weitere Voraussetzungen für die erfolgreiche Bearbeitung von Problemen der Personalentwicklung sind die Bereitstellung von Bearbeitungskapazitäten/Ressourcen und die frühzeitige Beteiligung der ausführenden Einheiten.[83]

Zusammengefasst kann zum Forschungsstand festgestellt werden, dass sowohl jüngere als auch ältere Mitarbeiter grundsätzlich dazu fähig sind, sich weiterzuqualifizieren. Voraussetzungen dafür sind allerdings eine lernfreundliche Arbeitsumgebung, professionell qualifizierte Personalentwickler und von der Notwendigkeit von Personalentwicklungsmaßnahmen überzeugte Entscheidungsträger. Forschungsbedarf

---

[78]   Vgl. auch Altrichter/Gorbach (1993), S. 79 und Reinhardt (2000), S. 211. Als empirischer
        Beleg kann ferner die in der Studie von Wunderer/Dick ermittelte Bedeutungszunahme der
        Vorgesetzten bei der Personalentwicklung gelten. Vgl. Wunderer/Dick (2000), S. 143. Vgl.
        zur Personalentwicklung als Führungsaufgabe Becker (1999c).
[79]   Büchter/Hendrich (1996), S. 31. Vgl. zum Stand der Forschung zum Wertschöpfungsbeitrag
        der Personalentwicklung u. a. Teilkapitel 2.5.
[80]   Faulstich (1998), S. 223.
[81]   Vgl. z. B. die Fallstudien bei Hanft (1995) und die Untersuchung von Weber et al. (1994).
[82]   Vgl. Hanft (1995), S. 214 ff.
[83]   Vgl. Weber et al. (1994).

besteht dabei insbesondere bei der konkreten Ausgestaltung der Professionalisierung der Personalentwickler.

2.3 Ziel- und zweckorientierte Forschung

Der Stand der ziel- und zweckorientierten Forschung zur Personalentwicklung lässt sich anhand von zwei Fragestellungen deutlich machen:

- wem dient die Personalentwicklung (allgemeine Ziele der Personalentwicklung)? und

- wie ist die Personalentwicklung auszurichten (Qualifizierungsziele)?

Die Beantwortung der Frage, wem die Personalentwicklung zu dienen hat, wird i. d. R. anhand der im Betrieb vorhandenen Anspruchsgruppen erläutert.[84] Typisch für den Stand der allgemeinen Zielforschung zur Personalentwicklung ist der folgende Zielkatalog (vgl. Abbildung 7):

Ziele der Personalentwicklung	
Ziele des Managements	**Ziele der Mitarbeiter**
• Verbesserung der Wirtschaftlichkeit und der Leistungsfähigkeit des Unternehmens	• Verbesserung der Laufbahn- und Karrierevoraussetzungen
• Steigerung der Flexibilität im Personaleinsatz	• Ausweitung des vorhandenen Wissens und der Fähigkeiten
• Steigerung der Motivation und Arbeitszufriedenheit der Mitarbeiter	• Qualifizierung für neue, herausfordernde Aufgaben
• Nachwuchssicherung	• Erhöhung der Flexibilität hinsichtlich der Übernahme neuer Funktionen
• Steigerung der Innovationskraft und der Kreativität	• Erhöhung der Arbeitszufriedenheit
• Imageverbesserung des Unternehmens	

Abbildung 7
(Quelle: Strombach (1992), S. 16.)

Staehle (1999) geht dabei – in Übereinstimmung mit der gängigen Literatur – davon aus, dass die Ziele des Managements der Hauptansatzpunkt für Maßnahmen zur Personalentwicklung sind.[85]

Bei der Ausrichtung der Personalentwicklungsziele besteht im Gegensatz zur als abgeschlossen zu betrachtenden allgemeinen Zieldiskussion noch keine einheitliche Meinung. Ziel einer traditionell verstandenen Personalentwicklung ist die Erhaltung

---

[84] Die in der Literatur ebenfalls genannten bildungspolitischen Ziele spielen – zumindest in der gegenwärtigen Diskussion – eine eher geringe Rolle. Sie werden hier deshalb vernachlässigt.

[85] Vgl. Staehle (1999), S. 875. Vgl. auch Fußnote 13 in diesem Beitrag.

oder Weiterentwicklung von Qualifikationen.[86] Dabei wird davon ausgegangen, dass „Kompetenz und Qualifikation[87] [...] in weitgehend formalisierten Arbeitssituationen ohne weiteres gleichgesetzt werden [können], [...] [da in solchen Situationen] die kollektive Arbeitsleistung mehr von den beruflichen Traditionen, der Qualität der Arbeitsorganisation und dem Fleiß der Arbeitnehmer als von ihren schöpferischen Fähigkeiten [abhängt] [...]."[88] Durch Veränderungen in der betrieblichen Umwelt (Forderungen nach mehr Selbstverantwortung in der Arbeit, Entstehung von flexiblen Produktions- und Organisationsformen aufgrund des verstärkten Wettbewerbdrucks und Erfordernis zu permanentem Wandel) ist jeder einzelne Mitarbeiter – unabhängig von seinem Qualifikationsniveau – für eine effiziente und kundenorientierte Arbeitsweise mit verantwortlich. Dadurch gewinnt die ‚Kompetenz' als „[...] eine[...] Kombination von Kenntnissen, Fertigkeiten, Erfahrungen und Verhaltensweisen, die in eine[r] konkreten [Arbeitssituation] [...] eingesetzt werden [...]"[89] als Zielkategorie an Bedeutung.[90] Im Zuge dessen wird auch die Aneignung impliziten Erfahrungswissens wichtiger. Die Personalentwicklung hat deshalb neben der Vermittlung expliziten Wissens – soweit möglich – auch die Entwicklung impliziten Wissens als weitere Zielkategorie in die Betrachtung einzubeziehen.[91] Dabei ist allerdings deren eher geringe direkte Beeinflussbarkeit durch Maßnahmen der Personalentwicklung zu berücksichtigen.[92]

Die Bedeutungszunahme der Kompetenzentwicklung ist in der wissenschaftlichen Diskussion überwiegend unbestritten. Insgesamt besteht jedoch – bedingt bereits durch sehr weit auseinanderliegende Begriffsauffassungen von Kompetenz – kein Konsens über die zu entwickelnden Kompetenzen oder mögliche darauf aufbauende Entwicklungsmaßnahmen.[93]

---

[86]   Vgl. z. B. Mentzel (1997), S. 15 und Münch (1995), S. 11.

[87]   Als ‚Qualifikation' wird die „Entsprechung[...] von individuellen Voraussetzungen der Arbeitskräfte und [den] technisch-organisatorischen Bedingungen der Arbeitsmittel und Arbeitsgegenstände [...]" (Faulstich (1978). Zit. n. Faulstich (1998), S. 79) betrachtet. Qualifikationen stellen somit allgemein berufsbezogene Fähigkeiten bzw. Fertigkeiten dar und stehen i. d. R. bei Abschluß des Arbeitsvertrages fest. Vgl. Lichtenberger (1999), S. 294.

[88]   Lichtenberger (1999), S. 287. Münch und Arnold sind Vertreter dieser Sichtweise, wobei Münch aber lediglich Berufskompetenz und Qualifikation gleichsetzt. Vgl. Weiß (1999), S. 437 f.

[89]   Lichtenberger (1999), S. 294. Vgl. für einen Überblick über andere Begriffsabgrenzungen Weiß (1999), S. 436 ff.

[90]   Damit geht der hier verwendete Begriff qualitativ über das von anderen Autoren bevorzugte Kompetenzverständnis als ‚Summe aus Fach-, Methoden- und Sozialkompetenz' hinaus. Vgl. für dieses ‚summarische', auf Persönlichkeitsentwicklung ausgerichteten Verständnis z. B. Erpenbeck (1998), S. 19.

[91]   Vgl. zu den Problemen einer eng gefaßten Weiterbildung Kailer (1998), S. 23.

[92]   Vgl. Staudt/Kriegesmann (2000), S. 42.

[93]   Vgl. zu dieser Problematik zusammenfassend Weiß (1999).

Aus betriebswirtschaftlicher Sicht wird der Verwertungsaspekt von Kompetenzen besonders hervorgehoben.[94] Folgt man dieser Sichtweise, so ergeben sich als Ziel der Kompetenzentwicklung (als erweiterter Form der Personalentwicklung) nach Staudt et al. die Schaffung einer (auf ökonomisch verwertbare Ziele ausgerichtete[95]) ‚Kompetenz zur Handlung'.[96] Wesentliche Bestandteile der Kompetenz zur Handlung sind die situativ-individuelle Handlungsfähigkeit der Mitarbeiter (‚Können'), die Handlungsbereitschaft der Mitarbeiter (‚Wollen') und die Zuständigkeit (‚Dürfen').[97] „Die individuelle Handlungsfähigkeit ist dabei eine Funktion von explizitem und implizitem Wissen sowie von Fertigkeiten"[98] und hängt stark von individuellen Persönlichkeitsmerkmalen ab.[99] Mögliche Teilaspekte der Handlungsfähigkeit sind der Umgang mit I&K-Technologien oder das Lernen zu lernen. Neben individuellen Fähigkeiten erfordert die Fähigkeit zum Handeln die Bereitschaft der Mitarbeiter, Erlerntes auch anzuwenden. Die individuelle Handlungskompetenz kann allerdings nur dann zu Handlungen führen, wenn die organisatorischen Rahmenbedingungen (z. B. Sach- und Finanzmittel, Organisationsstrukturen) diese auch ermöglichen. „Die Einbindung von Individuen mit ihren Kompetenzen in Arbeitssysteme entscheidet darüber, inwiefern die individuelle Handlungskompetenz überhaupt zur Entfaltung kommt. Bezogen auf [die] Arbeitssystemebene können dann die Koppelungen im Arbeitssystem für das Handlungsergebnis bedeutsamer als die Individualkompetenzen sein. Die Annahme, dass die Summe der Individualkompetenzen der Arbeitssystemkompetenz entspricht, ist damit obsolet."[100] Becker fasst die genannten Teilaspekte in einer ‚Kompetenzarchitektur' zusammen (vgl. Abbildung 8).[101]

Kompetenzentwicklung als breit angelegtes Konzept umfasst somit nicht mehr lediglich off the job-Maßnahmen der Aus- und Weiterbildung. Die near the job oder on the job durchgeführten Maßnahmen der Förderung und Organisationsentwicklung[102] nehmen an Gewicht zu.[103] Auch organisationale (informelle) Lernprozesse werden wichtiger.[104]

---

[94]   Vgl. z. B. Becker (1998b), Becker/Rother (1998) und Staudt/Kriegesmann (1999).
[95]   Becker nennt als Beispiele für Zielkategorien Effizienz, Effektivität oder Einkommen. Vgl. Becker (1998b), S. 174.
[96]   Vgl. Staudt et al. (1997). Zit. n. Staudt/Kriegesmann (2000), S. 40. Vgl. auch Staudt/Kriegesmann (1999). Vgl. für eine ähnliche Einteilung Becker (1998b), S. 170 ff.
[97]   Vgl. Staudt/Kriegesmann (1999), S. 37 ff. und Becker/Rother (1998), S. 12. Vgl. ähnlich auch Lichtenberger (1999), S. 292.
[98]   Staudt/Kriegesmann (1999), S. 37.
[99]   Vgl. Staudt/Kriegesmann (2000), S. 42.
[100]   Staudt/Kriegesmann (2000), S. 44.
[101]   Vgl. Becker (1998b), S. 170 ff.
[102]   Vgl. zur Personalentwicklung im weiten Sinne (d. h. mit den Inhaltsbereichen Bildung, Förderung und Organisationsentwicklung) Becker (1999a), S. 4 ff. und Teilkapitel 2.4.
[103]   Vgl. auch Weiß (1999), S. 440 und Wunderer/Dick (2000), S. 138 ff.
[104]   Die bestätigen auch die bei Reinhardt dargestellten Ergebnisse aus strukturierten Interviews in 28 europäischen Ländern. Vgl. Reinhardt (2000), S. 216 f.

Kompetenzarchitektur		
K = f (R, T, M)		
Basisfaktoren **(Ressourcen)**	**Aktionsfaktoren** **(Technologie)**	**Zielfaktoren** **(Markt)**
• Qualifikation	• Informationstechnologien	• Effizienz
• Organisation	• Lerntechniken	• Effektivität
• Verträge	• Führungstechniken	• Erzielung von Nutzen (Rente,
• Konditionen	• Analysetechniken	Wertschätzung, Bestand, etc.)
• Sachmittel	• Planungstechniken	• Einkommen
• Finanzmittel	• Entscheidungstechniken	• Entfaltung
• Motivation	• Steuerungstechniken	
• Erfahrung	• Kontrolltechniken	
• Kultur		

Abbildung 8
(Quelle: Becker (1998b), S. 174.)

Der derzeitige Forschungsstand lässt jedoch sowohl aus wissenschaftlicher als auch aus praktischer Sicht noch Probleme bei der Erfassung und Bewertung von Kompetenzen erkennen.[105] Erfasst werden Kompetenzen bislang überwiegend in Abhängigkeit vom disziplingeprägten Kompetenzverständnis.[106] Die dabei verwendeten ‚Kompetenz'-Kataloge sind entweder noch im stark traditionellen Denken verhaftet (orientiert an Stellenanforderungen oder Persönlichkeitsmerkmalen) oder konzentrieren sich auf schwer greifbare Meta-Kompetenzen.[107] Eine Bewertung bestehender Qualifikationen kann grundsätzlich anhand ökonomischer Kriterien (Humanvermögensrechnung, Kennzahlensysteme), durch Fremdbeurteilung (Zeugnisse, Testverfahren, Leistungsbeurteilung) oder durch Selbsteinschätzung (vergangenheitsbezogene Selbstaussagen) erfolgen. Auch hierbei ergeben sich jeweils kategorienspezifische Schwachpunkte,[108] die vertiefende Forschungsaktivitäten erforderlich machen.

2.4   Inhaltsorientierte Forschung

Grundsätzlich lassen sich drei Bereiche unterscheiden: Maßnahmen der Bildung, der Förderung und der Organisationsentwicklung (vgl. Abbildung 9).

In der Praxis werden nach einer aktuellen Untersuchung des Instituts der deutschen Wirtschaft in nahezu allen Unternehmen Weiterbildungsmaßnahmen (d. h. Bil-

---

[105] Vgl. dazu im Überblick Weiß (1999).
[106] Vgl. beispielhaft für arbeitswissenschaftliche, personalwirtschaftliche, berufspädagogische und didaktische Kataloge Weiß (1999), S. 442 ff.
[107] Vgl. Weiß (1999), S. 442 ff. Vgl. für eine Diskussion von Meta-Kompetenzen z. B. Erpenbeck (1998).
[108] Vgl. hierzu zusammenfassend Weiß (1999), S. 468 ff.

dungsmaßnahmen durchgeführt.[109] Betrachtet man den theoretischen Forschungsstand zur Bildung, so befassen sich Literatur und Praxis gegenwärtig insbesondere mit den Auswirkungen der dynamischen Unternehmensentwicklung auf die Instrumente betriebliche Erstausbildung und Weiterbildung. Bei der betrieblichen Erstausbildung werden vor allem flexible und modulare Ausbildungsgänge diskutiert,[110] während sich die Weiterbildung mit dem Kompetenzbegriff und der Notwendigkeit des lebenslangen Lernens auseinandersetzt.[111]

Inhalte der Personalentwicklung		
Bildung	**Förderung**	**Organisationsentwicklung**
• Berufsausbildung, • Weiterbildung, • Führungsbildung, • Anlernung, • Umschulung, • ...	• Auswahl und Einarbeitung, • Arbeitsplatzwechsel, • Nachfolge- und Karriereplanung, • Auslandseinsatz • Coaching • Strukturiertes Mitarbeitergespräch • Führen durch Zielvereinbarung • ...	• Teamentwicklung • Sozio-technische Strukturgestaltung • Gruppenarbeit • Projektarbeit • ...
		Personalentwicklung im weiten Sinne = **Bildung + Förderung + Organisationsentwicklung**
Personalentwicklung im engen Sinne = Bildung	**Personalentwicklung im erweiterten Sinne =** **Bildung + Förderung**	

Abbildung 9
(Quelle: Becker (1999a), S. 5.)

Die Instrumente der Förderung[112] nehmen durch die genannten Entwicklungen im Vergleich zur eher fachlich und zeitpunktbezogen ausgerichteten Bildung an Be-

---

[109] Vgl. Weiß (2000), S. 9. Untersucht wurden 1048 Unternehmen aus den alten und neuen Bundesländern. Ähnliche Ergebnisse zum Ausmaß an Weiterbildungsmaßnahmen ergeben sich auch in der US-amerikanischen Studie von Van Buren/McMurrer. Vgl. Van Buren/McMurrer (2000), S. 18.

[110] Vgl. hierzu vertieft Teilkapitel 2.1.

[111] Vgl. hierzu die Diskussion um Qualifikation und Kompetenzen in Teilkapitel 2.3. Vgl. für empirische Daten zum Stand der beruflichen Erstausbildung und zur Weiterbildung auch Bellmann in diesem Band.

[112] Vgl. zum Zusammenhang von Human Resource Management und Förderkonzepten Ridder in diesem Band.

deutung zu. Als Beleg dafür können Ergebnisse der Befragung von Wunderer/Dick herangezogen werden: Danach werden Förderinstrumente – im Einklang mit Instrumenten der Organisationsentwicklung – in der Praxis verstärkt eingesetzt.[113] Im Folgenden wird kurz auf die vielfach eingesetzten Instrumente Strukturiertes Mitarbeitergespräch[114] und Führen durch Zielvereinbarung[115] eingegangen.

Das strukturierte Mitarbeitergespräch löst die formalisierte Mitarbeiterbeurteilung bei variationsreichen Aufgaben ab. Wesentliche Funktionen des strukturierten Mitarbeitergesprächs sind Verbesserungen in der

- Information (Der Mitarbeiter erfährt, wie seine Leistung gesehen wird und kann neue Ziele festlegen. Der Vorgesetzte bekommt Einsichten über Selbsteinschätzung und Zukunftsabsichten des Mitarbeiters),

- Motivation (Der Mitarbeiter kann sein Selbstbild motivierend korrigieren, wenn er z. B. besser eingestuft wird, als er bisher dachte),

- Zusammenarbeit (latente und offene Spannungen zwischen Vorgesetztem und Mitarbeiter können angesprochen und ausgeräumt werden) und

- Entwicklung (Vorgesetzter und Mitarbeiter können Maßnahmen der Weiterbildung und der Persönlichkeitsentwicklung gemeinsam festlegen).[116]

Die Inhalte des strukturierten Mitarbeitergesprächs beziehen sich auf die erzielten Leistungen und das gezeigte Verhalten des Mitarbeiters (ex post), seine zukünftigen Aufgaben und seine Potentiale (ex ante) (vgl. Abbildung 10). Gute Vorbereitung und konstruktive Durchführung des Strukturierten Mitarbeitergesprächs müssen nach Praxiserfahrungen in eine konsequente Umsetzung der Gesprächsergebnisse münden. Der Nutzen für Unternehmen und Mitarbeiter zeigt sich erst in der termingerechten Planung, Realisierung und Bewertung der gemeinsam gefassten Beschlüsse.

Führen durch Zielvereinbarung wird durch zwei wesentliche Ziele bestimmt: Unternehmenssicherung und Leistungsverbesserung. Ein Beitrag zur Unternehmenssicherung wird durch Führen anhand von Zielvereinbarungen dadurch geleistet, dass dieses Konzept Stellgrößen, Messpunkte und Bewertungsverfahren systematisch festlegt. Eine Verbesserung der Leistung wird möglich, indem jeder Mitarbeiter seinen 'besonderen' Leistungsbeitrag mit seinem jeweiligen Vorgesetzten vereinbart, die erforderlichen Ressourcen zur Zielerfüllung abklärt und mit der Führungskraft festlegt, welche Erfolgsanteile der Mitarbeiter bei Zielerfüllung erhält bzw. welche Sanktio-

---

[113]   Vgl. Wunderer/Dick (2000), S. 139 f. Bestätigt wird dies außerdem in einer Untersuchung der Gesellschaft für Personalentwicklung, in der 107 österreichische Personalentwickler befragt wurden. Diese geben an, daß Mitarbeitergespräche und Führen durch Zielvereinbarung als Instrumente der Förderung zu den wichtigsten Themen der letzten 2-3 Jahre gehört haben. Vgl. Gesellschaft für Personalentwicklung (Hrsg., 1999), S. 13.

[114]   Vgl. ausführlich Becker (1994). Vgl. auch Becker in diesem Band.

[115]   Vgl. ausführlich Becker/Schwarz (1998). Vgl. für ein Praxiskonzept Becker/Bührnheim in diesem Band.

[116]   Vgl. Knecht, (1983), S. 283.

nen ihn treffen, wenn er aufgrund eigenen Verschuldens die vereinbarten Ziele nicht erreicht.

Inhalte des Strukturierten Mitarbeitergesprächs

Leistung (Ist)	**Verhalten** (Ist)
Potential (Möglichkeiten)	**Ziele** (Soll- Vereinbarungen)

Abbildung 10
(Quelle: Becker (1994), S. 90.)

Das Führen durch Zielvereinbarung trägt durch folgende Teilfunktionen zur Förderung der Mitarbeiter bei:

- die Vorgabe eindeutiger Maßstäbe für Leistung und Zusammenarbeit (Beurteilungsfunktion),

- die Schaffung kreativer Freiräume (Empowermentfunktion),

- die Schaffung von Offenheit, Transparenz und Vergleichbarkeit der Leistungsstandards (Informationsfunktion),

- die Vorgabe von herausfordernden Zielen (Optimierungsfunktion),

- der Aufbau von Fach-, Methoden- und Sozialkompetenz (Qualifizierungsfunktion),

- die Vereinbarung von angemessenen materiellen und immateriellen Leistungsanreizen (Lokomotionsfunktion) und

- die Schaffung von herausfordernden Arbeitsinhalten (Motivationsfunktion).

Der Zielvereinbarungsprozess erfolgt in mehreren Schritten. Ausgehend von der Vision des Unternehmens wird über ein Top-Down-Verfahren die Produkt-Markt-Strategie in operationale Ziele für die nachgeordneten Ebenen des Unternehmens transformiert (vgl. Abbildung 11).

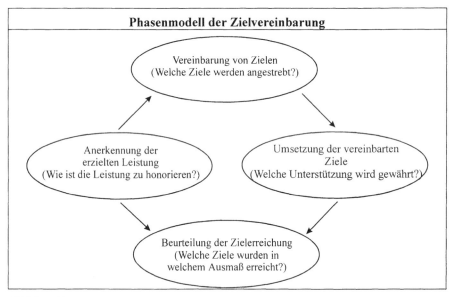

Abbildung 11

Nach überstimmender Meinung in Theorie und Praxis stellt das Führen durch Zielvereinbarung eine angemessene Methode der Förderung eigenverantwortlichen Handelns dar. Zu beachten ist dabei allerdings, dass die Umsetzung der vereinbarten Ziele stark vom jeweiligen Mitarbeiter und seinen subjektiv wahrgenommenen Handlungsbedingungen abhängig ist. Das Führen durch Zielvereinbarung kann deshalb nur effektiv sein, wenn zusätzlich das Führungsverhalten der Vorgesetzten an die jeweils erforderlichen personenabhängigen Bedingungen angepasst wird.[117]

Auch die Organisationsentwicklung gewinnt in der Diskussion an Gewicht. Dabei kam es bislang jedoch nur bedingt zu einer Fortentwicklung im Instrumentarium als vielmehr zu einer Akzentverlagerung hin zur Organisationstransformation[118] und zum Organisationalen Lernen.[119] Während sich die Organisationsentwicklung in der Vergangenheit stark mit der Entwicklung von Instrumenten zur strukturellen Veränderung von Organisationen befasst hat,[120] setzen sich die Ansätze der Organisationstransformation und des Organisationalen Lernens stärker mit den theoretischen Hintergründen von Veränderungsprozessen auseinander. Die Organisationstransformation befasst sich mit der umfassenden Neuausrichtung des organisatorischen Leitbildes, während das Organisationale Lernen stärker die Umsetzung des neuen Leitbildes

---

[117] Vgl. Gebert (1995), S. 435. Vgl. für ein stark an den Instrumenten der Förderung ausgerichtetes Personalentwicklungs-Konzept Becker/Bührnheim in diesem Band.
[118] Vgl. grundlegend Levy/Merry (1986).
[119] Vgl. grundlegend Wiegand (1996).
[120] Vgl. hierzu die Übersicht über die Instrumente bei Becker (1999a), S. 464.

in organisatorische Handlungen untersucht. Der radikale Paradigmawechsel steht im Mittelpunkt der Forscher zur Organisationstransformation. Vertreter des Organisationalen Lernens betrachten insbesondere das ‚Veränderungslernen' (double-loop-learning) und das ‚Lernen zu lernen' (deutero-learning).[121] Die Entwicklung von Gestaltungsinstrumenten für die betriebliche Praxis steckt noch in den Kinderschuhen, so dass – mit einigen Ausnahmen, die bereits DV-gestützte Instrumente zur Wissensspeicherung in der Organisation einsetzen oder mögliche Instrumente vorschlagen[122] – weiterhin stark auf die Instrumente der Organisationsentwicklung rekurriert wird.

Ein Beispiel für ein in der Praxis für Strukturveränderungen (ob nun bei eher radikalen oder eher evolutionären Veränderungen) eingesetztes Instrument ist die Projektarbeit.[123] Sie bietet den Organisationsmitgliedern die Möglichkeit der Bewältigung von Komplexität und Unsicherheit durch systematisch geplante, gesteuerte und evaluierte Zusammenarbeit. Projektarbeit verlangt unterstützend aber auch Aktivitäten der Bildung und der Förderung. Ohne anforderungsgerechte, der Projektarbeit teilweise vorangehende Qualifizierung der Projektfach- und -führungskräfte können Dynamik, Innovation, Flexibilität und 'Management of Speed' nicht freigesetzt werden. Eine eindeutige Managemententscheidung, eine klare Zielvorgabe, ein fester zeitlicher, finanzieller und personeller Rahmen, eine geeignete Projektorganisation und ein professionelles Projektmanagement zählen in der Praxis zu den wesentlichen Voraussetzungen erfolgreicher Projektarbeit.

2.5   Methodenorientierte Forschung

Idealtypisch geht man – so die übereinstimmende Ansicht in Theorie und Praxis – bei der methodischen Gestaltung der Personalentwicklung anhand der Schritte Bedarfsanalyse, Ziele setzen, Kreativ gestalten, Realisieren, Erfolgskontrolle und Transfersicherung vor.[124] Der Funktionszyklus stellt ein allgemein akzeptiertes Hilfsmittel zur Entwicklung konkreter Personalentwicklungsmaßnahmen dar[125] (vgl. Abbildung 12).

Grundlage der Personalentwicklung ist die Analyse des Personalbedarfs. Ermittelt werden kann der Personalbedarf – nach dem (zumindest in der Praxis noch vorherrschenden) ‚Lückenkonzept' – durch die Abstimmung der gegenwärtigen und zukünftigen betrieblichen Anforderungen, der Mitarbeiterqualifikationen und dem Entwicklungspotential der Mitarbeiter.[126]

---

[121] Die Einteilung geht auf Argyris/Schön zurück. Vgl. hierzu zusammenfassend z. B. Stotz (1999), S. 35 ff.

[122] Vgl. zum Einsatz von Mikroartikeln Willke (1998) und zum Einsatz von Metaphern und Analogiebildungen Nonaka/Takeuchi (1997).

[123] Vgl. zum Folgenden Becker (1999a), S. 471 f.

[124] Vgl. ausführlich Becker (1999b), S. 112 ff.

[125] Vgl. ähnlich Krapp/Weidenmann (1999), S. 80.

[126] Vgl. z. B. Bühner (1997), S. 120.

Funktionszyklus der Personalentwicklung

Abbildung 12

Zur Ermittlung der gegenwärtigen und zukünftigen Tätigkeitsanforderungen steht eine Vielzahl an unterschiedlichen Verfahren zur Verfügung.[127] Nach einer Einteilung von Sonntag (1999b) unterscheidet man

- auf Tätigkeitsbeschreibungen oder Anforderungen basierende Verfahren und

- auf psychischen Prozessen basierende Verfahren.[128]

Die an beobachtbarem (oder vermeintlich beobachtbarem) Verhalten orientierten, in der betrieblichen Praxis aufgrund ihrer zeitsparenden und einfachen Anwendbarkeit (noch?) häufig eingesetzten Ermittlungsmethoden bauen überwiegend auf Expertenurteilen auf (meist handelt es sich dabei um von Vorgesetzten oder ehemaligen Stelleninhabern erfragte Anforderungskataloge). Die auf Verhaltensdispositionen abgestellten Verfahren (das wohl bekannteste ist das Tätigkeits-Analyse-Inventar (TAI) von Frieling et al.) sind stärker an prozeduralem Wissen ausgerichtet und ermöglichen eher zukunftsorientierte Aussagen. Sie sind jedoch aufgrund ihrer schwierigen Handhabung ungleich komplizierter einzusetzen.

Nach Sonntag ist „[...] entscheidend für die Methodenfestlegung [...] in diesem Zusammenhang, ob Personalentwicklung nur ein sehr verkürztes und begrenztes fachspezifisches Fertigkeits- und Kenntnistraining intendiert oder ob prozessübergreifende, extrafunktionale Qualifikationen vermittelt werden sollen."[129] Im Gegensatz zu

---

[127] Vgl. z. B. die Übersicht bei Sonntag (1999b). Zur Anforderungsanalyse allgemein vgl. Becker (1999a), S. 333 ff.

[128] Vgl. hierzu und zum Folgenden Sonntag (1999b), S. 159 ff.

[129] Sonntag (1999b), S. 175.

der Ansicht von Sonntag[130] haben somit beide Verfahrenszweige ihre Existenzbe-rechtigung. Weiterer Forschungsbedarf besteht jedoch hinsichtlich einer vereinfach-ten Handhabbarkeit der auf Dispositionen aufbauenden Methoden. Ferner bestehen noch Defizite bei der Verknüpfung der Anforderungsanalyse mit konkreten Maß-nahmen zur Wissensvermittlung.[131] „Dringend erforderlich sind daher Ent-wicklungsarbeiten für Analyseverfahren, die auch dann verwendbar und aussagefähig sind, wenn künftige Aufgaben und Tätigkeiten nur als Rahmenbedingungen bzw. planerische Größen für die Auslegung neu zu installierender technischer Systeme und Anlagen vorliegen."[132]

Die Erfassung von Mitarbeiterqualifikationen (oder -kompetenzen) sowie von Mitar-beiterpotentialen wird ebenfalls durch eine hohe Anzahl von ausgereiften und z. T. auch praxiserprobten Verfahren unterstützt. Allgemein unterscheidet man in

- am Individuum ausgerichtete Verfahren (z. B. Leistungs- sowie Potentialbeurtei-lung[133]) und

- an Gruppen ausgerichtete Verfahren (z. B. Assessment Center[134]).[135]

Ermittelt werden können durch die unterschiedlichen Methoden Kennt-nisse/Fähigkeiten/Fertigkeiten, quantifizierbare Ergebnisse, Verhaltensweisen und Eigenschaften.[136] Während messbare Ergebnisdaten (und bis zu einem gewissen Grad auch Kenntnisse/Fähigkeiten/Fertigkeiten) einen hohen Aufgabenbezug aufweisen, ist man für eine an zukünftigen Aufgaben orientierte Qualifikationsanalyse auf die Abschätzung von Verhaltensweisen und Eigenschaften der Mitarbeiter angewiesen. Nach dem gegenwärtigen Stand der Forschung erweist es sich dabei als sinnvoll, Verfahren zu verwenden, die unterschiedliche Beurteilungsmaße kombiniert erhe-ben.[137] „Ebenfalls ist der Trend zu erkennen, von den früher üblichen, teilweise sehr differenzierten und gleichzeitig weitgehend vorgegebenen und die Beurteilung ein-engenden Skalen abzugehen."[138]

Die Festlegung von Lernzielen stellt einen weiteren, auf der Bedarfsanalyse basie-renden Schritt im Funktionszyklus der Personalentwicklung dar.[139] „Lernziele legen nachvollziehbar (operational) fest, welches Verhalten der Mitarbeiter nach der Trai-

---

[130] Den tätigkeits- und anforderungsorientierten Methoden zur Bedarfsanalyse steht neben Sonntag auch Weiß (1999) kritisch gegenüber. Vgl. Weiß (1999), S. 477.
[131] Vgl. Sonntag (1999b), S. 174.
[132] Sonntag (1999b), S. 172.
[133] Vgl. allgemein zur Leistungsbeurteilung Becker (1998).
[134] Vgl. allgemein zum Assessment Center Becker/Rother (1995) und Obermann (1992).
[135] Vgl. Becker (1999b), S. 129.
[136] Vgl. hierzu Sonntag/Prochaska (1999), S. 183 ff. sowie ähnlich Berthel (1997), S. 140 f.
[137] Vgl. Schuler/Schmidt (1987). Zit. n. Sonntag/Prochaska (1999), S. 185.
[138] Weiß (1999), S. 479 f.
[139] Eine Forschungsrichtung in der Pädagogischen Psychologie befasst sich speziell mit der Ent-wicklung von Lehrzieltaxonomien. Vgl. hierzu z. B. Krapp/Weidenmann 1999, S. 81 f. und die dort genannte Literatur.

ningsmaßnahme erreicht haben soll."[140] Die Lernziele sind dabei nach einhelliger Ansicht so zu gestalten, dass sie zwar herausfordernd sind, die Möglichkeiten des Mitarbeiters jedoch auch nicht überfordern.[141]

Die Entwicklung und Durchführung konkreter Personalentwicklungsmaßnahmen schließen sich in einem nächsten Schritt an.[142] Eine erfolgreiche Gestaltung von Personalentwicklungsmaßnahmen erfordert nach übereinstimmender Meinung von Theoretikern und Praktikern die Berücksichtigung der Erkenntnisse zur Lernforschung.[143] Darauf aufbauend sind unterschiedliche Lehr- und Lernmethoden einsetzbar.

Die Lernforschung befasst sich mit individuellem Lernen und mit Gruppen- bzw. Organisationslernen. In der am Individuum ausgerichteten Lernforschung lassen sich

• die behavioristische Denktradition und

• die kognitive Denktradition

unterscheiden.[144]

Ansätze der behavioristischen Lerntheorie sind dadurch gekennzeichnet, dass sie Lernen als Ergebnis eines einfachen Reiz-Reaktions-Mechanismus (S-R-Modell) betrachten. So geht z. B. die Kontiguitätstheorie davon aus, dass ein Individuum „[...] über ein Set möglicher Verhaltensweisen [verfügt], das [es] als Reaktion auf Erfahrungen mit physiologischen Wahrnehmungen in immer neuer Art und Weise einsetzt."[145] Die auf Skinner zurückgehende Verstärkungstheorie postuliert, dass Lernen dann auftritt, wenn im Interaktionsprozess vorkommende Verhaltensreaktionen durch positive oder negative Verstärkungen gesteuert werden. Nach Überlegungen der Behavioristen sollen deshalb notwendige Verhaltensänderungen über einfache Signale (z. B. Einführungsseminare, Start-up-Sitzungen) verdeutlicht werden.[146] Gefördert wird individuelles Lernen außerdem durch positive oder negative Anreize.

Die kognitive Lernforschung befasst sich mit Prozessen der Wissensaufnahme, -verarbeitung und -speicherung. Wesentliche Voraussetzung für Lernen ist diesem Forschungsparadigma zufolge die Fähigkeit zur Reflexion. Kognitivistische Überlegungen bauen u. a. auf dem Ansatz von Piaget auf. Der wesentliche Grundgedanke von Piaget ist, dass Individuen ihre Umgebung in Bildern wahrnehmen, die durch Erfahrungen verändert werden. Dabei orientiert sich das Handeln eines Individuums an bereits erlernten Schemata. Das Ergebnis der immer wiederkehrenden

---

[140] Becker (1999b), S. 161.
[141] Dies stützen auch die Erkenntnisse der Zielsetzungstheorie. Vgl. für eine Zusammenfassung der Zielsetzungstheorie Kohnke (2000), S. 36 ff.
[142] Vgl. für die Darstellung und Diskussion einzelner Instrumente der Bildung, Förderung und Organisationsentwicklung Teilkapitel 2.4.
[143] Vgl. Krapp/Weidenmann (1999), S. 84.
[144] Vgl. z. B. Klimecki/Gmür (1998), S. 202. Vgl. ferner Wiegand (1996), S. 342 ff.
[145] Klimecki/Gmür (1998), S. 202 f. Vgl. ferner Schreyögg (1998), S. 533.
[146] Vgl. hierzu und zum folgenden Klimecki/Gmür (1998), S. 203 ff.

Schematisierungsvorgänge ist – in Anlehnung an den ebenfalls reflexionsorientierten Ansatz von Neisser – „[...] eine Welt aus Schematisierungen, mit deren Hilfe [das Individuum] die nicht zu bewältigende Vielfalt an Wahrnehmungen kategorisiert und ordnet."[147] Die sozial-kognitive Lerntheorie von Bandura thematisiert den Einfluss Dritter auf den Lernprozess (Symbole oder Personen).[148] Das ‚Lernen am Modell' führt dabei zu Veränderungen von Deutungs- und Handlungsmustern. Legt man die Erkenntnisse der kognitiven Lerntheorien zugrunde, wird deutlich, dass die Möglichkeiten einer direkten Steuerung des Lernverhaltens von Mitarbeitern durch Personalentwicklung begrenzt sind. Indirekte Unterstützung durch die Schaffung einer ‚Lernkultur' kann zum Lernen beitragen. Ferner ist insbesondere bei der Durchführung von Maßnahmen der Organisationsentwicklung zu beachten, dass ein Lernerfolg dann besonders wahrscheinlich ist, wenn eine Verbindung von alten und neuen Deutungs- und Handlungsmuster der Mitarbeiter hergestellt wird.[149] Nach Bandura sind Maßnahmen der Personalentwicklung außerdem so zu gestalten, dass Mitarbeiter aus mehreren Lernmodellen (z. B. Vermittlungsmix im Rahmen der Weiterbildung) eigene Deutungs- und Handlungsmuster kombinieren können.

Die Forschung zum ‚Organisationalen Lernen' nutzt Erkenntnisse aus den individuellen Lerntheorien und wendet diese auf das Untersuchungsobjekt ‚Organisation' an.[150] Organisationales Lernen kann dabei als Veränderung des gemeinsamen Wissens aller Mitarbeiter verstanden werden.[151] Nach den Erkenntnissen der Forschung zum organisationalen Lernen sind Maßnahmen so zu gestalten, dass sie die „[...] (Basis-) Fähigkeit, jederzeit das Gelernte als Grundlage weiteren Lernens (neu) zu verwenden"[152] fördern. Darüber hinaus sind in Organisationen flexible Strukturen zur Ermöglichung selbstorganisatorischen Lernens und zur Vermeidung möglicher Lernstörungen zu schaffen. Der erforderliche ständige Wandel kann jedoch nur dann erreicht werden, wenn alle Organisationsmitglieder (Vorgesetzte und Mitarbeiter) Adressaten von Maßnahmen der Personalentwicklung sind.

Als grundlegende Lehr- und Lernmethoden unterscheiden Staudt und Kriegesmann (1999) in Anlehnung an Bandura die Lernwege

- Instruktion (zur Vermittlung expliziten Wissens)

- Erfahrungsaustausch (zum Erwerb von explizitem und implizitem Wissen) und

- Handlungen (zur Aneignung von Fertigkeiten und implizitem Wissen).[153]

---

147   Klimecki/Gmür (1998), S. 208.
148   Vgl. allgemein Wiegand (1996), S. 357 ff. sowie Rother (1996), S. 96 ff.
149   Vgl. Klimecki/Gmür (1998), S. 209 f.
150   Vgl. allgemein zum organisationalen Lernen z. B. Geißler (1994) und Wiegand (1996). Vgl. allgemein zum Wissensmanagement die Beiträge in Pawlowsky (Hrsg., 1998).
151   Vgl. zusammenfassend Probst/Büchel (1997) und Stotz (1999). Vgl. für einen Ansatz zum Organisationalen Lernen March/Olsen (1979).
152   Schreyögg (1998), S. 551.
153   Vgl. Staudt/Kriegesmann (1999), S. 41 ff.

Wie bereits bei der Diskussion von Qualifikation und Kompetenz deutlich wurde, greift eine einseitig an der Methode Instruktion ausgerichtete Personalentwicklung zu kurz.[154] Begründet werden kann dies einerseits durch die Erkenntnis der neueren Lernforschung, dass erfolgreiches Lernen wesentlich von individuellen (Handlungs- und Persönlichkeits-)Bedingungen abhängt, andererseits aber auch dadurch, dass der ständige Wandel der individuellen Handlungssituation permanente (Neu-)Instruktionen erfordern würde. Auch können Instruktionen nicht ausreichend dazu beitragen, alte Denkmuster (d. h. implizites Handlungswissen) zu entlernen. Das zunehmende Gewicht des impliziten Lernens spiegelt sich in den Gestaltungsvorschlägen für den Einsatz von selbstgesteuerten und selbstorganisierten Lehr- und Lernmethoden wider. Neben stärker handlungsorientierten Methoden wie on-the-job-Training und Fallstudien werden auch auf Erfahrungsaustausch ausgerichtete Methoden wie Erfa-Gruppen vorgeschlagen.[155] Folgt man den Überlegungen in der Theorie, reichen auf die Handlungsfähigkeit ausgerichtete Methoden nicht aus. So sind zur Förderung der Handlungsbereitschaft die betrieblichen Anreizsysteme entsprechend lernfreundlich anzupassen.[156]

Unter der Erfolgskontrolle der Personalentwicklung versteht man die Bewertung der eingesetzten Maßnahmen und Instrumente mit den Zwecken der Handlungsoptimierung (Ziele: Erhöhung a) der Bedarfsgenauigkeit oder b) der Wirtschaftlichkeit[157]) und der Legitimation.[158] In der Praxis werden jedoch häufig die Möglichkeiten zur Handlungsoptimierung nicht genutzt. Dies wird mit einer Reihe von Hinderungsgründen legitimiert. Wesentlich sind u. a. eine unsystematische Bedarfsanalyse, unklar formulierte Lernziele, methodische Probleme beim Einsatz von Evaluationsmethoden und die mangelnde Akzeptanz durch die an Personalentwicklungsmaßnahmen beteiligten Organisationsmitglieder.[159] Auch bestehen in Theorie und Praxis noch Defizite bei der Entwicklung geeigneter Messkriterien zur Erfassung des Wissenskapitals in Unternehmen.[160] Abbildung 13 fasst die Methoden der Erfolgskontrolle grob zusammen.

Neben methodischen Problemen werden als Hauptkritikpunkte an den bisherigen Verfahren der Erfolgskontrolle die häufig fehlende Kriterienbasiertheit der pädagogisch-psychologischen Ansätze und die kurzfristige Ausrichtung der betriebswirt-

---

[154] Vgl. hierzu und zum Folgenden Staudt/Kriegesmann (1999), S. 42 ff.
[155] Vgl. z. B. Baitsch (1999), S. 261 ff.
[156] Vgl. Staudt/Kriegesmann (1999), S. 45 ff.
[157] Nach Weiß ist dabei allerdings „[...] die Bedarfsgenauigkeit [...] für die Betriebe offenbar wichtiger als der Preis." Weiß (2000), S. 15.
[158] Vgl. Wottawa/Thierau (1990). Zit. n. Thierau-Brunner/Stangel/Meseke/Wottawa (1999), S. 261.
[159] Vgl. Becker (1999b), S. 274 und die Zusammenstellung bei Thierau-Brunner/Stangel-Meseke/Wottawa (1999), S. 263 ff.
[160] Vgl. zusammenfassend Reinhardt (2000), S. 236.

schaftlichen Ansätze genannt.[161] Inwiefern mit diesen Verfahren der Wertschöpfungsbeitrag der Personalentwicklung dokumentiert werden kann, ist ebenfalls noch umstritten.

Methoden der Erfolgskontrolle

Pädagogisch-psychologische Ansätze

Ansatz	Ergebnisorientiert	Prozeßorientiert	Handlungsorientiert
Ziel	Outputorientierte Erfolgsermittlung	Phasenorientierte Kontrolle	Partizipations- orientierte Evaluation
Methode	Messung des Lernerfolgs	Interviews, Befragungen, Mitarbeitergespräch	Teilnehmerreflexion

Betriebswirtschaftliche Ansätze[162]

Ansatz	Kostenanalytisch	Investitionsorientiert	Kennzahlenorientiert
Ziel	Kostenkontrolle	Investitions- alternativenbewertung	Kennzahlenvergleich
Methode	Kostenrechnungs- verfahren	Investitionsrechnungs- verfahren	Kennzahlen- verfahren

Abbildung 13
(Quelle: In Anlehnung an Thierau-Brunner/Stangel-Meseke/Wottawa (1999), S. 267. f.)

Die Übertragung des Erlernten vom Lern- in das Tätigkeitsfeld (Transferkontrolle) stellt den letzten Schritt im Funktionszyklus dar. Damit soll gewährleistet werden, dass die erworbenen Qualifikationen (oder Kompetenzen) nicht nur während der Qualifizierungsmaßnahme sondern auch im Tätigkeitszusammenhang angewandt werden. „Der Transfernachweis ist methodisch schwierig. Deshalb wird er in der betrieblichen Praxis selten geführt."[163] Wird eine Transfersicherung dennoch durchgeführt, so beschränkt sie sich häufig auf eine aufwandsminimale, seminaristische Erfolgskontrolle in Form einer Zufriedenheitskontrolle.[164] Der für einen Transfernachweis grundlegenden Erfordernis einer Mehrpunktemessung entspricht diese Vorgehensweise nicht. Stattdessen wird in der Literatur die Vorher-Nachher-Erfassung von (auf das Tätigkeitsfeld abgestellten) ergebnisorientierten Kennzahlen (z. B. Maße der

---

[161] Vgl. Thierau-Brunner/Stangel-Meseke/Wottawa (1999), S. 279 ff. und die dort genannte Literatur.

[162] Die Humanvermögensrechnung als eine bereits in den 70er und 80er Jahren breit diskutierte Form betriebswirtschaftlicher Betrachtung erlebt inzwischen eine Renaissance. Vgl. hierzu Becker (1999b), S. 380 ff.

[163] Bergmann/Sonntag (1999), S. 288.

[164] Vgl. Arnold (1992). Zit. n. Bergmann/Sonntag (1999), S. 288.

Leistungs- oder Qualitätsverbesserung) vorgeschlagen.[165] Sind Kennzahlen nicht unmittelbar zu erheben, bietet es sich an, Veränderungen in der Herangehensweise an
Aufgaben über eine Prozessevaluation zu erfassen. Ein weitergehender Vorschlag
spricht sich dafür aus, über die authentische Gestaltung des Lernfelds eine Transfersicherung zu erleichtern. Forschungsbedarf besteht insbesondere noch bei der Entwicklung von Methoden, die über die geschilderte klassische Zeitpunktbewertung
hinausgehen.[166]

3   Zusammenfassung und zukünftige Forschungsfragen

Die obigen Ausführungen zum Forschungsstand bei den einzelnen Schwerpunkten
der Personalentwicklung müssen aufgrund der Vielfalt an Einzelstudien selektiv
bleiben. Es zeigt sich jedoch, dass insbesondere durch die dynamischen Veränderungen in der Unternehmensumwelt die Personalentwicklung auch zukünftig einen hohen Stellenwert in der betrieblichen Personalarbeit einnehmen wird.[167] Voraussetzung
dafür ist – neben einer Ausrichtung der Personalentwicklung an neuen Denkmustern
wie ‚lebenslanges Lernen' und ‚organisationales Lernen' – die vertiefte Behandlung
des Problems, „[...] dass die Personalentwicklung unter einem Reputations- und Le-
gitimationsdefizit auf Grund ihres unklaren Beitrags zur Organisationszielen leidet
[...]."[168]

Wesentliche zukünftige Forschungsfelder sind somit die inhaltliche Neupositionie-
rung der Personalentwicklung, die Entwicklung von wissenschaftlich akzeptablen
und praktikablen Verfahren zur wertmäßigen Erfassung des Wertschöpfungsbeitrags
der Personalentwicklung (z. B. in Form einer Humanvermögensrechnung) und die
Veränderung des Selbstverständnisses der Personalentwickler (hin zum Personalentwickler als einem an der Unternehmensstrategie ausgerichteten, wertschöpfungsori-
entierten Berater).

Im einzelnen sind in der Zukunft u. a. folgende Forschungsfragen vertieft zu bearbeiten:[169]

- Welche Auswirkungen hat die Transformation von der ‚Old Economy' zur ‚New
  Economy' (z. B. Wertewandel, Stamm- und Randbelegschaften, ‚Neue Branchen',
  ‚Neue Technologien') auf die Gesamtgestaltung der Personalentwicklung?
  (Kontextorientierte Forschung)[170]

---

[165]   Vgl. hierzu und zum Folgenden Bergmann/Sonntag (1999), S. 289 ff. und die dort genannte
        Literatur.
[166]   Vgl. für ein praktisches Beispiel für die Entwicklung von Qualitätsstandards in der
        Personalentwicklung Becker/Brand in diesem Band.
[167]   Dies belegt auch die Untersuchung von Wunderer und Dick. Vgl. Wunderer/Dick (2000), S.
        137.
[168]   Reinhardt (2000), S. 213.
[169]   Vgl. auch ABWF-Arbeitsgruppe ‚Transformation von Weiterbildungseinrichtungen (2000).
[170]   Erste Ansätze dazu bietet der Beitrag von Becker in diesem Band.

- Wie kann die Neigung zur Selbstentwicklung gefördert werden? Welche Arten des selbstorganisierten Lernens eignen sich dazu? (Akteursorientierte Forschung)

- Wie entwickeln sich Rolle und Selbstverständnis der Personalentwickler? Welche zusätzlichen Kompetenzen müssen sie sich aneignen? (Akteursorientierte Forschung)

- Wie verändern sich individuelle und organisatorische Personalentwicklungsziele durch die verstärkte Verwendungsorientierung? (Ziel- und zweckorientierte Forschung)

- Wie kann Personalentwicklung zur kontinuierlichen Entwicklung solcher Kompetenzen beitragen, die Verwertungsmöglichkeiten sicherstellen? (Ziel- und zweckorientierte Forschung)

- Wie können Instrumente der Personalentwicklung mit anderen Bereichen der Personalwirtschaft zielführend verbunden werden? (Inhaltsorientierte Forschung)

- Wie kann eine bedarfsorientierte, prozessbegleitende Personalentwicklung ausgestaltet werden? (Inhaltsorientierte Forschung)

- Wie kann das reaktive Lückenkonzept zur Bedarfsanalyse durch eine verwertungsorientierte Ermittlung von Kompetenzen abgelöst werden? (Methodenorientierte Forschung)

- Welche methodisch-didaktische Aspekte sind beim Einsatz neuer Lernformen (z. B. Telearbeits- und Selbstlernzentren oder CBT) zu beachten? (Methodenorientierte Forschung)

- Wie lässt sich der Wertschöpfungsbeitrag der Personalentwicklung ermitteln? (Methodenorientierte Forschung)

Literatur

Achtenhagen, F. (1998): Kriterien zur Konstruktion eines ‚handlungsorientierten Unterrichts'. In: Wirtschaft und Erziehung, H. 1/1998, S. 3 - 4.

ABWF-Arbeitsgruppe ‚Transformation von Weiterbildungseinrichtungen' (2000): Forschungsprogramm, Unveröffentlichtes Manuskript, Berlin.

Achtenhagen, F./Tramm, T. (1994): Perspektiven der Übungsfirmen- und Lernbüroarbeit. In: Kell, A./Schanz, H. (Hrsg.): Computer und Berufsbildung. Beiträge zur Didaktik neuer Informations- und Kommunikationstechniken in der kaufmännischen Berufsbildung, Stuttgart, S. 210 - 229.

Albert, S./Bradley, K. (1997): Managing Knowledge. Experts, Agencies and Organizations, Cambridge.

Altrichter, H./Gorbach, S. (1993): Professionalität im Wandel. Konsequenzen für Begriffsbestimmung und professionelle Ausbildung diskutiert am Beispiel der Personalentwicklung. In: Zeitschrift für Personalforschung, H. 1/1993, S. 77 - 95.

Arbeitsgemeinschaft Betriebliche Weiterbildungsforschung (Hrsg., 1999): Kompetenzentwicklung '99. Aspekte einer neuen Lernkultur. Argumente, Erfahrungen, Konsequenzen, Münster u. a..

Arbeitsgemeinschaft Betriebliche Weiterbildungsforschung (Hrsg., 1997): Kompetenzentwicklung '97. Berufliche Weiterbildung in der Transformation. Fakten und Visionen, Münster u. a..

Arbeitsgemeinschaft Betriebliche Weiterbildungsforschung (Hrsg., 1996): Kompetenzentwicklung '96. Strukturwandel und Trends in der betrieblichen Weiterbildung, Münster u. a.

Arnold, R. (1999): Personalentwicklung im lernenden Unternehmen. In: Knauth, P./Wollert, A. (Hrsg.): Human Resource Management. Neue Formen betrieblicher Arbeitsorganisation und Mitarbeiterführung, Loseblattsammlung, Bd. 3, Köln, S. 1 - 15.

Baethge, M. (1996): Berufsprinzip und duale Ausbildung: Vom Erfolgsgaranten zum Bremsklotz der Entwicklung? Zur aktuellen Debatte über Ausbildungs- und Arbeitsorganisation in der Bundesrepublik. In: Wittwer, W. (Hrsg.): Von der Meisterschaft zur Bildungswanderschaft. Berufliche Bildung auf dem Weg in das Jahr 2000, Bielefeld.

Baitsch, C. (1999): Interorganisationale Lehr- und Lernnetzwerke. In: Arbeitsgemeinschaft Betriebliche Weiterbildungsforschung (Hrsg.): Kompetenzentwicklung '99. Aspekte einer neuen Lernkultur. Argumente, Erfahrungen, Konsequenzen, Münster u. a.., S. 253 - 274.

Becker, F. (1998): Grundlagen betrieblicher Leistungsbeurteilung, 3. Aufl., Stuttgart.

Becker, M. (2001): Vom Wissenshamster zum Kompetenzwiesel. Reformansätze in der Personalentwicklung, in diesem Band.

Becker, M./Brand, H. (2001): Qualitätsstandards für Personalentwicklungsmaßnahmen der AOK – Die Gesundheitskasse, in diesem Band.

Becker, M./Bührnheim, D. (2001): Enpaßfaktor qualifizierte und motivierte Mitarbeiter. Personalentwicklung bei der B/A/S Berliner Abrechnungs- und Servicegesellschaft für Ver- und Entsorgung mbH, in diesem Band.

Becker, M. (1999a): Personalentwicklung. Bildung, Förderung und Organisationsentwicklung in Theorie und Praxis, 2., überarb. und erw. Aufl., Stuttgart.

Becker, M. (1999b): Aufgaben und Organisation der betrieblichen Weiterbildung, 2., vollst. überarb. Aufl., München/Wien.

Becker, M. (1999c): Personalentwicklung als Führungsaufgabe. In: Stein, J. H. v./Siebertz, P. (Hrsg.): Handbuch Banken und Personal, Frankfurt/M., S. 413 - 442.

Becker, M. (1998a): Entwicklung und Evaluierung eines Analyseinstrumentes zur Einordnung der Unternehmensführung und der Personalentwicklung in die ‚Drei-Generationenschemata', Unveröffentlichtes Gutachten im Auftrag der Arbeitsgemeinschaft Betriebliche Weiterbildung e. V. Berlin (ABWF), Halle (unter Mitarbeit von C. Gürtler).

Becker, M. (1998b): Kompetenzentwicklung für eine dynamische Arbeitswelt. In: Schulz, M./Stange, B./Tielker, W./Weiß, R./Zimmer, G. M. (Hrsg.): Wege zur Ganzheit. Profilbildung einer Pädagogik für das 21. Jahrhundert, Weinheim, S. 170 - 193.

Becker, M. (1994): Strukturierte Mitarbeitergespräche. In: Schwuchow, K. et al. (Hrsg.): Jahrbuch Weiterbildung 1994, Düsseldorf, S. 90 - 95.

Becker, M. (1979): Berufswahlvorbereitung. Ein Beitrag zur theoretischen Grundlegung der Berufswahl Jugendlicher, Mainz.

Becker, M./Rother, G. (1998): Pendelschlag von der Qualifikation zur Kompetenz. In: Quem-Bulletin, H. 2-3/1998, S. 10 - 15.

Becker, M./Schwarz, V. (1998): Führen durch Zielvereinbarung bei dezentral organisierten Unternehmen. In: Personalwirtschaft, H. 9/1998, S. 56 - 61.

Bellmann, L. (2001): Arbeitsmarktforschung und Personalentwicklung, in diesem Band.

Bergmann, B./Sonntag, K. (1999): Transfer: Die Umsetzung und Generalisierung erworbener Kompetenzen in den Arbeitsalltag. In: Sonntag, K. (Hrsg.): Personalentwicklung in Organisationen. Psychologische Grundlagen, Methoden und Strategien, 2., überarb. und erw. Aufl., Göttingen u. a., S. 287 - 312.

Berthel, J. (1997): Personal-Management. Grundzüge für Konzeptionen betrieblicher Personalarbeit, 5., akt. und korr. Aufl., Stuttgart.

Beyer, J./Metz, T. (1995): Professionalisierungspfade des Personalwesens. In: Wächter, H./Metz, T. (Hrsg.): Professionalisierte Personalarbeit? Perspektiven der Professionalisierung des Personalwesens, München/Mering, S. 185 - 206.

Brandstätter, H. (1999): Veränderbarkeit von Persönlichkeitsmerkmalen. Beiträge der Differenziellen Psychologie. In: Sonntag, K. (Hrsg.): Personalentwicklung in Organisationen. Psychologische Grundlagen, Methoden und Strategien, 2., überarb. und erw. Aufl., Göttingen u. a., S. 51 - 76.

Breitmeier, W. (1997): Auf dem Prüfstand: Das duale System. Satellitenmodell. Vorschlag für eine alternative Ausbildungsstruktur. In: Personalführung H. 9/1997, S. 834 - 839.

Brinkhaus, F. (1995): Personalentwicklung in multinationalen Unternehmen. Eine empirische Analyse der Personalentwicklungsansätze ausgewählter multinationaler Unternehmen der chemischen Industrie im britischen Kulturkontext, Frankfurt/M.

Büchter, K./Hendrich, W. (1996): Professionalisierung in der betrieblichen Weiterbildung, Anspruch und Wirklichkeit. Theoretische Ansätze und empirische Ergebnisse, München.

Bühner, R. (1997): Personalmanagement, Landsberg/Lech.

Bühner. R. (1986): Personalentwicklung für neue Technologien in der Produktion, Stuttgart.

Bundesministerium für Arbeit und Sozialordnung (Hrsg., 1998): Wegweiser durch das neue Arbeitsförderungsrecht, Bonn.

Däubler, W. (2000): Betriebliche Weiterbildung als Mitbestimmungsproblem. Status quo und rechtspolitische Perspektiven. In: Betriebs-Berater, H. 23/2000, S. 1190 - 1195.

Deutscher Industrie- und Handelstag (DIHT) (1999): Leitlinien Ausbildungsreform. Wege zu einer modernen Beruflichkeit, Bonn.

Drescher, A. (2001): Personalentwicklung in Reformprozess. Eine Standortbestimmung für die öffentliche Verwaltung, in diesem Band.

Döhl, V./Kratzer, N./Sauer, D. (2000): Krise der NormalArbeit(s)Politik. Entgrenzung von Arbeit, Neue Anforderungen an Arbeitspolitik. In: WSI-Mitteilungen, H. 1/2000, S. 5 - 17.

Ennen, K./Günther, U. (1996): Personalentwicklungsveranstaltungen deutscher Großunternehmen. Eine empirische Analyse der Themen und Trends. In: Zeitschrift für Personalforschung, H. 1/1996, S. 33 - 47.

Erpenbeck, J. (2000): Zertifizierung von Kompetenzen in Analogie zu Qualifikationen? In: Personalführung, H. 1/2000, S. 22 - 28.

Erpenbeck, J. (1998): Kompetenzentwicklung als Forschungsaufgabe. In: Quem-Bulletin, H. 2/3/1998, S. 18 - 23.

Faulstich, P. (1998): Strategien der betrieblichen Weiterbildung, München.

Faulstich, P./Lindecke, C. (1994): Angebotsanalyse über Weiterbildungsprogramme zur Personalentwicklung. In: Personal, H. 1/1994, S. 34 - 36.

Gebert, D. (1995): Führung im MbO-Prozeß. In: Kieser, A. (Hrsg.): Handwörterbuch der Führung, 2. Aufl., Stuttgart, Sp. 426 - 436.

Geißler, K. A. (1991): Das Duale System der industriellen Berufsausbildung hat keine Zukunft. In: Leviathan, S. 68 - 77.

Geißler, H. (1994): Grundlagen des Organisationslernens, Weinheim.

Gesellschaft für Personalentwicklung (Hrsg., 1999): Personalentwicklung in Bewegung. Eine Umfrage der Gesellschaft für Personalentwicklung, Zusammenfassung der Untersuchung, Wien.

Görner, R. (1999): 10-Punkte-Modell zur Neuordnung der Ausbildung, unveröffentlichtes Manuskript, Bonn.

Greinert, W.-D. (1998): Das ‚deutsche System' der Berufsbildung. Tradition, Organisation, Funktion, 3., überarb. Aufl., Baden-Baden.

Grieger, J. (1997): Hierarchie und Potential. Informatorische Grundlagen und Strukturen der Personalentwicklung in Unternehmen, Neustadt.

Hanft, A. (1995). Personalentwicklung zwischen Weiterbildung und ‚organisationalem Lernen', München/Mering.

Hesch, G. (1997): Das Menschenbild neuer Organisationsformen, Leverkusen.

Hoffmann, E./Walwei, U. (1998): Normalarbeitsverhältnis: Ein Auslaufmodell? Überlegungen zu einem Erklärungsmodell für den Wandel der Beschäftigungsformen. In: Mitteilungen aus der Arbeitsmarkt- und Berufsforschung, H. 3/1998, S. 409 - 425.

Levy, A./Merry, U. (1986): Organizational Transformation, New York.

Lichtenberger, Y. (1999): Von der Qualifikation zur Kompetenz. Die neuen Herausforderungen der Arbeitsorganisation in Frankreich. In: Arbeitsgemeinschaft Betriebliche Weiterbildungsforschung (Hrsg.): Kompetenzentwicklung `99. Aspekte einer neuen Lernkultur. Argumente, Erfahrungen, Konsequenzen, Münster u. a., S. 275 - 307.

Jäger, W./Buck, D. (1997): Aspekte der Personalentwicklung in der öffentlichen Verwaltung, Wiesbaden.

Kailer, N. (1998): Kompetenzentwicklung. Problemfelder in der Praxis. In: Quem-Bulletin, H. 2/3/1998, S. 23 - 25.

Klimecki; R./Gmür, M. (1998): Personalmanagement. Funktionen, Strategien, Entwicklungsperspektiven, Stuttgart.

Kohnke, O. (2000): Die Anwendung der Zielsetzungstheorie zur Mitarbeitermotivation und -steuerung. In: Bungard, W./Kohnke, O. (Hrsg.): Zielvereinbarungen erfolgreich umsetzen. Konzepte, Ideen und Praxisbeispiele auf Gruppen- und Organisationsebene, Wiesbaden, S. 36 - 65.

Krapp, A./Weidenmann, B. (1999): Entwicklungsförderliche Gestaltung von Lernprozessen. Beiträge der Pädagogischen Psychologie. In: Sonntag, K. (Hrsg.): Personalentwicklung in Organisationen. Psychologische Grundlagen, Methoden und Strategien, 2., überarb. und erw. Aufl., Göttingen u. a., S. 77 - 98.

Laske, S./Gorbach, S. (Hrsg. 1993): Spannungsfeld Personalentwicklung. Konzeptionen, Analysen, Perspektiven, Wien.

March, J. G./Olsen, J. P. (1979): Ambiguity and Choice in Organizations, 2. Aufl., Bergen u. a.

Meier, H. (1995): Strategische Planung und Personalentwicklung in Banken und Sparkassen. Anspruch, Schein und Wirklichkeit, Wiesbaden.

Mentzel, W. (1997): Unternehmenssicherung durch Personalentwicklung. Mitarbeiter motivieren, fördern und weiterbilden, 7., überarb. Aufl., Freiburg.

Müller, E. (1996): Personalentwicklung in der öffentlichen Verwaltung. Qualifizierung und Motivierung von Mitarbeitern als Führungsaufgabe, Wien.

Münch, J. (1995): Personalentwicklung als Mittel und Aufgabe moderner Unternehmensführung, Bielefeld.

Neuberger, O. (1997): Personalwesen 1. Grundlagen, Entwicklung, Organisation, Arbeitszeit, Fehlzeiten, Stuttgart.

Neuberger, O. (1994): Personalentwicklung, 2., durchges. Aufl., Stuttgart.

Nonaka, I./Takeuchi, H. (1997): Die Organisation des Wissens. Wie japanische Unternehmen eine brachliegende Ressource nutzbar machen, Frankfurt/M.

Obermann, C. (1992): Assessment Center. Entwicklung, Durchführung, Trends, Wiesbaden.

Oerter, R. (1999): Menschliche Entwicklung und ihre Gestaltbarkeit. Beiträge der Entwicklungspsychologie. In: Sonntag, K. (Hrsg.): Personalentwicklung in Organisationen. Psychologische Grundlagen, Methoden und Strategien, 2., überarb. und erw. Aufl., Göttingen u. a., S. 33 - 50.

Pawlowsky, P. (Hrsg., 1998): Wissensmanagement. Erfahrungen und Perspektiven, Wiesbaden.

Picot, A./Reichwald, R./Wigand, R. T. (1998): Die grenzenlose Unternehmung, 2. Aufl., Wiesbaden.

Probst, G. J. B./Büchel, B. S. T. (1997): Organisationales Lernen. Wettbewerbsvorteil der Zukunft, 2. Aufl., Wiesbaden.

Pütz, H. (1999): Modernisierung des Dualen Systems. In: Personalwirtschaft, H. 10/1999, S. 62 - 63.

Putz, P./Nöbauer, B. (1995): Personalleiter in Oberösterreich. Eine empirische Untersuchung zur Professionalisierung der Personalverantwortlichen. In: Wächter, H./Metz, T. (Hrsg.): Professionalisierte Personalarbeit? Perspektiven der Professionalisierung des Personalwesens, München/Mering, S. 55 - 83.

Reinhardt, R. (2000): Die europäische Personalentwicklung im Wandel: Selbstverständnis und Praktiken in lernorientierten Unternehmen. In: Zeitschrift für Personalforschung, H. 3/2000, S. 209 - 241.

Reuchling, J. (2000): Qualifications, Unitisation and Credits. The German Debate, unveröffentlichter Vortrag für die Tagung ‚Meeting the Needs of Learners: QCA International Research Seminar‘ (30.1.2000-1.2.2000), London.

Ridder, H.-G. (2001): Strategisches Personalmanagement: Architektur und Steuerungsprinzipien, in diesem Band.

Riekhof, H.-C. (Hrsg., 1997): Strategien der Personalentwicklung, 4., völlig überarb. Aufl., Wiesbaden.

Rosenstiel, L. v. (1999): Entwicklung von Werthaltungen und interpersonaler Kompetenz. Beiträge der Sozialpsychologie. In: Sonntag, K. (Hrsg.): Personalentwicklung in Organisationen. Psychologische Grundlagen, Methoden und Strategien, 2., überarb. und erw. Aufl., Göttingen u. a., S. 99 - 122.

Rosenstiel, L. v./Nerdinger, F./Spieß, E. (Hrsg.): Von der Hochschule in den Beruf, Göttingen.

Rosenstiel, L. v./Djarrahzadeh, M./Einsiedler, H. E./Streich, R. K. (1993): Wertewandel. Herausforderung für die Unternehmenspolitik in den 90er Jahren, 2., überarb. Aufl., Stuttgart.

Rosenstiel, L. v./Nerdinger, F. W./Spieß, E./Stengel, M. (1989): Führungsnachwuchs im Unternehmen. Wertkonflikte zwischen Individuum und Organisation, München.

Rother, G. (1996): Personalentwicklung und strategisches Management, Eine systemtheoretische Analyse, Wiesbaden.

Schirmer, U. (1997): Neue Ansätze zur Optimierung der betrieblichen Berufsausbildung, Wiesbaden.

Schreyögg, G. (1998): Organisation. Grundlagen moderner Organisationsgestaltung, 2., überarb. Aufl., Wiesbaden.

Schwuchow, K./Gutmann, J. (Hrsg.): Jahrbuch Personalentwicklung und Weiterbildung 1998/1999, Neuwied/Kriftel.

Sonntag, K. (Hrsg., 1999a): Personalentwicklung in Organisationen. Psychologische Grundlagen, Methoden und Strategien, 2., überarb. und erw. Aufl., Göttingen u. a..

Sonntag, K. (1999b): Ermittlung tätigkeitsbezogener Merkmale: Qualifikationsanforderungen und Voraussetzungen menschlicher Aufgabenbewältigung. In: Sonntag, K. (Hrsg.): Personalentwicklung in Organisationen. Psychologische Grundlagen, Methoden und Strategien, 2., überarb. und erw. Aufl., Göttingen u. a., S. 157 - 179.

Staehle, W. H. (1999): Management. Eine verhaltenswissenschaftliche Perspektive, 8., überarb. Auflage, München.

Staudt, E. (1997): Technische Entwicklung und betriebliche Restrukturierung oder Innovation durch Integration von Personal- und Organisationsentwicklung. In: Kröll, M./Schnauber, H. (Hrsg.): Lernen der Organisation durch Gruppen- und Teamarbeit. Wettbewerbsvorteile durch umfassende Unternehmensplanung, Berlin u. a., S. 35 - 106.

Staudt, E./Kriegesmann, B. (2000): Trotz Weiterbildung inkompetent. In: Schwuchow, K./ Gutmann, J. (Hrsg.): Jahrbuch Personalentwicklung und Weiterbildung 2000/2001, Neuwied/Kriftel, S. 39 - 44.

Staudt, E./Kriegesmann, B. (1999): Weiterbildung: Ein Mythos zerbricht. Der Widerspruch zwischen überzogenen Erwartungen und Mißerfolgen der Weiterbildung. In: Arbeitsgemeinschaft Betriebliche Weiterbildungsforschung (Hrsg.): Kompetenzentwicklung ´99. Aspekte einer neuen Lernkultur. Argumente, Erfahrungen, Konsequenzen, Münster u. a., S 17 - 59.

Staudt, E./Meier, A. J. (1996): Reorganisation betrieblicher Weiterbildung. In: Arbeitsgemeinschaft Arbeitsgemeinschaft Betriebliche Weiterbildungsforschung (Hrsg.): Kompetenzentwicklung ´96, Münster u. a., S. 263 - 336.

Stengel, M. (1999): Wertewandel. In: Rosenstiel, L. v./Regnet, E./Domsch, M. E. (Hrsg.): Führung von Mitarbeitern. Handbuch für erfolgreiches Personalmanagement, 4., überarb. und erw. Aufl., Stuttgart, S. 833 - 857.

Stiefel, R. (1999): Personalentwicklung in Klein- und Mittelbetrieben. Innovationen durch praxiserprobte Personalentwicklungskonzepte, 2., bearb. und ergänz. Aufl., Leonberg.

Stotz, M. (1999): Organisationale Lernprozesse. Begriff, Merkmale, Einflussfaktoren, Wiesbaden.

Straha, G. A. (1996): Selbstgesteuertes Lernen. Vom ‚Key West-Konzept' zum 'Modell motivierten selbstgesteuerten Lernens'. In: Geißler, H. (Hrsg.): Arbeit, Lernen und Organisationen. Ein Handbuch, Weinheim, S. 59 - 77.

Strombach, M. E. (1992): Personalentwicklung, Würzburg.

Struck, O. (1998): Individuenzentrierte Personalentwicklung. Konzepte und empirische Befunde, Frankfurt/New York.

Thierau-Brunner, H./Stangel-Meseke, M./Wottawa, H. (1999): Evaluation von Personalentwicklungsmaßnahmen. In: Sonntag, K. (Hrsg.): Personalentwicklung in Organisationen. Psychologische Grundlagen, Methoden und Strategien, 2., überarb. und erw. Aufl., Göttingen u. a., S. 261 - 286.

Thom, N. (1987): Personalentwicklung als Instrument der Unternehmensführung, Stuttgart 1987.

Van Buren, M./McMurrer, D. (2000): ASTD State of the Industry Report 2000. In: Schwuchow, K./Gutmann, J. (Hrsg.): Jahrbuch Personalentwicklung und Weiterbildung 2000/2001, Neuwied/Kriftel, S. 16 - 27.

Wächter, H. (1987): Professionalisierung im Personalbereich. In: Die Betriebswirtschaft, H. 2/1987, S. 141 - 150.

Walwei, U. (1995): Atypische Beschäftigungsformen. Kongruenz und Divergenz der Interessen. In: Keller, B./Seifert, H. (Hrsg.): Atypische Beschäftigung. Verbieten oder gestalten? Köln, S. 9 - 24.

Weber, W./Mayrhofer, W./Nienhüser, W./Rodehuth, M./Rüther, B. (1994): Betriebliche Bildungsentscheidungen. Entscheidungsverläufe und Entscheidungsergebnisse, München/Mering.

Weiß, R. (2001): Kompetenzentwicklung als strategische Herausforderung der betrieblichen Weiterbildung, in diesem Band.

Weiß, R. (2000): Entwicklungstrends betrieblicher Weiterbildung. In: Schwuchow, K./Gutmann, J. (Hrsg.): Jahrbuch Personalentwicklung und Weiterbildung 2000/2001, Neuwied/Kriftel, S. 9 - 15.

Weiß, R. (1999): Erfassung und Bewertung von Kompetenzen. Empirische und konzeptionelle Probleme. In: Arbeitsgemeinschaft Betriebliche Weiterbildungsforschung (Hrsg.): Kompetenzentwicklung '99. Aspekte einer neuen Lernkultur. Argumente, Erfahrungen, Konsequenzen, Münster u. a., S. 433 - 493.

Wiegand, M. (1996): Prozesse Organisationalen Lernens, Wiesbaden.

Willke, H. (1998): Systemisches Wissensmanagement, Stuttgart.

Wittmann, A./Kaschube, J. (1998): Motivation zur beruflichen Weiterentwicklung bei Hochschulabsolventen im Rahmen der Personalentwicklung. In: Rosenstiel, L. v./Nerdinger, F./Spieß, E. (Hrsg.): Von der Hochschule in den Beruf. Wechsel der Welten in Ost und West, Göttingen, S. 145 - 167.

Wittmann, A./Kaschube, J./Bullemer, L./Feldmeyer, S./Prechtl, D./Staßen, S./Warnecke, J./Wins, A. v. (1997): Personalentwicklung von Führungsnachwuchskräften. Eine empirische Untersuchung. In: Rosenstiel, L. v./Lang-von Wins, T./Sigl, E. (Hrsg.): Perspektiven der Karriere, Stuttgart, S. 225 - 240.

Wunderer, R./Arx, S. v. (1998): Personalmanagement als Wertschöpfungs-Center. Integriertes Organisations- und Personalentwicklungskonzept, Wiesbaden.

Wunderer, R./Dick, P. (2000): Personalmanagement - Quo vadis? Analyse und Prognosen zu Entwicklungstrends bis 2010, Neuwied/Kriftel.

Lutz Bellmann

Arbeitsmarktforschung und Personalentwicklung

1   Einleitung

Das Aufgabenfeld der Arbeitsmarkt- und Berufsforschung hat sich aufgrund der Arbeitsmarktentwicklung in den letzten drei Jahrzehnten stetig erweitert. Neben dem ‚globalen' Arbeitsmarktungleichgewicht steht aber die wissenschaftliche Durchdringung der mit der beruflichen Erstausbildung und der Weiterbildung verbundenen Probleme auf der Forschungsagenda. Im vorliegenden Beitrag sollen dazu zentrale Forschungsergebnisse aus dem IAB-Betriebspanel vorgestellt und diskutiert werden. Es werden zunächst der Aufbau, die Erhebung und die Themen des IAB-Betriebspanels erläutert. Daran anschließend werden empirische Ergebnisse zur betrieblichen Aus- und Weiterbildung vorgestellt. Für Westdeutschland wird die Struktur der ausbildungsberechtigten und der tatsächlich ausbildenden Betriebe untersucht. Auf die Bedeutung der Kosten und Erträge der betrieblichen Berufsausbildung und die Übernahme der erfolgreichen Ausbildungsabsolventen wird in diesem Zusammenhang ebenfalls eingegangen. Die betriebliche Weiterbildung hat sich in den letzten Jahren positiv entwickelt. Dabei ergeben sich aber deutliche Unterschiede zwischen den Qualifikationsgruppen. Die Ursache dafür dürfte die mit der Einführung technischer Neuerungen verbundene Qualifizierung sein. Weiterhin ist die betriebliche Aus- und Weiterbildung im Zusammenhang mit der öffentlichen Förderung der beruflichen Weiterbildung nach dem Sozialgesetzbuch III zu sehen. Darauf wird ebenso eingegangen wie auf neue Initiativen der Sozialpartner bei der Entwicklung des Transfer-Sozialplans in der Chemischen Industrie. Ein Blick auf die weitere Forschungsperspektive steht am Ende des Beitrags.

2   Das IAB-Betriebspanel

Der empirischen Wirtschafts- und Sozialforschung standen in den letzten zwei Dekaden Mikro- und Paneldaten größtenteils über Individuen oder Haushalte zur Verfügung. Dies führte einerseits zu einer Spezialisierung der Wissenschaftler auf Bereiche, die mit diesen Daten besonders gut analysiert werden können und läßt sich z. B. am großen Erfolg des Sozio-Ökonomischen Panels (SOEP) erkennen. Andererseits resultieren daraus immense Wissensfortschritte, z. B. bei den Kenntnissen über das Arbeitangebot. Die Mechanismen der Arbeitsnachfrage können dagegen weniger gut dargestellt werden. Falls es jedoch gelingen sollte, den Wissenschaftlern Betriebsdaten in ähnlicher Weise bereit zu stellen, sind dort mit Sicherheit ähnlich große Fortschritte zu erwarten.[1]

---

[1]   Vgl. Hamermesh (1993), S. 400.

Grundgesamtheit des IAB-Betriebspanels sind alle Betriebe mit mindestens einem sozialversicherungspflichtigen Beschäftigten.[2] Grundsätzlich ausgeschlossen sind daher Betriebe ohne sozialversicherungspflichtige Beschäftigte, also vor allem ‚Ein-Mann-Betriebe', also z. B. sogenannte Scheinselbständige, Betriebe allein mit Beschäftigten selbständiger Versicherungsarten (Bergleute, Landwirte, Künstler, Publizisten) oder Dienststellen im öffentlichen Sektor, in denen ausschließlich Beamte beschäftigt sind. Ab der 4. Welle 1996 wurde die Befragung auch in den neuen Bundesländern durchgeführt. Somit standen 1999 Angaben zu 9915 Betrieben zur Verfügung, davon 5405 in den neuen Bundesländern und Ost-Berlin. Die Betriebe können anhand einer Betriebsnummer, die aufgrund der Pflichtmeldungen zur Sozialversicherung in der Beschäftigtenstatistik der Bundesanstalt für Arbeit vergeben wird, zu bestimmten Stichtagen identifiziert (hier: jeweils zum 30.6. eines Jahres) und hinsichtlich verschiedener Merkmale wie Wirtschaftszweigzugehörigkeit und Betriebsgröße abgegrenzt werden. Diese Transformation der Beschäftigtenstatistik in eine stichtagsbezogene Betriebsdatei besitzt zwar mit Blick auf Abgrenzung der Einheiten, Vollständigkeit der Erfassung sowie Meldungen der Beschäftigten im Zeitablauf insbesondere bei Längsschnittbetrachtungen einige Unschärfen, da Selbständige, Beamte und mithelfende Familienangehörige nicht erfasst werden, hat aber bei der Nutzung als Ziehungsgrundlage für Betriebsbefragungen erhebliche Vorteile gegenüber anderen Alternativen: Erfasst wird über die Betriebsnummer i. d. R. – zu über 80%, wie die Ergebnisse der ersten Panelwelle 1993 zeigen – die betriebswirtschaftlich sinnvoll interpretierbare Einheit.

Erhebungseinheit ist der Betrieb, nicht das Unternehmen als wirtschaftlich-rechtliches Aggregat. Der ‚Betrieb' wird im Sinne der amtlichen Statistik als die örtliche Einheit verstanden, in der die Tätigkeiten eines Unternehmens, d. h. die Produktion von Gütern oder Dienstleistungen, tatsächlich durchgeführt wird. Das Untersuchungskonzept ‚Betrieb' wird auch bei weiteren Panelstudien in der Bundesrepublik Deutschland der Unternehmensebene vorgezogen, auch wenn bei einzelnen arbeitsmarkt- oder unternehmenspolitischen Fragestellungen individuelle Akteure befragt werden, die selbst nicht zu den verantwortlichen Entscheidern auf Unternehmensebene zählen. Der ‚Betrieb' ist für die Fragestellungen des IAB-Betriebspanels i. d. R. die adäquate Erhebungseinheit, da die Beschäftigungs- oder Personalpolitik sowie deren Bestimmungsfaktoren sich in entsprechenden betriebswirtschaftlichen Größen oder Personalstrukturen im Betrieb niederschlagen. Gleichzeitig sind die für die Analysen notwendigen betrieblichen Kennzahlen wie Umsatz, Arbeitszeiten, Lohn- und Gehaltssumme u. a. m. für die Befragten unmittelbar verfügbar.

Im 3. Quartal 1993 wurde die erste Befragungswelle des IAB-Betriebspanels in den alten Bundesländern durchgeführt. Ergebnisse aus der Befragung von 4265 Betrieben

---

[2] Ausnahme: Private Haushalte werden erst ab einer Zahl von mindestens fünf Beschäftigten zum 30.6. des Vorjahres einbezogen, da kleinere Einheiten kaum schlüssige Antworten zum Fragebogen machen können.

durch Interviewer von Infratest Sozialforschung, München liegen vor[3]. Die Rücklaufquote lag bei 75% der erreichbaren Betriebe, die aus der Betriebsdatei der Beschäftigtenstatistik der Bundesanstalt für Arbeit gezogen wurden. Ausgehend von der ersten Befragungswelle wurden in den folgenden Jahren alle Betriebe nach Möglichkeit erneut befragt. Die Antwortquoten lagen jeweils über 80% der wiederholt befragten Betriebseinheiten. Zu dieser für die Datenanalyse wichtigsten Teilstichprobe werden in jeder Panelwelle noch weitere Betriebe einer Ergänzungsstichprobe hinzugefügt, die durch die erstmalige oder erneute Meldung von mindestens einem sozialversicherungspflichtigen Beschäftigten zum Stichtag der jeweiligen Panelwelle definiert wird und zudem die für eine Panelwelle vorübergehend ausgefallenen Fälle (sog. Nachbearbeitungsstichprobe) weiterhin befragt. In Abbildung 1 ist dargestellt, wieviele Betriebe jeweils in die Erhebung einbezogen worden sind. Die im Verhältnis zu den alten Bundesländern große Stichprobe in den neuen Bundesländern wurde durch die finanzielle Beteiligung der Länder Mecklenburg-Vorpommern, Thüringen, Berlin, Brandenburg und Sachsen und des Instituts für Wirtschaftsforschung Halle an der Erhebung ermöglicht. In die Erhebungswelle des Jahres 2000 wurde eine sogenannte Aufstockungsstichprobe einbezogen, die von den Ländern Sachsen-Anhalt, Hamburg, Bremen, Niedersachsen, Baden-Württemberg, Rheinland-Pfalz finanziert wird. Die Anzahl der auswertbaren Interviews wird deshalb bei ca. 13.000 Fällen liegen.

Anzahl der verwertbaren Interviews beim IAB-Betriebspanel		
	Alte Bundesländer	**Neue Bundesländer**
1993	4265	--
1994	4154	--
1995	4114	--
1996	4291	4313
1997	4147	4770
1998	4380	4954
1999	4510	5405

Abbildung 1

Einen Überblick über die unterschiedlichen Fragebogeninhalte in den verschiedenen Wellen des IAB-Betriebspanels gibt Abbildung 2. Ziel eines Panels ist die Befragung von gleichen Einheiten zu denselben Themen. Wenn sich jedoch bestimmte Angaben über die Betriebe nicht laufend ändern, können diese in größeren Zeitabständen abgefragt werden. Außerdem wird eine in den verschiedenen Wellen wechselnde Schwerpunktbildung vorgenommen. In der 4. Welle wurden spezielle Fragen zum Thema „Arbeitszeit", in der 5. Welle zum Thema „Betriebliche Weiterbildung", in der 6. Welle zum Thema „Innovationen" und in der 7. Welle zum Thema „Fachkräftebedarf und Personalentwicklung" gestellt.

---

[3]   Für weitere Informationen über das IAB-Betriebspanel vgl. Bellmann (1997).

Themen im IAB-Betriebspanel	
• Personalbestand und Beschäftigungs-entwicklung	• Löhne und Gehälter
• Einstellungen und Entlassungen	• Arbeits- und Betriebszeiten
• Qualifikations- und Personalstruktur (z. B. Teilzeit- und befristete Beschäfti-gungsverhältnisse)	• Öffentliche Förderung mit Lohn- und Investitionszuschüssen
• Geschäftspolitik, betriebliche Planung und Investitionen	• Kontakt mit dem Arbeitsamt
• Ausbildungsstellen	• Betriebsrat und Tarifbindung
• betriebliche Fort- und Weiterbildung	• Fachkräftebedarf und Personalent-wicklung

Abbildung 2

Die wichtigsten Ergebnisse der mit den Daten des IAB-Betriebspanels durchgeführten Studien sind in verschiedenen Aufsätzen in den Mitteilungen aus der Arbeitsmarkt- und Berufsforschung sowie in den Beiträgen zur Arbeitsmarkt- und Berufsforschung überblicksartig dargestellt. Daneben gibt es zahlreiche Einzelveröffentlichungen von Mitarbeitern des IAB. Ausführliche Literaturhinweise finden sich auf der Homepage des IAB (www.arbeitsamt.de). Außerdem wird im Rahmen der Panelpflege regelmäßig eine Kurzinformation unter dem Titel „Beschäftigungstrends" zu Einzelthemen erstellt bzw. die IAB-Materialien kostenlos an die Panelbetriebe abgegeben.

Um den Ansprüchen der wissenschaftlichen Forschung zu genügen, ist ein thematisch und ökonomisch umfassender Datensatz mit Betriebsangaben erforderlich. Das seit 1993 jährlich erhobene IAB-Betriebspanel erfüllt drei wichtige Voraussetzungen dafür, weil

• das Frageprogramm umfassend ist und somit eine Verbindung mit anderen Betriebs- und Unternehmensdatensätzen, die aus Datenschutzgründen problematisch ist, vermieden werden kann,
• die Ziehung der Stichprobe und ihre Hochrechnung mit Hilfe der Beschäftigtenstatistik der Bundesanstalt für Arbeit vorgenommen werden kann und
• die Rücklauf- und die Antwortquoten hoch sind, wenn auch bei bestimmten Fragen beträchtliche Ausfälle registriert werden können.

Eine wichtige Voraussetzung für die wissenschaftliche Nutzung der Erhebung durch externe Forscher ist die Möglichkeit, mit den Daten des IAB-Betriebspanels zu arbeiten. Die Errichtung einer vom BMBF finanzierten Schalterstelle beim IAB-Betriebspanel zum 1.3.1999 ist in dieser Hinsicht als wichtiger Schritt zu werten.

3 Betriebliche Berufsausbildung und Übernahme von Ausbildungsabsolventen im Ausbildungsbetrieb

Mit dem IAB-Betriebspanel werden Daten zum Ausbildungsverhalten von Betrieben repräsentativ erfasst. Nach dem Berufsbildungsgesetz und nach der Handwerksordnung müssen Betriebe, die nach diesen Regeln ausbilden, die dort näher festgelegten fachlichen und persönlichen Voraussetzungen für die betriebliche Berufsausbildung erfüllen. In den folgenden Berechnungen sind deshalb Ausbildungsverhältnisse, die nicht nach diesen gesetzlichen Regelungen erfolgen, also die Ausbildung von Beamtenanwärtern, solche nach Ausbildungsregelungen für Berufe im Gesundheitswesen oder für sozialpflegerische oder sozialpädagogische Berufe, nicht berücksichtigt worden.

Zur Jahresmitte 1998 gab es in Westdeutschland nach Angaben des IAB-Betriebspanels hochgerechnet mehr als 1,64 Millionen Betriebe. Von diesen Betrieben erfüllen 57,9% die gesetzlichen Voraussetzungen für die berufliche Ausbildung. Das bedeutet aber umgekehrt, dass fast 42% der Betriebe die fachlichen und persönlichen Voraussetzungen zur Ausbildung nicht erfüllen. Ausbildungsplätze könnten also in 950.000 von 1,64 Millionen Betrieben angeboten werden. Von diesen an sich zur Ausbildung berechtigten Betrieben bilden jedoch nur etwas weniger als die Hälfte auch tatsächlich aus. Das entspricht einer Quote von 47% aller ausbildungsberechtigten Betriebe oder einer Quote von 27% aller westdeutschen Betriebe.

Interessant sind außerdem Informationen über die Struktur der ausbildungsaktiven und der nicht ausbildungsaktiven Betriebe, sowie über die Struktur der Betriebe, die nicht zur Ausbildung berechtigt sind. 90% der Betriebe, die zwar die gesetzlichen Voraussetzungen für eine berufliche Ausbildung erfüllen, jedoch 1998 keinen Auszubildenden im Betrieb beschäftigten, hatten nicht mehr als 19 Beschäftigte. Fast 44% der Betriebe werden zur Wirtschaftsgruppe Private Dienstleistungen gerechnet, 23% zum Handel und mehr als 17% zum Verarbeitenden Gewerbe.

Eine ähnliche Struktur findet sich in Westdeutschland bei den Betrieben, die nicht zur Ausbildung berechtigt sind. Hohe Anteile kleiner Betriebe und hohe Anteile von Betrieben in den Wirtschaftsgruppen Private Dienstleistungen und Handel sind nicht zur Ausbildung berechtigt. Von den ausbildungsaktiven Betrieben haben 74% weniger als 20 Beschäftigte. 37% der Betriebe gehören zur Wirtschaftsgruppe Private Dienstleistungen und 24% zum Verarbeitenden Gewerbe. Der Anteil der Betriebe aus dem Dienstleistungsbereich hat im Westen das traditionell ausbildungsaktive Verarbeitende Gewerbe überrundet. Allerdings beträgt, wie gesagt, in der Wirtschaftsgruppe Private Dienstleistungen der Anteil der ausbildungsberechtigten aber nicht ausbildungsaktiven Betriebe 43% und liegt damit deutlich höher, als der Anteil der ausbildungsaktiven Betriebe mit 37%. Hier besteht also ein Strukturproblem.

Fast 24% aller Betriebe in den alten Bundesländern bilden nicht aus, obwohl sie alle die Voraussetzungen zur Ausbildung besitzen. Zur Entspannung der Situation auf dem Ausbildungsstellenmarkt schlummert hier also ein noch ungenutztes Potential.

Die Mehrzahl der Betriebe, die nicht ausbilden, obwohl sie dazu befähigt wären, sind Betriebe mit weniger als 20 Beschäftigten. Sicher ist die Situation zur Ausbildung in kleinen, oft hochspezialisierten Betrieben ungleich schwieriger als in größeren. Tätigkeiten dort sind oft gekennzeichnet durch eingeschränkte Aufgabenstrukturen und durch das Fehlen von Verfahren und Abläufen, die im Betrieb nicht erforderlich, jedoch Inhalt der Ausbildungsordnung sind. Trotz allem könnte durch Überwindung dieser Hemmnisse, die in kleineren Betrieben einer Ausbildung entgegenstehen, eine nicht unbeträchtliche Zahl von Ausbildungsstellen geschaffen werden. Möglicherweise lassen sich einzelbetriebliche Probleme mit einer Förderung von Ausbildungsverbunden lösen. Derzeit wird diese Möglichkeit im Westen von nur 1,6% der Betriebe genutzt. Inwieweit und durch welche Fördermaßnahmen derzeit zwar zur Ausbildung berechtigte, aber nicht ausbildungsaktive Betriebe zur Ausbildung motiviert werden, kann nur durch weitere sorgfältige Analysen geklärt werden. Wenn es darüber hinaus gelingt, aus den 51% der Betriebe im Westen, die derzeit nicht zur Ausbildung berechtigt sind, wenigstens einem Teil zur Ausbildungsberechtigung zu verhelfen und wenn davon wiederum ein entsprechender Anteil zur Ausbildung zu bewegen wäre, könnte sich der Ausbildungsstellenmarkt für Ausbildungsplatzbewerber entspannen.

Unternehmen, die sich an der Berufsausbildung beteiligen, fällt die Personalrekrutierung oft leichter. Zudem kosten die Auszubildenden nicht nur, sondern leisten einen Beitrag zur betrieblichen Wertschöpfung. Nach Berechnungen des Bundesinstituts für Berufsbildung betrugen 1997 die Nettokosten pro Auszubildenden in Industrie und Handwerk 24.842 DM. Im Bereich des Handwerks waren sie mit 16.049 DM deutlich niedriger (vgl. Abbildung 3).

Kosten und Erträge der betrieblichen Berufsausbildung 1997 (Westdeutschland) in DM		
	Industrie und Handel	**Handwerk**
Personalkosten des Auszubildenden	19.726	15.021
+ Kosten des Ausbildungspersonals	14.445	12.922
+ Anlage- und Sachkosten	1.292	686
+ Sonstige Kosten	2.979	2.297
= Bruttokosten	38.443	30.926
- Produktionsleistung des Auszubildenden	13.601	14.877
= Nettokosten	24.842	16.049

Abbildung 3
(Quelle: Von Bardeleben/Beicht (1999).)

Oftmals können die Betriebe die Erträge ihrer beruflichen Bildungsmaßnahmen erst durch die Übernahme ihrer Ausbildungsabsolventen im Rahmen eines längerfristigen Beschäftigungsverhältnisses realisieren. Laut IAB-Betriebspanel hat der Anteil der Ausbildungsabsolventen, die nach erfolgreichem Abschluss ihrer Berufsausbildung vom Ausbildungsbetrieb übernommen worden sind, in Westdeutschland seit 1996 kontinuierlich zugenommen, während in Ostdeutschland der rückläufige Trend bei der Übernahme von Auszubildenden von 1996 bis 1998 im Jahre 1999 gestoppt zu sein scheint (vgl. Abbildung 4). Für eine ausbildungsadäquate Beschäftigung in einem anderen als dem Ausbildungsbetrieb ist die Qualität der beruflichen Erstausbildung besonders wichtig.

Übernahme von Auszubildenden, die ihre Ausbildung im Ausbildungsbetrieb erfolgreich abgeschlossen haben

	Westdeutschland	Ostdeutschland
1996	53 %	52 %
1997	55 %	49 %
1998	58 %	46 %
1999	60 %	48 %

Abbildung 4
(Quelle: Schäfer/Wahse (2000), S. 63.)

Schwierigkeiten für die ausbildenden Betriebe und eine verringerte Attraktivität der dualen Berufsausbildung entstehen als Folge von Veränderungen, die nicht in die Ausbildungsordnungen eingehen. Umschichtungen und Konzentrationsprozesse innerhalb der einzelnen Wirtschaftszweige wie auch branchenübergreifende Integrationsprozesse lösen die alten Berufsgrenzen auf. In immer mehr Branchen zeigt sich der Strukturwandel in Form der Auslagerung von Produktions- und Dienstleistungsbereichen, der Verkoppelung bisher getrennter Tätigkeitsbereiche und der Integration neuer Geschäftsbereiche. Diese Umgestaltungen sowie die wachsende Differenzierung von Produkten und Dienstleistungsangeboten führen zu neuen Tätigkeitsfeldern mit sich dynamisch verändernden Anforderungen an die Kompetenz der Beschäftigten und damit auch zu zunehmend unterschiedlichen betriebsspezifischen Anforderungen im gleichen Beruf. Unter Berücksichtigung der Arbeitsmarktverwertbarkeit werden deshalb Strukturmodelle für Ausbildungsberufe benötigt, die es ermöglichen, unter immer heterogeneren betrieblichen Rahmenbedingungen, die jeweils für eine breit gefächerte Produkt- und Tätigkeitspalette erforderliche Qualifikationen im Rahmen eines Erstausbildungsberufes zu sichern. Wichtig dafür ist die Überarbeitung und Neuentwicklung von Ausbildungsberufen. Bedeutsam im Hinblick auf das Ziel, die Attraktivität der beruflichen Ausbildung zu erhöhen, ist die angestrebte Integration von Aus- und Weiterbildungskonzepten.

4   Die Entwicklung der betrieblichen Weiterbildung

„Deutsche Unternehmen haben erkannt, dass sie auf Dauer nur dann am Markt erfolgreich sein können, wenn sie in die Köpfe ihrer Mitarbeiter investieren" – so lautet das Fazit des Instituts der deutschen Wirtschaft Köln (IW) zu seiner jüngsten, im dreijährigen Turnus stattfindenden Weiterbildungserhebung aus dem Jahre 1998.[4] In seiner Befragung kommt das Institut u. a. zu dem Ergebnis, dass die betriebliche Weiterbildung 1998 gegenüber den Vorjahren zugenommen hat. Dies zeigt sich zum einen darin, dass mehr Beschäftigte in Weiterbildungsmaßnahmen einbezogen werden, zum anderen aber auch darin, dass die Kosten, welche die Betriebe für die Qualifizierung ihrer Mitarbeiter aufgewendet haben, gestiegen sind. So investieren die Unternehmen der privaten gewerblichen Wirtschaft 1998 im Durchschnitt 2.207 DM in die Weiterbildung ihrer Mitarbeiter, immerhin 537 DM mehr als im Jahre 1995. Dieses Ergebnis ist insofern interessant, als dass die IW-Erhebung aus dem Jahre 1995 im Vergleich zu 1992 gesunkene Aufwendungen für die Weiterbildung ergab (1992 lagen die Weiterbildungskosten bei 1.924 DM pro Kopf). Vermutet wurde damals, dass die festgestellte Abnahme der Weiterbildungskosten mit einer größeren Wirtschaftlichkeit der Unternehmen im Weiterbildungsbereich zu erklären sei. So wurde u. a. darauf hingewiesen, dass Maßnahmen zeitlich gestrafft, auf die Freizeit der Arbeitnehmer verlegt oder zunehmend arbeitsplatznahe Qualifizierungsformen genutzt wurden. Zudem setzen immer mehr Betriebe auch im Bereich der Weiterbildung betriebswirtschaftliche Steuerungsverfahren wie Erfolgskontrollen oder Bildungscontrolling ein, welche zu einer größeren Effizienz von Qualifizierungsmaßnahmen beitragen können.[5]

Aus der im Jahre 1999 durchgeführten Erhebung des IAB-Betriebspanels konnte der Anteil der Betriebe, die im ersten Halbjahr 1999 überhaupt Weiterbildungsaktivitäten durchgeführt haben, ermittelt werden. Dieser betrug in den alten Bundesländern 38% und in den neuen Bundesländern 42%.[6] Die entsprechenden Vergleichswerte für 1997 liegen im Westen bei 37%, im Osten bei 39%. Während in den alten Ländern der Anteil der weiterbildungsaktiven Betriebe also nur geringfügig gestiegen ist, hat im Osten eine Zunahme der Betriebe, die Qualifizierungsaktivitäten fördern, um immerhin drei Prozentpunkte stattgefunden. Dabei werden diese Durchschnittswerte stark von den Weiterbildungsaktivitäten der Klein- und Kleinstbetriebe beeinflusst: So ist in der Größenklasse bis neun Beschäftigte ungefähr nur ein Drittel der Betriebe in West- und Ostdeutschland weiterbildungsaktiv. Betriebe mit zehn und mehr Beschäftigten führen bereits zu mehr als der Hälfte Weiterbildung durch. In der Größenklasse ab 500 Beschäftigten sind über 90% der Betriebe weiterbildungsaktiv, wobei die Betriebe mit 1000 und mehr Beschäftigten Spitzenwerte von fast 100% erreichen. Ein Vergleich mit den entsprechenden Angaben für 1997 zeigt, dass sich insbesondere von den kleineren und mittleren Betrieben mehr dazu entschlossen ha-

---

[4]   Vgl. Institut der deutschen Wirtschaft (Hrsg., 1999).

[5]   Vgl. hierzu auch die Ergebnisse einer vom Bundesinstitut für Berufsbildung durchgeführten Befragung. Vgl. für die Darstellung der Ergebnisse Institut der deutschen Wirtschaft (Hrsg., 2000).

[6]   Die entsprechende Frage im IAB-Betriebspanel lautete: „Förderte Ihr Betrieb/Ihre Dienststelle im 1. Halbjahr 1999 Fort- und Weiterbildungsmaßnahmen? Das heißt: Wurden Arbeitskräfte zur Teilnahme an inner- oder außerbetrieblichen Maßnahmen freigestellt bzw. wurden die Kosten für Weiterbildungsmaßnahmen ganz oder teilweise vom Betrieb übernommen?"

ben, Weiterbildung anzubieten. Bei den Großbetrieben hingegen ist, vor allem im Westen, eine geringfügige Abnahme der weiterbildungsaktiven Betriebe festzustellen.

Das IAB-Betriebspanel fragt nicht nur danach, ob ein Betrieb Weiterbildungsmaßnahmen anbietet, sondern auch danach, wie viele Mitarbeiter an solchen Aktivitäten teilgenommen haben. Insgesamt hat im ersten Halbjahr 1999 etwa jeder fünfte Arbeitnehmer an Weiterbildungsmaßnahmen teilgenommen (vgl. hierzu und zum Folgenden Abbildung 5).

Betriebliche Weiterbildung nach Qualifikationsgruppen

	Westen		Osten	
	1997	1999	1997	1999
Un- und angelernte Arbeiter	6,5%	7,6%	9,1%	14,4%
Einfache Angestellte	15,3%	17,3%	19,8%	19,8%
Facharbeiter	17,8%	16,9%	23,6%	19,4%
Qualifizierte Angestellte	29,1%	32,1%	35,8%	37,8%
Insgesamt	17,8%	18,4%	22,3%	22,6%

Abbildung 5
(Quelle: Bellmann/Leber (2000).)

Dabei liegt die Teilnahmequote im Osten mit 22,6% über der im Westen (19,4%). Gegenüber dem ersten Halbjahr 1997 haben diese Quoten nur geringfügig zugenommen (die Vergleichswerte für 1997 liegen im Osten bei 22,3% und im Westen bei 17,8%). Die Weiterbildungsintensität streut erheblich zwischen den einzelnen Qualifikationsgruppen. So stehen die Chancen, in Qualifizierungsaktivitäten involviert zu werden, für un- bzw. angelernte Arbeiter am schlechtesten, von denen nur 8% (West) bzw. 14% (Ost) im ersten Halbjahr 1999 an entsprechenden Maßnahmen teilgenommen haben. Dabei ist jedoch insbesondere im Osten ein erheblicher Zuwachs gegenüber dem ersten Halbjahr 1997 festzustellen: Damals betrug die Teilnahmequote für un- bzw. angelernte Arbeiter in den neuen Ländern nur 9%. Unterdurchschnittliche Teilnahmequoten sind ferner für die einfachen Angestellten (17% im Westen, 19% im Osten) sowie für die Facharbeiter (17% im Westen, 20% im Osten) auszumachen. Ein Vergleich mit den entsprechenden Angaben für 1997 zeigt, dass sich die Quoten dieser beiden Gruppen aneinander angenähert haben. Während im ersten Halbjahr 1997 (insbesondere im Westen) Facharbeiter stärker in Weiterbildungsmaßnahmen einbezogen wurden als einfache Angestellte, bestanden 1999 zwischen beiden Gruppen kaum noch Unterschiede. Qualifizierte Angestellte schließlich stehen bezüglich ihrer Weiterbildung am besten da: 32% (West) bzw. 38% (Ost) der Angehörigen dieser Qualifikationsgruppe haben 1999 an Weiterbildungsmaßnahmen teilgenommen. Die entsprechenden Vergleichswerte für 1997 liegen bei 29% im Westen und bei 36% im Osten. Auch die Chancen dieser Qualifikationsgruppe haben sich also gegenüber 1997 nicht unerheblich erhöht. Deutlich aufgeholt haben auch die

Frauen, deren Teilnahmequote sowohl im Westen als auch im Osten über der aller Beschäftigten liegt.

Um die betrieblichen Weiterbildungsaktivitäten näher zu durchleuchten bzw. um mögliche Determinanten zu identifizieren, haben Bellmann und Leber (2000) eine multivariate Analyse durchgeführt, welche verschiedene aus der theoretischen und empirischen Weiterbildungsforschung hergeleitete Faktoren auf ihren Einfluss auf das Weiterbildungsangebot hin untersucht. Dabei hat sich insbesondere Folgendes ergeben:

- Betriebe setzen vor allem dann auf Weiterbildung, wenn der Anteil qualifizierter Angestellter hoch ist. Die berufliche Erstausbildung reicht demnach wohl in vielen Fällen alleine nicht aus, die Wettbewerbsfähigkeit zu sichern und den technisch-organisatorischen Wandel zu bewältigen. Vielmehr ist ein ,lebenslanges Lernen' der Beschäftigten erforderlich.

- Die Einführung technischer Neuerungen macht eine Anpassung der Kenntnisse und Fähigkeiten der Mitarbeiter erforderlich. Insbesondere Investitionen der Betriebe im Bereich der Informations- und Kommunikationstechnologie haben einen veränderten Qualifikationsbedarf zur Folge und ziehen entsprechende Weiterbildungsmaßnahmen für die Mitarbeiter nach sich.

5   Förderung der beruflichen Weiterbildung nach dem SGB III

Am 1. Januar 1998 ist das Sozialgesetzbuch (SGB) III an die Stelle des Arbeitsförderungsgesetzes (AFG) getreten. Mit der Einführung des SGB III ist das frühere Recht aus dem AFG im Wesentlichen übernommen und weiterentwickelt worden (vgl. Abbildung 6). Die Förderung der beruflichen Weiterbildung gehört zu den wichtigsten arbeitmarktpolitischen Instrumenten der Bundesanstalt für Arbeit.[7] Im Jahre 1999 nahmen jahresdurchschnittlich 358.000 Personen an einer beruflichen Weiterbildung teil. In diesem Jahr traten 490.796 Teilnehmer in eine berufliche Weiterbildung nach dem SGB III ein, davon kommen 307.479 bzw. 62,6% aus den alten und 183.317 bzw 37,4% aus den neuen Ländern. Gleichwohl hat die direkte Förderung am sogenannten ersten Arbeitsmarkt insgesamt deutlich an Gewicht gewonnen.

Von den insgesamt 490.796 eingetretenen Personen begann der größte Teil (397.250 bzw. 80,9%) Weiterbildungsmaßnahmen zur Feststellung, Erhaltung, Erweiterung und Anpassung beruflicher Kenntnisse bzw. Förderung des beruflichen Aufstiegs. 93.546 Teilnehmer (19,1%) begannen eine berufliche Weiterbildung, die den Abschluss in einem anerkannten Ausbildungsberuf zum Ziel hat. Diese Maßnahmeart dient in der Regel dem Übergang in eine andere berufliche Tätigkeit. Hier wurden nach Angaben der Bundesanstalt für Arbeit folgende Berufe (in der dargestellten Reihenfolge nach Häufigkeit) ausgewählt: Altenpfleger/Altenpflegerin, Bürofachkraft, Datenverarbeitungskaufmann/Datenverarbeitungskauffrau, Tischler/Tischlerin, Berufskraftfahrer/Berufskraftfahrerin, Krankengymnast/Krankengymnastin, Infor-

---

[7]   Vgl. Kleinhenz/Bellmann (2000).

matiker/Informatikerin, Maler und Lackierer/Malerin und Lackiererin, Beschäftigungstherapeut/Beschäftigungstherapeutin, Koch/Köchin, Informationselektroniker/Informationselektronikerin.

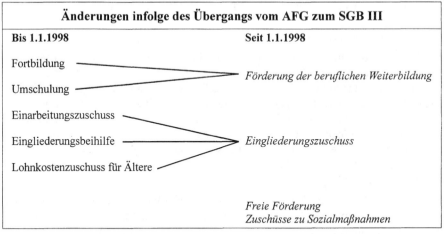

Abbildung 6

Im Rahmen des Sofortprogramms zum Abbau der Jugendarbeitslosigkeit werden ergänzende Maßnahmen zur beruflichen Nach- und Zusatzqualifizierung von jugendlichen Arbeitslosen durchgeführt.

Aber auch die Sozialpartner haben neue Aufgaben übernommen. Beispielsweise haben die IG Bergbau, Chemie und Energie und der Bundesarbeitgeberverband Chemie einen Transfer-Sozialplan vereinbart. Der Transfer-Sozialplan soll neue Handlungsmöglichkeiten im Zusammenhang mit Betriebsänderungen eröffnen. Im Kern geht es darum, für die von Arbeitslosigkeit bedrohten Mitarbeiter durch ein vielfältiges System abgestufter Qualifizierungs- und Transfer-Leistungen neue Beschäftigungschancen einschließlich der Existenzgründung innerhalb und außerhalb der chemischen Industrie zu eröffnen. Durch die steuerlichen, arbeits- und sozialrechtlichen Gesetzesänderungen bietet die bisherige Abfindungspraxis weder für Arbeitnehmer noch für Arbeitgeber künftig ausreichende Gestaltungsmöglichkeiten. Abfindungen sollen deshalb in der Regel nicht mehr die einzige Lösung sein. Es geht darum, durch ein Angebot beschäftigungsorientierter Maßnahmen neue Wege zu beschreiten. Dem kommt auch die Rechtsprechung entgegen, die inzwischen anerkannt hat, dass Arbeitnehmer, die eine zumutbare Anschlussbeschäftigung finden, von Sozialplanmaßnahmen ausgeschlossen werden können. Aus diesem Grunde sollen Alternativen zur Abfindungspraxis gefördert werden. Wenn während der sogenannten Anpassungs- und Verhandlungsphase keine Lösung gefunden wird, kommt es zur sogenannten Transferphase, in der Mitarbeiterpotentialprofile erstellt werden und eine Beratung über die berufliche Neuorientierung erfolgt. Auf dieser Basis wird über Transfermaßnahmen entschieden, die durch die Bundesanstalt für Arbeit z. B. durch Zuschüsse zu Sozialplanmaßnahmen nach § 254 SGB III kofinanziert werden können. Konkret bedeutet dies, dass Hilfestellung für Existenzgründungen, bei der Suche eines neuen Arbeitsplatzes und bei der Weiterbildung zur beruflichen Eingliederung oder zum Erlangen einer Berufsausbildung gewährt werden kann.

6   Forschungsperspektive

Mit Blick auf die im IAB-Betriebspanel gestellten Fragen lassen sich natürlich weitere Studien nennen, die für das Thema dieses Beitrages wichtig sind. Dazu gehört etwa die Untersuchung des Fachkräftemangels und der darauf erfolgenden betrieblichen Reaktionen sowie die Frage des betrieblichen Qualifikationsbedarfs. Damit sind auch Fragen der Erfassung von Überstunden unter Berücksichtigung der Verwendung von Arbeitszeitkonten in den Betrieben angesprochen. Weitere Untersuchungsgegenstände sind die Ursachen des angesprochenen Fachkräftemangels und seine Auswirkungen etwa auf die betriebliche Wachstums-, Innovations- und Beschäftigungsdynamik.

Mit Blick auf die weitere theoretische und empirische Weiterbildungsforschung zeigt sich, dass es komplementäre betriebliche Einflussgrößen für Art und Umfang der betrieblichen Qualifizierung gibt, die von der individuellen Person des Beschäftigten und damit auch der Qualifikation der Weiterbildungsteilnehmer zunächst einmal unabhängig sind. Eine an den betrieblichen Informationen über Angebot und Ausmaß der Qualifizierungsprozesse ausgerichtete Analyse bietet meines Erachtens Erkenntnisse, welche eine Ergänzung für die auf der Individualseite ansetzenden Untersuchungen darstellt. Ein weiterer, bislang eher vernachlässigter Aspekt der Selektivität von betrieblicher Weiterbildung wäre noch, die firmen- und personalstrukturellen Kennzeichen von ‚weiterbildungsabstinenten Betrieben' näher zu untersuchen. Nicht zuletzt stehen mit dem in der Panelwelle 1998 enthaltenen Befragungsprogramm zu betrieblichen Innovationen und zu Reorganisationsmaßnahmen weitere relevante Größen für betriebsbezogene Analysen zur Verfügung. Im Zusammenhang mit der öffentlichen Förderung der beruflichen Weiterbildung wird der Ruf nach ihrer Evaluation immer lauter. Allerdings bestehen dafür (immer noch) erhebliche Daten- und Methodenprobleme. Angesichts des Mittelaufwandes in diesem Bereich ist ihre Lösung aber besonders dringlich.

Literatur

Bardeleben, R. v./Beicht, M. (1999): Betriebliche Ausbildungskosten 1997. In: Bundesinstitut für Berufsbildung (Hrsg.): Berufsbildung in Wissenschaft und Praxis, H. 1/1999.

Bellmann, L./Leber, U. (2000): Der Trend zu mehr Weiterbildung. Ergebnisse aus dem IAB-Betriebspanel 1999. Vorlage für den gemeinsamen Ausschuss des Vorstands und des Verwaltungsrates für Arbeitsmarkt- und Berufsforschung, Nürnberg.

Bellmann, L. (1997): Das Betriebspanel des IAB. Allgemeines Statistisches Archiv, Sonderheft 30, S. 169 - 182.

Institut der deutschen Wirtschaft (Hrsg., 1999): Betriebliche Weiterbildung. Milliarden für mehr Wissen. In: Informationsdienst des Instituts der deutschen Wirtschaft, Nr. 50, Dezember.

Institut der deutschen Wirtschaft (Hrsg., 2000): Berufliche Weiterbildung. Mehr Wirtschaftlichkeit ist das Ziel. In: Informationsdienst des Instituts der deutschen Wirtschaft, Nr. 3, Januar.

Kleinhenz, G./Bellmann, L. (2000): Arbeitsmarktpolitik. In: A. Woll (Hrsg.) Wirtschaftslexikon, 9. Aufl., München.

Schäfer, R./Wahse, J. (2000): Konsolidierung der Wirtschaft bei weiterhin angespanntem Arbeitsmarkt. Ergebnisse aus der vierten Welle des IAB-Betriebspanels Ost 1999. IAB-Werkstattbericht Nr. 6/2000.

Anne Drescher

Personalentwicklung im Reformprozess - Eine Standortbestimmung für die öffentliche Verwaltung

1   Personalentwicklung und öffentliche Verwaltung

1.1   Verwaltungen im Reformprozess

In zahlreichen Verwaltungen laufen derzeit Prozesse zur Verwaltungsmodernisierung. Die meisten orientieren sich an den von der KGSt[1] als ‚Neues Steuerungsmodell' (NSM) bezeichneten Reformüberlegungen[2]. Dieses Neue Steuerungsmodell, das den Weg von der Behörde zum Dienstleistungsunternehmen weisen soll, ist eingebettet in die internationale Bewegung des New Public Managements, die in Deutschland mit zeitlicher Verzögerung Anfang der 90er Jahre begann.[3] Unter dem Stichwort ‚Public Management' bzw. ‚New Public Management' werden unterschiedliche Herangehensweisen und Ansätze zur Verbesserung der Effizienz öffentlicher Dienstleistungen diskutiert. Gemeinsames Element dieser unterschiedlichen Ansätze sind Bestrebungen zu

- Dezentralisierung von Ressourcenverantwortung,
- Ergebnis- und ‚Produkt'orientierung,
- Bürger- und Kundenorientierung,
- Leistungsberechnung und -verrechnung zwischen Verwaltungseinheiten und interner Wettbewerb,
- Kostentransparenz und umfassendes Controlling und
- Mitarbeiterverantwortung und -motivation durch Personalentwicklung.

Wesentlicher Impuls für die Bestrebungen in Deutschland war Anfang der 90er Jahre das sog. ‚*Tilburger Mode* '[4], das von der KGSt in die Kommunalverwaltungen getragen und relativ schnell – vor allem unter dem Druck gravierender Haushaltsengpässe – aufgegriffen wurde.

---

[1]   Die KGSt (Kommunale Gemeinschaftsstelle) mit Sitz in Köln ist ein dienstleistungsorientierter Solidarverband der Städte, Gemeinden und Kreise. Sie wird, unabhängig von Staat und politischen Parteien, von ihren mehr als 1.500 Mitgliedern – Kommunen aus Deutschland, Österreich und Italien – finanziert. Ihre Dienstleistungen bestehen in der Veröffentlichung von Gutachten und Berichten, die die gesamte Palette kommunaler Managementfragen umfassen, der Durchführung von Seminaren und Kongressen und von interkommunalen Vergleichen sowie der Einzelberatung und -begleitung bei der Realisierung von Reformvorhaben.

[2]   Vgl. KGSt (1993).

[3]   Vgl. Damkowski/Precht (1998).

[4]   Tilburg war zwar nicht die einzige Stadt in den Niederlanden, die mit drastischen Finanzproblemen zu kämpfen hatte, aber die Stadt, die besonders früh und nachhaltig ihre Verwaltung reformiert hat. Vgl. Hopp/Göbel (1999), S. 27 f.

Nach einer ersten Welle pilotartiger Praxisversuche erfolgte etwa 1994/95 breit-flächig die Aufnahme der Modernisierungsbestrebungen auf kommunaler Ebene. Nach einer Einschätzung des Deutschen Städtetages finden die Bausteine der Verwaltungsmodernisierung immer breitere Anwendung,[5] wobei nach wie vor die Finanzkrise der Kommunen und die notwendige Haushaltskonsolidierung die hauptsächlichen Auslöser für die Modernisierung darstellen. Die Reformprozesse zielen daher insbesondere auf eine Erhöhung der Effizienz und der Effektivität ab, aber auch auf eine bessere Ausrichtung des Verwaltungshandelns auf die Bürgerschaft.

Der Einstieg in das NSM wurde in den meisten Fällen mit den sogenannten ‚harten' Elementen begonnen, etwa mit Produktbeschreibungen, der Umstellung auf Kosten- und Leistungsrechnung und der Budgetierung. ‚Weiche' Faktoren wie Kunden- bzw. Serviceorientierung, Mitarbeiterbeteiligung und -orientierung rückten dabei vorerst in den Hintergrund, obwohl deren Bedeutung immer wieder hervorgehoben wurde – nicht nur durch die KGSt oder in den Erfahrungsberichten ausländischer Kommunen. Auch Verwaltungen selbst haben sich im Zuge der Verwaltungsreform auf den Satz verpflichtet, das Personal sei die wichtigste Ressource, auf die in der Reform geachtet werden müsse. Dennoch führten häufig erst Schwierigkeiten bei der Umsetzung der Reformüberlegungen, insbesondere Phasen der Stagnation und zum Teil der Resignation, dazu, sich intensiver mit der Frage der Qualifizierung der Beschäftigten zu befassen.

Langsam wuchs das Bewusstsein dafür, dass Reformen wesentlich von der Mitwirkung der Mitarbeiter abhängt. Akzeptanz und aktive Beteiligung sind ebenso wie Motivation und Qualifikation und die Organisation der Zusammenarbeit entscheidend für den Erfolg der Verwaltungsreform.

In den vergangenen Jahren ist – neben den herkömmlichen Schwerpunkten der Modernisierung wie Einführung der Kosten- und Leistungsrechnung, Budgetierung, Einführung von Controlling und Berichtswesen sowie Dezentraler Ressourcenverantwortung – insbesondere der Stellenwert der Personalentwicklung deutlich gewachsen.[6]

Dies mag mit der noch schwieriger gewordenen Haushaltssituation zusammenhängen: Verwaltungen müssen zunehmend mit weniger Personal mehr leisten und sich daher mit der Frage beschäftigen, wie Personalentwicklung sinnvoll eingesetzt bzw. auf strategisch wichtige Bereiche ausgerichtet werden kann. Die herkömmlichen Qualifizierungswege erweisen sich dabei als nicht ausreichend und werden zuneh-

---

[5] Vgl. zur dritten Umfrage des Deutschen Städtetages zum Stand der Verwaltungsmodernisierung Grömig/Gruner (1998). Bei dieser Umfrage hatte der Deutsche Städtetag 266 Mitgliedsstädte angeschrieben, von denen 227 geantwortet haben. Von diesen gaben 89 % (203 Städte) an, derzeit konkrete Modernisierungsmaßnahmen zu betreiben.

[6] Vgl. Grömig/Gruner (1998), S. 584.

mend durch andere Instrumente der Personalentwicklung (wie beispielsweise Projektarbeit, Qualitätszirkel, Mitarbeiter- und Bürgerbefragungen) ersetzt.[7]

1.2 Begriff und Bedeutung der Personalentwicklung in der öffentlichen Verwaltung

Dass die Personalentwicklung in der öffentlichen Verwaltung stärker in den Blickpunkt des Interesses gerät, liegt vor allem daran, dass erkannt worden ist, dass es sich bei den gegenwärtigen Reformprozessen in vielen Verwaltungen nicht „nur um Restrukturierungsmaßnahmen und Teilreformen, sondern um eine fundamentale Veränderung des gesamten Werte- und Handlungssystems"[8] handelt, die neue Verhaltensweisen der Mitarbeiter erfordert. Ohne eine entsprechende Personalentwicklung scheint die Verwaltungsreform daher nicht umsetzbar zu sein.

Nicht wenige Verwaltungen setzen auch heute noch Personalentwicklung mit der quantitativen Entwicklung der Beschäftigtenzahl gleich oder sehen darin lediglich die ,moderne' Bezeichnung von Fortbildung. Mittlerweile setzt sich allerdings immer mehr die Bedeutung dieses Begriffs durch, die er auch im Bereich des Personalmanagements hat.[9] *Personalentwicklung* steht somit zunehmend auch in der öffentlichen Verwaltung für einen *Prozess, der darauf abzielt, das „Leistungs- und Lernpotential von Mitarbeitern zu erkennen, zu erhalten und in Abstimmung mit dem Verwaltungsbedarf verwendungs- und entwicklungsbezogen zu fördern."*[10] Personalentwicklung bezeichnet damit einen Prozess, der mit einer Bestandsaufnahme beginnt. Auf die Zielformulierung („Was soll mit Personalentwicklung erreicht werden?") folgen eine Auswahl der vorrangigen Zielgruppen, eine Planung der Maßnahmen und der einzusetzenden Instrumente. Am Ende steht eine Erfolgskontrolle, die zugleich den Ausgangspunkt für den nachfolgenden neuen Personalentwicklungsprozess liefert (vgl. Abbildung 1).

2 Standortbestimmung

Die weiteren Ausführungen und Einschätzungen zum Stand der Verwaltungsreform sowie der Personalentwicklung in den Kommunen speisen sich aus folgenden Quellen:

- Zwischenergebnisse des Netzwerks „Kommunen der Zukunft" - einer Gemeinschaftsinitiative von Bertelsmann Stiftung, Hans-Böckler-Stiftung und KGSt, die 1998 ins Leben gerufen wurde, um der kommunalen Reformbewegung in Deutschland neue Impulse zu verleihen, den Erfahrungsaustausch zwischen Re-

---

[7]   Vgl. KGSt (1996), S. 3.
[8]   Klimecki (1999), S. 261.
[9]   Vgl. beispielsweise Becker (1999b), S. 2 ff., Einsiedler u. a. (1999), S. 5 und Scholz (2000), S. 407 ff.
[10]   KGSt (1994), S. 9 und KGSt (2000b), S. 11.

formkommunen[11] zu intensivieren und gegenseitige Hilfen und gemeinsame Lernerfahrungen zu ermöglichen,

• Machbarkeitsstudie der Sozialforschungsstelle Dortmund, zu deren Vorbereitung Anfang 1999 zwei Workshops mit insgesamt 60 Personalverantwortlichen und -vertretungen aus verschiedenen Kommunen durchgeführt wurden[12],

• Erfahrungen und Rückmeldungen aus zahlreichen Seminaren sowie den Personalkongressen der KGSt[13] und

• Werkstattgespräche mit Mitgliedskommunen der KGSt als Start in ein neues Berichtsprojekt zur Personalentwicklung[14].

Abbildung 1
(Quelle: KGSt (2000), S. 35.)

2.1   Reformprozess in der Krise?

Fragt man nach dem Stand der Verwaltungsreform in den Kommunen[15] – es gibt

---

[11]   Dem Netzwerk gehörten im ersten Zyklus ca. 90 Kommunen an. Der zweite Zyklus – in dem es schwerpunktmäßig um die Umsetzung der bisher erarbeiteten Konzepte geht – beginnt Ende 2000.

[12]   Vgl. hierzu Kühnlein (1999) und Drescher/Kühnlein (2000).

[13]   Vgl. 1. KGSt-Personalkongress 1998 in Hannover, 2. KGSt-Personalkongress 1999 in München und 3. KGSt-Personalkongress 2000 in Erfurt.

[14]   Vgl. KGSt (2000b), S. 12 ff.

inzwischen zahlreiche Umfragen und Untersuchungen hierzu –, dann schätzt sich fast jede Kommunen als „weit vorangeschritten"[16] ein. Abgefragt wird allerdings vorwiegend der Einsatz von betriebswirtschaftlichen Instrumenten wie Budgetierung, Produktorientierung oder Kosten- und Leistungsrechnung. Von Problemen hört man meist nur auf kritische Nachfrage hin etwas. Aber fast überall machen sich erste Krisenanzeichen und Ernüchterungen bemerkbar.[17]

Die Verwaltungsreform ist insgesamt in eine schwierige Phase gekommen[18]:

- Die finanzielle Situation der Kommunen ist noch kritischer geworden.
- Der Leistungsdruck hat sich verschärft (insbesondere auch auf die Reformpromotoren).
- Die Gleichzeitigkeit verschiedener Reformaktivitäten und die Komplexität des Reformprozesses stoßen an die Grenze der Bearbeitbarkeit.

Um eine Einschätzung von Verlauf und Stand der Reformen in einzelnen Verwaltungen zu erhalten, wurden die Teilnehmer der Workshops im Rahmen der Machbarkeitsstudie gebeten, anhand der Frage: „Welche Stimmungslage beobachten Sie in Ihrer Verwaltung im Zeitverlauf der letzten zwei Jahre, und welche Entwicklungen prognostizieren Sie für das nächste halbe Jahr?" die Entwicklung in ihrer Verwaltung abzuschätzen.[19]

Trotz sehr unterschiedlicher Rahmenbedingungen und Reformphasen wurden *relativ einheitliche Verläufe und Schwierigkeiten* erkennbar. Nahezu alle Teilnehmer berichteten von einer mehr oder weniger euphorischen Stimmungslage in der ersten Reform- bzw. Beteiligungsphase, die mittlerweile einmal oder sogar schon mehrmals zusammengebrochen ist. Auslöser waren teilweise ein Führungswechsel an der Spitze oder auch der Weggang von Modernisierungs-Promotoren.

Als zentrales Problem galt aber vor allen Dingen, dass zwischenzeitlich in den Verwaltungen zwar Leitbilder und Konzepte vorliegen, die teilweise auch gemeinsam mit den Mitarbeitern (bottom-up) entwickelt wurden, deren Umsetzung aber auf unerwartet große Hindernisse stößt. Besonders häufig wurde dafür die mangelnde Umsetzung von Reformversprechen verantwortlich gemacht, die sich auf die Motivation der Beschäftigten insgesamt sehr negativ auswirkt. Als Stichworte wurden hier „Scheinbeteiligung" ebenso genannt wie ein „drastischer Personalabbau" gerade in den Abteilungen, die für die Durchsetzung der neuen Personalentwicklungskonzepte zuständig waren.

---

15   Der Schwerpunkt der Reformprozesse liegt auf der kommunalen Ebene, während die Länder in unterschiedlichen Abständen nachfolgen und die Bundesregierung eher das Schlusslicht bildet. Vgl. Klages (1998), S. 42.
16   KGSt (1999a), S. 13.
17   Vgl. KGSt (1999a), S. 13.
18   So die Einschätzung der Teilnehmer an den KGSt-Werkstattgesprächen. Vgl. KGSt (2000b), S. 15.
19   Vgl. zum Folgenden Kühnlein (1999), S. 25.

Der zunächst großen Begeisterung bei den Beschäftigten folgte daher in vielen Verwaltungen gewissermaßen die ,Bewegungslosigkeit'. Auch die *Abhängigkeit von der Politik* machte sich häufig *als weitgehend unkalkulierbarer Faktor* bemerkbar. Nur wenige Kommunen berichteten von einer relativ einheitlich positiven Reformentwicklung in ihrer Verwaltung, die vor allem mit dem Zulassen von Reflexionsphasen (Auswertung von erreichten Ergebnissen, interkommunaler Austausch von Erfahrungen, Benchmarking) begründet wurde.

Die aus den Workshops gewonnen Aussagen decken sich mit anderen Einschätzungen zum Stand der Verwaltungsreform[20], dass sich nämlich die mit dem Neuen Steuerungsmodell verbundene Vision von einem modernen Dienstleistungsunternehmen weder im „Schnellverfahren"[21] noch ohne Rückschläge realisieren lässt.

Zwar sind mittlerweile Erfolge bei der Einführung der Budgetierung sowie der Kosten- und Leistungsrechnung zu verzeichnen, und auch die Kundenorientierung hat sich in vielen Verwaltungen verbessert[22], Schwachstellen und Defizite sind jedoch insbesondere an der Schnittstelle von Politik und Verwaltung, an der Schnittstelle von Verwaltung und Bürger sowie im Bereich des Personalmanagements festzustellen[23]. Personalentwicklung wird dabei neben Führung als äußerst kritischer Erfolgsfaktor für die Reform angesehen.[24]

2.2 Personalentwicklung - vom Projektauftrag zur Daueraufgabe

Die KGSt startete ihr neues Berichtsprojekt zum Thema Personalentwicklung mit einer Bestandsaufnahme unter den Mitgliedskommunen.[25] In einem *ersten Werkstattgespräch* sollten die bisher in KGSt-Seminaren und im interkommunalen Erfahrungsaustausch gewonnenen Einschätzungen zum Stand der Personalentwicklung auf eine breitere Basis gestellt und darüber hinaus die Erwartungen an einen neuen KGSt-Bericht erfragt werden.

Dem ersten Werkstattgespräch war der *Versand von Fragebögen voraus gegangen*, in denen der derzeitige Stand abgefragt wurde, z. B. mit Fragen wie diesen:

- „Seit wann befassen Sie sich mit Personalentwicklung?"
- „Wie ist sie organisiert?"
- „Gibt es ein Personalentwicklungskonzept?"
- „Welche Instrumente werden eingesetzt?"
- „Welches sind die aktuellen Problemstellungen?"

---

[20] Vgl. Gerstlberger/Grimmer/Wind (1999), Hopp/Göbel (1999), Klages (1999) und Klimecki (1999).
[21] Hopp/Göbel (1999), S. 279.
[22] Das Konzept der ,Bürgerämter' ist mittlerweile relativ verbreitet. Vgl. hierzu KGSt (1999b).
[23] Vgl. Klages (1999), S. 51 ff.
[24] Vgl. Hopp/Göbel (1999), S. 282.
[25] Vgl. hierzu auch KGSt (2000b).

An dieser schriftlichen Umfrage beteiligten sich 37 Personen aus 34 Kommunen. Eine erste Auswertung dieser Befragung zeigt, dass Personalentwicklung in den angesprochenen Kommunen mittlerweile nicht nur als Begriff etabliert ist. Waren die ersten Aktivitäten noch geleitet von der Suche nach Methoden und Instrumenten, um die Beschäftigten vor allem fachlich zu qualifizieren, geht es inzwischen um die Entwicklung von sozialen und persönlichen Kompetenzen sowie um die Auseinandersetzung darüber, wie die einzelnen Bausteine miteinander vernetzt werden können. Von zunehmender Bedeutung ist auch, wie die Motivation der Beschäftigten für den Reformprozess unter immer schwieriger werdenden Rahmenbedingungen aufrechterhalten werden kann.

Zwei Drittel derer, die geantwortet haben, haben bereits ein Personalentwicklungskonzept oder befinden sich in der Erarbeitung eines solchen. Die Erarbeitung einer Konzeption bzw. die Einrichtung einer Projekt- oder Arbeitsgruppe stand bei etwa der Hälfte am Beginn der Personalentwicklungsaktivitäten. Die anderen begannen mit einzelnen Instrumenten wie z. B. der Entwicklung von Anforderungsprofilen oder der Neukonzeption der Fortbildung. Das verbreitetste Instrument war das Mitarbeitergespräch: Es wird von ca. zwei Drittel der Verwaltungen, die geantwortet haben, eingesetzt.

Zwei anschließende Werkstattgespräche im April und im November 1999 mit insgesamt über 80 Teilnehmern zielten insbesondere darauf ab, die Bestandsaufnahme und den Erfahrungsaustausch fortzusetzen sowie eine erste Rückmeldung zu dem zwischenzeitlich erarbeiteten Berichtsentwurf zu erhalten. Auf Grund der Ergebnisse der beiden Werkstattgespräche lässt sich an der *gegenwärtigen Situation* Folgendes als *positiv* kennzeichnen:

- Viele Kommunen haben zwischenzeitlich ein Personalentwicklungskonzept erarbeitet und erste Schritte hieraus umgesetzt.
- Personalentwicklung ist in vielen Kommunen als Stelle oder in Form von Stellenanteilen institutionalisiert.
- Organisations- und Personalentwicklung wachsen vereinzelt bereits zusammen.
- Fragen der strategischen Ausrichtung, der Vernetzung und des Personalentwicklungscontrollings stehen derzeit im Mittelpunkt.

In den Werkstattgesprächen wurden jedoch auch folgende, *eher kritisch* eingeschätzte *Entwicklungen* benannt:

- *Leitfragen für die Personalentwicklung* mit daraus folgenden Anforderungen und Prioritätensetzungen *verändern sich rapide.*
- Anforderungen an die soziale und persönliche Kompetenz steigen.
- Die *Vernetzung fehlt.*
  - Die Bausteine der Reformaktivitäten sind nicht miteinander verknüpft – einzelne Bausteine der Personalentwicklung untereinander ebenso wenig wie mit anderen Konzepten.
  - Führungskräfte sind zu wenig eingebunden.

- Die Mitarbeiter müssen stärker beteiligt werden.
- Ziele und Leitfragen der Frauenförderung müssen in die Personalentwicklung integriert werden.

• *Politische Wechsel* beeinflussen die strategischen Personalentwicklungsziele und *verändern die Rahmenbedingungen.*

- Personalentwickler müssen häufig ohne Unterstützung durch die Verwaltungsführung arbeiten.

Im Verlauf des ersten Werkstattgesprächs sollten die Teilnehmer den *Stand der Personalentwicklungsaktivitäten in ihrer Kommune* einschätzen. Zur Vereinfachung der Standortbestimmung diente ein ‚Vier-Phasen-Raster'[26], das von einem idealtypischen Verlauf der Auseinandersetzung mit Personalentwicklung ausgeht. Danach folgt auf

• *Phase 1*, in der Personalentwicklung überwiegend mit *Fortbildung* gleichgesetzt werden könnte, zunächst

• *Phase 2*, bei der eine *Arbeitsgruppe oder Projektgruppe* installiert wird, um Vorschläge oder ein Konzept zu entwickeln.

• In *Phase 3* wird Personalentwicklung als Daueraufgabe gewissermaßen ‚institutionalisiert' - beispielsweise durch eine *neue Stelle oder Stellenanteile.*

• In *Phase 4* wird neben der leitbildorientierten zentralen Aktivität eine gleichzeitige Dezentralisierung und *strategische Vernetzung* angestrebt (vgl. Abbildung 2).

Von den teilnehmenden Kommunen hatten viele eine erste Konzeptphase durchlaufen und Personalentwicklung als Daueraufgabe in Form einer Stelle oder von Stellenanteilen institutionalisiert (angesiedelt in der zentralen Steuerung oder im klassischen Personalamt). In einigen Kommunen hat sich mittlerweile deutlich gezeigt, dass diese Stelle (bzw. die Person, die diese Aufgabe mit bestimmten Stellenanteilen wahrnimmt) nur dann vernetzt arbeiten kann, wenn zugleich Verantwortlichkeiten dezentral (insbesondere von Führungskräften) übernommen werden und eine übergreifende Arbeitsgruppe die schwierige Vernetzung unterstützt.

2.2.1 Die institutionalisierte Form der Personalentwicklung

Zahlreiche *größere Verwaltungen* haben eine eigene Organisationseinheit Personalentwicklung eingerichtet. Dabei reicht die Spanne von einer ausschließlich zentralen Wahrnehmung im zentralen Steuerungsdienst (in Form einer oder gar mehrerer Stellen) bis hin zu dezentralen Personalentwicklungsstellen in den einzelnen Organisationseinheiten bei zentraler Koordinierung (wie z. B. in den Senatsverwaltungen Berlin und Hamburg). Wichtig scheinen bei der letztgenannten Organisationsform zum einen eine klare Rollenteilung zwischen dezentraler und zentraler Personalent-

---

[26] Es handelte sich um ein in Anlehnung an Becker (1999a) entwickeltes grobes Raster, das es den Teilnehmern ermöglichen sollte, eine gemeinsame Standortbestimmung vorzunehmen, nicht jedoch um ein wissenschaftlich fundiertes Phasenmodell. Vgl. zu den Hintergründen Becker (1999b), S. 21 ff.

wicklungsverantwortung und zum anderen ein regelmäßiger Abstimmungs- und Erfahrungsaustausch zu sein.

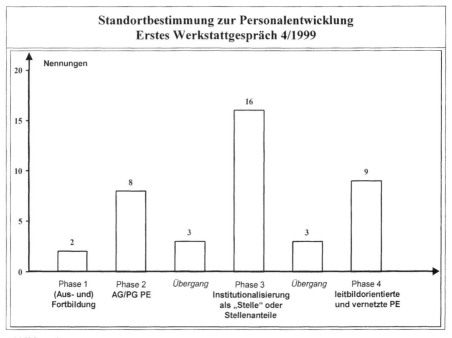

Abbildung 2

Die zentralen Aufgaben der Personalentwicklung liegen dabei vor allem in der

*   Entwicklung von Teilkonzepten (z. B. Leistungsanreizen, zur Heranbildung von
    Führungskräften, zur Gesundheitsförderung),
*   Gestaltung von Maßnahmen (z. B. Organisation und Durchführung von Fortbil-
    dungsveranstaltungen, Organisation von Coachings),
*   Gestaltung von Prozessen im jeweiligen Bereich (z. B. Moderation von Qualitäts-
    zirkeln, Sicherstellen der Beteiligung von Interessenvertretungen),
*   Beratung (allgemein und in Einzelfällen, z. B. zur Auswahl geeigneter Personal-
    entwicklungsinstrumente) und
*   Koordination und Vernetzung dezentraler Aktivitäten.[27]

Die zentrale Koordinierung soll insbesondere bei weitgehender Dezentralisierung
sicherstellen, dass Konzepte und Standards verwaltungsweit einheitlich gehandhabt
werden. Nur so können Personalentwicklungsprogramme, die für die Gesamtver-
waltung von Bedeutung sind, auch bereichsübergreifend umgesetzt werden (z. B.
Maßnahmen der Führungskräftequalifizierung). Insbesondere zählen hierzu auch

---

[27]   Vgl. KGSt (2000a), S. 32.

solche Themen, die angesichts dezentraler Partikularinteressen leicht in den Hintergrund rücken, wie z. B. Frauenförderung oder Arbeits- und Gesundheitsschutz.

In *mittelgroßen und kleineren Verwaltungen* können die konzeptionellen und strategischen Aufgaben der Personalentwicklung häufig nur zentral mit bestimmten Stellenanteilen wahrgenommen werden und/oder mehrere Personen nehmen einzelne Aufgaben mit bestimmten Stellenanteilen wahr. Von einigen Verwaltungen wird ein Teil der notwendigen Personalentwicklungsaktivitäten durch den Einkauf externer Leistungen (etwa zur Moderation von Konzeptionsrunden und zur Planung und Durchführung einzelner Personalentwicklungsmaßnahmen) aufgefangen. Auch durch den Aufbau eines interkommunalen Netzwerkes bzw. Erfahrungsaustausches wird häufig versucht, bereits von anderen Kommunen erprobte Instrumente zu übernehmen bzw. Maßnahmen gemeinsam zu gestalten, die für eine einzelne Kommune allein nicht durchführbar wären (etwa Rotationsprogramme, Führungskräftequalifizierungen, Vor-Ort-Seminare).

Um die strategische Ausrichtung der Personalentwicklung sicherzustellen, hat es sich unabhängig von der Größenordnung der Kommune als erforderlich erwiesen, dass Personalentwicklern die Möglichkeit zur Teilnahme an strategischen Klausuren der Verwaltungsführung sowie der Fach- und Servicebereiche gegeben wird.

Anforderungen an Personalentwickler	
Sozialkompetenz	**Methodenkompetenz**
• Fähigkeit, Vertrauen aufzubauen • Konfliktfähigkeit • Offenheit • Einfühlungsvermögen • Kommunikationsfähigkeit • Beratungskompetenz	• Projektmanagementfähigkeit • Präsentationsfähigkeit • Moderationsfähigkeit • Organisationsfähigkeit • Prozessfähigkeit
Persönliche Kompetenz	**Fachkompetenz**
• Vernetzt denken können • Konzeptionelle und analytische Fähigkeiten • Veränderungsbereitschaft und Flexibilität • Anpassungsfähigkeit • Lernfähigkeit und -bereitschaft	• Kenntnisse der Verwaltungsreformprozesse • Kenntnisse der Personalentwicklungsinstrumente

Abbildung 3
(Quelle: KGSt (2000b), S. 31.)

Die geschilderte Aufgabenpalette – die sowohl in einer großen als auch in einer mittelgroßen bzw. kleinen Verwaltung anfällt – macht deutlich, dass an den Personalentwickler besondere Anforderungen gestellt werden (vgl. Abbildung 3).

In zunehmendem Maße wird von dem Personalentwickler auch Prozesssteuerungskompetenz gefordert. Da Personalentwickler häufig aus Berufsfeldern und Laufbahngruppen kommen, in denen die erforderlichen Qualifikationen nicht immer bereits vorhanden sind, empfiehlt sich eine Professionalisierung.[28]

2.2.2   Erfolgsfaktoren und Stolpersteine

In den Werkstattgesprächen wurden auch Erfahrungen darüber ausgetauscht, welche Stolpersteine und Erfolgsfaktoren es bei der Personalentwicklung gibt. Erfolgsfaktoren erweisen sich dabei im Falle ihrer Nichterfüllung immer auch als Stolpersteine und umgekehrt – es handelt sich dabei also um die jeweils andere Seite der Medaille. Folgende Erfahrungen wurden benannt:[29]

- Ein *Personalentwicklungskonzept* als Grundlage für die Personalentwicklungsarbeit wurde als hilfreich angesehen. Seine Erarbeitung und Verabschiedung nimmt jedoch längere Zeit in Anspruch, so dass es wichtig ist, gleichzeitig auch erste konkrete Schritte einzuleiten, damit baldige Erfolge sichtbar werden. Das Konzept sollte aufgrund eines klaren Auftrags erarbeitet werden, an der vorhandenen Verwaltungskultur (auch wenn es eine Misstrauenskultur ist) ansetzen und anschlussfähige Schritte ermöglichen.

- Die Akzeptanz der Personalentwicklungsaktivitäten bei Mitarbeitern und Führungskräften ist erste Bedingung für ihren Erfolg. Sie kann *durch rechtzeitige und umfassende Informationen und eine breite Beteiligung der Interessenvertretungen* (Personalvertretung, Frauen- bzw. Gleichstellungsbeauftragte, Schwerbehindertenvertretung) und der Beschäftigten gefördert werden.

- Den *Führungskräften kommt eine Schlüsselrolle* zu: Sie tragen eine herausragende Verantwortung und müssen gleichzeitig eine *Vorbildfunktion* wahrnehmen (dürfen sich also z. B. einer eigenen Qualifizierung nicht verschließen).

- Die *Verwaltungsführung* muss die Personalentwicklungsaktivitäten mitgestalten, verantworten und einfordern.

- Der *Einstieg in die Personalentwicklung* oder in ein Personalentwicklungskonzept über eine *Mitarbeiterbefragung* kann eine sinnvolle Maßnahme zur Ermittlung der konkreten Bedarfe sein. Dieser Einstieg sollte jedoch sorgfältig vor- und nachbereitet werden, damit bei den Mitarbeitern nicht Erwartungen geweckt werden, die nicht erfüllt werden (können). Der Einstieg gestaltet sich auch dann schwierig, wenn mit den ‚falschen' Themen begonnen oder wenn ein ‚heißes Eisen', wie etwa die Einführung eines Beurteilungssystems, angepackt wird.

- Eine *Bedarfsplanung* sollte ebenso am Anfang der Aktivitäten stehen wie *klare Ziele und daraus folgende Prioritäten* („Was soll mit Personalentwicklung erreicht und was in welcher Reihenfolge angegangen werden?"). Hierzu bedarf es auch der Klarheit über die hierfür erforderlichen bzw. die zur Verfügung stehenden Ressourcen.

---

[28]   Vgl. Becker (1999b), S. 502 ff.
[29]   Vgl. KGSt (2000), S. 16 ff.

- Von Anfang an – so die Empfehlung der Praktiker – sollte eine *Vernetzung* einzelner Bausteine untereinander sowie mit anderen Reformprojekten und Organisationsentwicklungsmaßnahmen hergestellt werden. Hierzu zählt auch die Einbeziehung und die Abstimmung mit der Politik zu einem frühen Zeitpunkt.

- Als zentraler Baustein der Personalentwicklung wird nach wie vor die *Fortbildung* gesehen, wobei es wichtig ist, dass möglichst viele Mitarbeiter an bedarfsorientierten Qualifizierungsmaßnahmen teilnehmen können.

- Die Personalentwicklungs- und Fortbildungsaktivitäten sollten *bedarfs- und praxisorientiert ('maßgeschneidert')* sein sowie bereichsspezifisch und eher kleinräumig eine Verknüpfung von Lernen und Arbeiten sicherstellen. Neue Lern- und Beratungsangebote wie Coaching und kollegiale Beratung werden nach Einschätzung der Werkstatt-Teilnehmer zukünftig eine zunehmende Rolle spielen.

- Vor der gleichzeitigen Einführung allzu vieler Bausteine auf einmal wurde gewarnt, da sich sonst schnell Ermüdungs- und Überforderungserscheinungen einstellen.

- Die *Institutionalisierung* einer eigenen Stelle für Personalentwicklung oder die Festlegung bestimmter Stellenanteile hierfür erhöht die Unterstützung der Aufgabenstellung ebenso wie die Einrichtung einer übergreifenden *Arbeits- oder Projektgruppe.*

- Eine regelmäßige *Überprüfung des Personalentwicklungserfolgs* kann zur Verbesserung sowohl der Wirksamkeit als auch der Akzeptanz von Personalentwicklungsaktivitäten beitragen.

Insgesamt hat die Bestandsaufnahme gezeigt, dass in vielen Verwaltungen zahlreiche Personalentwicklungsaktivitäten unternommen werden, deren Vernetzung und strategische Ausrichtung sowie Controlling jedoch noch zu kurz kommen. Auch die Verantwortung der Führungskräfte und insbesondere der Verwaltungsführung für Personalentwicklung wird oft noch unzureichend wahrgenommen.

3   Von der Personalentwicklung zur ‚Lernenden Verwaltung'

Aufgrund der zahlreichen Veränderungen, die ein *kontinuierliches Lernen* erfordern, wird sich Personalentwicklung zunehmend am Leitbild der ‚Lernenden Verwaltung' ausrichten, an dem sich bereits der erste KGSt-Bericht zur Personalentwicklung orientiert hat.[30] Das Leitbild der ‚Lernenden Verwaltung' umschreibt das Lernen in und von Verwaltungen zur Verbesserung der Problemlösungskompetenz Einzelner und der Verwaltung als Gesamtorganisation und findet in der Kommunalverwaltung zunehmend Beachtung.[31]

Lernen kann eine Organisation nur dadurch, dass ihre Mitglieder lernen, und zu einer ‚Lernenden Organisation' kann sie sich nur dadurch entwickeln, dass möglichst viele

---

[30]   Vgl. KGSt (1994), S. 8.
[31]   Vgl. hierzu etwa Klimecki (1999), Kühnlein (1999) und Mauch (1999).

Mitarbeiter auf allen hierarchischen Ebenen immer wieder systematisch in Lernprozesse einbezogen werden. Dies setzt eine entsprechende Lernkultur voraus.[32]

Das Leitbild der Lernenden Verwaltung bezieht sich somit auf die Art und Weise, wie sich die Beschäftigten auf die Veränderungen vorbereiten, qualifizieren und sich aktiv an den Veränderungsprozessen beteiligen können. Aufgabe der Personalentwicklung in einer Kommune, die sich zu einer Lernenden Verwaltung entwickeln will, wird es zukünftig sein, Lernen als Dauerprozess zu initiieren und zu begleiten.

3.1 Die ,Lernende Verwaltung' als Vision

Bei der Lernenden Verwaltung handelt es sich nicht um eine Modewelle im Rahmen der inzwischen recht vielfältigen Reorganisationskonzepte, sondern um ein Leitbild, das Programm und Versprechen zugleich bietet.[33]

Programmatisch daran ist der Entschluss, sich aktiv auf die Veränderungen einzustellen, die auf die öffentlichen Verwaltungen zukommen, sie also nicht bloß passiv nachzuvollziehen. Das Versprechen besteht darin, dabei die Beschäftigten einzubeziehen, sie an diesen Veränderungen zu beteiligen, sie vorbereitend und begleitend zu qualifizieren und dafür zu sorgen, dass von den Mitarbeitern ausgehende Vorschläge konstruktiv aufgenommen werden. Denn letztlich sind es die Menschen, die die Organisation ausmachen und die lernen.

Die Vision einer „Lernenden Verwaltung" darf nicht missverstanden werden als eine Aufforderung, mehr bzw. schneller zu lernen, sondern dazu, *anders* zu lernen. Es geht darum, den Blickwinkel zu erweitern und einen anderen Fokus zu wählen: Nicht „*Was* sollen wir tun?", lautet die entscheidende Frage, sondern „*Wie* sollen wir es tun?"

Die von den Verwaltungen derzeit angestrebten Veränderungen im Hinblick auf neue Steuerungs- und Organisationsmodelle, Qualitätsmanagement, Verstärkung der Dienstleistungs-/Kundenorientierung, Kennzahlen-Vergleiche und Einführung von Gruppen- und Teamarbeit beschreiben nach diesem Verständnis nur die ,Was'-Komponente. Aus der Perspektive einer Lernenden Verwaltung ist dagegen das ,Wie' entscheidender – also:

- *Wie* werden diese Programme initiiert?
- *Wie* werden sie durchgeführt?
- *Wie* werden die Lernenden in den Prozess einbezogen?
- *Wie* werden lernbehindernde Verhaltensweisen ausfindig gemacht und aufgelöst?
- *Wie* werden die für das Lernen wichtigen ,kognitiven Bilder', ,Karten' und gemeinsam getragenen ,mentalen Modelle' generiert?[34]

---

[32] Vgl. KGSt (1994), S. 8.
[33] Vgl. hierzu ausführlich Kühnlein (1999) sowie KGSt (2000a), S. 35 ff.
[34] Vgl. Wahren (1996), S. 10.

Das Lernen der Verwaltungen als Organisation wird in hohem Maße beeinflusst durch die Politik, die die Rahmenbedingungen setzt und damit auch die Steuerungs- sowie Entscheidungsspielräume der Verwaltung. Die öffentliche Verwaltung hat andere Auftraggeber (Politik, Bürger als Kunden und Wähler), sie weist zum Teil einen anderen Aufgabentypus auf (Wahrnehmung hoheitlicher Aufgaben, Hilfestellung zur Daseinsvorsorge, Bereitstellung von Infrastrukturleistungen), sie verfolgt andere Ziele (Gemeinwohlorientierung) und gehorcht anderen Prinzipien der Aufgabener- füllung (Rechtsstaatlichkeit), die neben dem Prinzip der Wirtschaftlichkeit (Effekti- vität und Effizienz) des Verwaltungshandelns stehen. Zur Lernenden Verwaltung gehört daher auch, dass die Politik in die Lernprozesse einbezogen wird.

Für Unternehmen und Verwaltungen gilt gleichermaßen die Notwendigkeit, Verän- derungsbereitschaft in den Strukturen und bei den Beschäftigten zu verankern, neue Lernmethoden anzuwenden und die Veränderungen konkret erlebbar zu machen.[35]

3.2 Schritte auf dem Weg zur Umsetzung

Durch die Diskussion über Lernende Organisationen können sich gerade auch für den Bereich der kommunalen Personalentwicklung neue Dimensionen eröffnen. Denn sie lenken die Aufmerksamkeit weg von der traditionellen Binnenperspektive der Verwaltung und der hieran orientierten Fortbildung im öffentlichen Dienst hin zu zeitgemäßen Lernformen an der Schnittstelle zu den privaten Wettbewerbern: neue Lern-Partnerschaften, neue Lernarrangements, neue Formen der Verzahnung von Theorie und Praxis, auch über die Grenzen des öffentlichen Sektors hinaus.

Die Workshops, die im Rahmen der Machbarkeitsstudie ‚Lernende Verwaltung' durchgeführt wurden[36], zielten darauf ab, sich über Erfahrungen mit innovativen Ansätzen einer lernenden Verwaltung auszutauschen und konkrete Ideen und Vor- stellungen zu erarbeiten, die wegweisend für den Aufbau einer lernenden Verwaltung sein können.[37]

In den Diskussionen der Workshops zeigte sich insgesamt, dass die Lernende Ver- waltung keineswegs am Punkt Null beginnt. Es gibt viele – positive wie negative – Erfahrungen, an denen angesetzt werden kann, die ausgewertet, kommuniziert und zusammengebracht werden müssen. Vorrangig scheint aber zu sein, dass die vorhan- denen Konzepte nachhaltig umgesetzt werden. Die dauerhafte Absicherung erreichter Erfolge ist – so die konkrete Kernaussage der Erfahrungsberichte – nicht nur davon abhängig, hierfür formale Vereinbarungen zu finden, sondern diese auch mit Leben zu füllen. Dies war ein zentrales Anliegen vieler Teilnehmer, wie sich auch an der

---

[35] So die Ergebnisse einer Arbeitsgruppe zum Thema ‚Lernende Verwaltung' im Rahmen der gemeinsamen Fachtagung des Deutschen Instituts für Urbanistik und der Kommunalen Ge- meinschaftsstelle (KGSt) zum Thema ‚Fortbildung im Veränderungsprozess' am 6. und 7. April 2000 in Berlin.

[36] Auftraggeber der Workshops im Frühjahr 1999 war die Hans-Böckler-Stiftung.

[37] Zu den Ergebnissen des Workshops ausführlicher Kühnlein (1999) und Drescher/Kühnlein (2000).

großen Bereitschaft zeigte, den Blick weniger auf die behindernden Faktoren, als vielmehr nach vorn zu richten, sich also auf die Betrachtung von lernförderlichen Faktoren zu konzentrieren und darauf, wie als positiv erkannte (Lern-)Fortschritte festgehalten, dauerhaft ‚erinnert' und genutzt werden können (vgl. Abbildung 4).

Elemente einer lernfördernden Verwaltungsstruktur bzw. -kultur	
Rangfolge	Punkte
Selbstorganisation zulassen (durch eingebaute Reflexionsprozesse mit systematischer Unterstützung (z. B. Moderation)	9
Dokumentation und strukturelle Verankerung von erreichten Lernergebnissen	8
Zulassen und Wertschätzen von Unterschieden bei den Mitarbeitern	7
Gemeinsame Reflexion und daraus folgende Verbesserung	6
Schaffen von Vertrauensstrukturen (z. B. indem das getan wird, was angekündigt wurde)	5

Abbildung 4
(Quelle: Vgl. Kühnlein (1999), S. 29.)

In den Workshops wurden auf dieser Basis gemeinsam Kriterien entwickelt, die bei der (Selbst-)Einschätzung helfen sollen, ob sich eine Verwaltung bereits auf dem Weg zu einer Lernenden Organisation befindet. Dabei ging es nicht um einen abschließenden Katalog von Maßnahmen, sondern vielmehr um Anregungen, die vor Ort zur Erstellung und gemeinsamen Interpretation der Momentaufnahme und Standortbestimmung genutzt werden können, wie beispielsweise:

• Mitarbeiter und Führungskräfte arbeiten engagiert und mit Perspektive.
• Fehler werden als Lernchancen genutzt, nicht zur Suche von Schuldigen.
• Es wird Zeit zur Reflexion geschaffen und Prozessbegleitung (Moderation, Supervision oder Beratung) eingesetzt.
• Notwendige Konflikte werden offen und konstruktiv ausgetragen.
• Qualifikation und Arbeitsanforderungen werden laufend aufeinander abgestimmt.
• Es besteht ein kontinuierlicher Austausch mit den Bürgern und der Politik.

Die Teilnehmer waren sich einig, dass diese Kriterien nur ein erster Versuch der Annäherung sein können und noch weiterentwickelt werden müssen. Dieser Kriterienkatalog sollte verstanden werden als eine Sammlung von ‚Merkposten', mit deren Hilfe in den Verwaltungen in die Auseinandersetzungen eingestiegen werden sollte, beispielsweise im Hinblick darauf:

• welche der aufgeführten Aspekte besonders beachtet werden müssen,
• an welchen Stellen und zu welchen Themen vorrangig Diskussions- und Informationsprozesse in Gang gesetzt werden sollten,
• wie sich der Wandel von der Misstrauens- zur Vertrauenskultur in der Praxis gestalten lässt und

- wo sich lernförderliche Schnittstellen zur Politik und zu den Bürgern identifizieren lassen.

Als Resultat der Diskussionen, die in den Arbeitsgruppen geführt wurden, entstanden eine Reihe von Projektideen und Vorschlägen, die von den teilnehmenden Bildungs- und Personalverantwortlichen und Personalräten als zentral für die Bewältigung der anstehenden Reformaufgaben in Kommunalverwaltungen besonders wichtig angesehen wurden (vgl. Abbildung 5).

Projektideen zur lernenden Verwaltung

1. Job Rotation und Hospitationsverfahren: Voneinander-Lernen

2. Sicherung und Transfer von Fortbildungserfolgen: Organisation von Lernen als Dauerprozess

3. Schaffung von Lern- und Reflexionsräumen, (Selbst-)Bewertung von Lernerfolgen

4. Nachhaltige Stabilisierung von Beteiligungs- und Gruppenprozessen

5. Lernen im Team: Gruppenarbeit als Lernfeld

6. Aus Fehlern lernen: Wie führe ich eine Idee zum Erfolg?

7. Verwaltungsmodernisierung als Gestaltungsprozess: Politik und Verwaltung im Dialog

---

Abbildung 5

Diese sollten – so die übereinstimmende Einschätzung der Teilnehmer – mit hoher Priorität in den Verwaltungen umgesetzt und modellhaft erprobt werden. Angestrebt wird nun die Ausgestaltung und Umsetzung dieser Projektideen – in Kooperation mit den Verwaltungen, die an einem solchen Vorhaben interessiert sind. Sie sollen mit Hilfe von wissenschaftlicher Begleitung modellhaft umgesetzt werden, um so auch für andere Verwaltungen zugänglich und langfristig nutzbar zu sein.[38]

Literatur

Becker, M. (1999a): Aufgaben und Organisation der betrieblichen Weiterbildung, 2. Auflage, München.

Becker, M. (1999b): Personalentwicklung. Bildung, Förderung und Organisationsentwicklung in Theorie und Praxis, 2. Auflage, Stuttgart.

Damkowski, W./Precht, C. (Hrsg., 1998): Moderne Verwaltung in Deutschland. Public Management in der Praxis, Stuttgart/Berlin/Köln.

Drescher, A./Kühnlein, G. (2000): Auf dem Weg zur lernenden Verwaltung. In: VOP, H. 7-8/2000, S. 13 - 15.

Einsiedler, H. u. a. (Hrsg., 1999): Organisation der Personalentwicklung, Neuwied.

Gerstlberger, W./Grimmer, K./Wind, M. (1999): Innovationen und Stolpersteine in der Verwaltungsmodernisierung, Berlin.

---

[38] Vgl. Drescher/Kühnlein (2000), S. 15.

Grömig, E./Gruner, K. (1998): Reform in den Rathäusern. 3. Umfrage des Deutschen Städtetages zum Stand der Verwaltungsmodernisierung. In: Der Städtetag, H. 8/1998, S. 581 - 587.

Hopp, H./Göbel, A. (1999): Management in der öffentlichen Verwaltung. Organisations- und Personalarbeit in modernen Kommunalverwaltungen, Stuttgart.

Klages, H. (1998): Verwaltungsmodernisierung: „harte" und „weiche" Aspekte, 2. Auflage, Speyer.

KGSt (2000a): KGSt-Bericht 5/2000: Fortbildung im Wandel. Aufgaben – Anforderungen – Entwicklungen, Köln.

KGSt (2000b): KGSt-Bericht 3/2000: Personalentwicklung im Veränderungsprozess, Köln.

KGSt (1999a): Das Neue KGSt-Politikerhandbuch 1999, Köln.

KGSt (1999b): KGSt-Materialien 8/1999: Bürgerämter – eine Materialsammlung, Köln.

KGSt (1996): KGSt-Bericht 6/1996: Personalentwicklung im Neuen Steuerungsmodell – Anforderungen an vorrangige Zielgruppen, Köln.

KGSt (1994): KGSt-Bericht 13/1994: Personalentwicklung – Grundlagen der Konzepterarbeitung, Köln.

KGSt (1993): KGSt-Bericht 5/1993: Das Neue Steuerungsmodell – Begründung, Konturen, Umsetzungen, Köln.

Klimecki, R./Müller W. R. (Hrsg., 1999): Verwaltung im Aufbruch. Modernisierung als Lernprozess, Zürich.

Mauch, S. (1999): Verwaltung im Wandel. Qualitätsmanagement und lernende Organisation. Schriftenreihe der Stabsstelle für Verwaltungsreform im Innenministerium Baden-Württemberg, Band 19, Stuttgart.

Scholz, C. (2000): Personalmanagement. Informationsorientierte und verhaltenstheoretische Grundlagen, München.

Wahren, H.-K. (1996): Das lernende Unternehmen. Theorie und Praxis des organisationalen Lernens, Berlin.

Reinhold Weiß

Kompetenzentwicklung als strategische Herausforderung der betrieblichen Weiterbildung

1   Kompetenzentwicklung als integratives Konzept

In der Diskussion über neue Managementkonzepte kann – ungeachtet der unterschiedlichen Ansätze im einzelnen – eine zentrale Konstante festgestellt werden. Sie lautet: Die Herausforderungen, mit denen sich die Unternehmen in den entwickelten Industrieländern auseinander zu setzen haben, und die sich mit den Stichworten ,Kundenorientierung', ,Globalisierung', ,Innovation' und ,Flexibilität' beschreiben lassen, können nur mit motivierten, kompetenten und veränderungsbereiten Mitarbeitern bewältigt werden.

Zugleich ist deutlich geworden, dass es nicht allein um ein Mehr an Wissen, Fähigkeiten oder Fertigkeiten geht. Im Kern der betrieblichen Anforderungen steht die Handlungskompetenz der Mitarbeiter. Darunter kann die Fähigkeit verstanden werden, „aufgabengemäß, zielgerichtet, situationsbedingt und verantwortungsbewusst betriebliche Aufgaben zu erfüllen und Probleme zu lösen, und zwar – je nach arbeitsorganisatorischen Gegebenheiten – entweder allein oder in Kooperation mit anderen."[1] Neben der fachlichen Kompetenz sind dazu personale, soziale und methodische Kompetenzen erforderlich.

Die Diskussion über ,lernende Organisationen' und ,Wissensmanagement' hat ferner deutlich gemacht, dass sich die fundamentalen Herausforderungen und Veränderungsprozesse, denen sich die Unternehmen stellen, immer weniger aus disziplinärer Sicht oder mit singulären Lösungsansätzen beschreiben oder gar bewältigen lassen. Zu Recht wird in diesem Zusammenhang auf die Enge des Begriffes ,Weiterbildung' hingewiesen. Die geisteswissenschaftliche Tradition und Interpretation sowie das nach wie vor verbreitete Verständnis von Weiterbildung im Sinne organisierten Lernens nach Abschluss einer ersten Bildungsphase[2] machen es schwer, damit die Realität betrieblicher Lernprozesse angemessen zu erfassen. Zu Recht ist mit Blick auf die betriebliche Bildungsarbeit von einem Prozess der ,Entgrenzung' die Rede. Er betrifft sowohl die normative Ebene im Sinne einer „Relativierung pädagogischer Prinzipien"[3] als auch die Organisation von Lernprozessen. Er betrifft die Lernorte ebenso wie die Methoden und die handelnden betrieblichen Akteure.

Notwendig ist daher eine ganzheitliche Sicht. Dies erfordert Begriffe, Theorien und Handlungskonzepte, die der Komplexität der betrieblichen Herausforderungen gerecht werden. Es ist deshalb vorgeschlagen worden, anstelle von Weiterbildung den

---

[1]   Münch (1995), S. 11.
[2]   Vgl. Deutscher Bildungsrat (Hrsg., 1970).
[3]   Arnold (1997), S. 268.

Begriff der Kompetenzentwicklung einzuführen und damit das Ziel der beruflichen
Handlungskompetenz sowie die Selbstorganisationsfähigkeit des Individuums in den
Mittelpunkt zu stellen.[4]

Ein einheitliches oder weitgehend akzeptiertes Verständnis von Kompetenz und
Kompetenzentwicklung hat sich bislang allerdings nicht durchsetzen können. Je nach
wissenschaftlichem Kontext werden die Begriffe in höchst unterschiedlicher Kon-
notation gebraucht.[5] Dessen ungeachtet beruht der besondere Reiz und die betriebliche Relevanz des Begriffes Kompetenzentwicklung auf dem integrierten Ansatz,
denn er vereinigt unterschiedliche und bislang häufig isoliert verfolgte Strategien.
Dies gilt insbesondere für

- das Lernen sowohl in organisierten, pädagogisch gestalteten Situationen als auch
  in informellen Prozessen (Weiterbildung oder Qualifizierung),

- die Entwicklung der individuellen Kompetenzen im Hinblick auf horizontale und
  vertikale Laufbahnen (Personalentwicklung),

- die Arbeitsgestaltung im Sinne einer horizontalen oder vertikalen Aufgabener-
  weiterung (Organisation),

- die Information der Mitarbeiter über unternehmenspolitische Entwicklungen und
  den Dialog darüber (Information und Kommunikation) sowie

- die Beteiligung der Mitarbeiter an betrieblichen Entscheidungen, insbesondere
  auf der operativen Ebene (Partizipation).

Kompetenzentwicklung macht damit ernst mit der seit Jahren immer wieder erhobenen Forderung nach einer Integration von Weiterbildung, Personal- und Organisationsentwicklung, einem Ausgleich von Unternehmens- und Mitarbeiterinteressen.
Nicht von ungefähr ergeben sich daher viele Berührungspunkte zu unternehmens-
kulturellen Ansätzen. Der Begriff der Weiterbildung wird dadurch allerdings keineswegs überflüssig.[6] Die Einbeziehung von Weiterbildung als ein Bestandteil
beruflicher Kompetenzentwicklung stellt vielmehr ein sinnvolles und lohnendes Ziel
für die Betriebspädagogik wie auch für die Weiterbildungspolitik dar.

Die Diskussion um den Kompetenzbegriff vollzieht sich bislang vorwiegend im aka-
demischen Raum. Betriebsvertreter haben sich – von wenigen Ausnahmen abgesehen
– kaum daran beteiligt. Dennoch findet der Begriff zunehmend Anwendung in Un-
ternehmensleitbildern und Personalentwicklungskonzepten größerer Unternehmen.
Von einem einheitlichen Verständnis kann indessen auch hier keine Rede sein.[7] Zum
Teil wird Kompetenz als Begriff für eine umfassende Problemlösungsfähigkeit der
Mitarbeiter, zum Teil als Ausdruck von Professionalität, Dienstleistungs- und Kun-

---

[4]   Vgl. u. a. Kuratorium der Arbeitsgemeinschaft Betriebliche Weiterbildungsforschung (1996).
[5]   Vgl. Faulstich (1998) und Knöchel (1996).
[6]   Vgl. Arnold (1996), S. 291.
[7]   Vgl. Bernien (1998), S. 27.

denorientierung verstanden. Oftmals wird der Begriff eher willkürlich und ohne einen ausdrücklichen Bezug zu wissenschaftlichen Theorieansätzen verwendet. Dessen ungeachtet vollzieht sich Kompetenzentwicklung in der täglichen Praxis – ob sich die Handelnden dessen bewusst sind oder nicht.

Die Möglichkeit zur Integration unterschiedlicher Fragen und Ansätze ist zugleich aber auch eine entscheidende Schwäche des Konzepts der Kompetenzentwicklung. Sie erschwert die Verständigung darüber, was jeweils konkret gemeint ist. Dies wird bereits bei der Vielfalt der begrifflichen Abgrenzungen deutlich,[8] mehr aber noch angesichts der Vielfalt der Fragestellungen, die im Zusammenhang mit der Kompetenzentwicklung thematisiert werden. Letztlich können alle Fragen, die mit der Arbeitsorganisation und Personalpolitik in Zusammenhang stehen, darunter behandelt werden. Es geht unter anderem um die Führung und Organisation, die Vergütung und Arbeitszeitgestaltung, die Rekrutierung und Freisetzung von Personal, die Gestaltung der Beziehungen zu Kunden und Lieferanten, die Information und Kommunikation, die Partizipation und Mitbestimmung.

2   Ziele der Kompetenzentwicklung

Kompetenz entsteht für Becker immer erst aus der „wertschätzenden Perspektive des Handlungsadressaten". Übersetzt in die Sprache der Ökonomie heißt dies: Kompetenz drückt sich in der „Bereitschaft von Nachfragern aus, Produkte und/oder Dienstleistungen, die aus einzigartigen Kombinationen von Qualifikationen und Technologien bestehen, zu erwerben."[9] Kompetenzentwicklung ist somit kein Selbstzweck, sondern muss sich letztlich daran messen lassen, inwieweit damit betriebliche und individuelle Ziele realisiert werden. Zugespitzt ergeben sich damit vor allem zwei zentrale Ziele: Die Sicherung der Wettbewerbsfähigkeit und die Sicherung der Beschäftigungsfähigkeit als gleichermaßen betriebliche, individuelle und gesellschaftliche Zielsetzungen.

2.1   Sicherung der Wettbewerbsfähigkeit

Unternehmen in allen Industrieländern stehen mehr oder weniger vor der gleichen Herausforderung: Sie müssen ihre Wettbewerbsfähigkeit dadurch verbessern, dass sie Innovationen realisieren und ihre Produktivität erhöhen. Letztlich geht es darum, neue Produkte und Dienstleistungen, die einen Kundennutzen stiften, nicht nur zu entwickeln, sondern möglichst schnell und zu wettbewerbsfähigen Preisen auf den Markt zu bringen. Angesichts der Schnelligkeit des Wandels müssen Erfolge immer wieder aufs neue erarbeitet werden.

Kompetenzentwicklung kann und muss – dies scheint weitgehend unstrittig zu sein – einen Beitrag dazu leisten. Die Chancen sind – auch darüber besteht durchaus Konsens – noch keineswegs ausgeschöpft. Gleichwohl muss der verbreiteten Einschät-

---

8   Vgl. Faulstich (1998), S. 67 ff.
9   Becker (1998), S. 173.

zung entgegengetreten werden, die Herausforderungen der Zukunft ließen sich – wenn nicht allein, so aber doch vorrangig – durch gesellschaftliche Innovationen und/oder Kompetenzentwicklung bewältigen. Diese Einschätzung verkennt dreierlei:

- Sie lenkt erstens davon ab, dass die deutsche Wirtschaft trotz bedeutsamer Erfolge bei der Steigerung der Produktivität nach wie vor eine Reihe von Standortnachteilen gegenüber anderen Wirtschaftsstandorten zu tragen hat.[10] Dies gilt vor allem für die Arbeitskosten, die Arbeitszeiten sowie die Belastung mit Steuern und Abgaben.

- Übersehen wird zweitens, dass personellen Faktoren zwar eine erhebliche Bedeutung zukommt. Sie sind aber längst nicht die einzigen oder gar die allein entscheidenden Faktoren für Investitions- oder Standortentscheidungen. Von Bedeutung sind nicht zuletzt die Arbeitskosten, die Steuer- und Sozialgesetzgebung, die Regulierungsdichte, die Verkehrsinfrastruktur, die Nähe zu Märkten oder auch die Verfügbarkeit von Gewerbeflächen.

- Zum dritten müssten deutsche Arbeitnehmer und Führungskräfte auf Dauer sehr viel innovativer, leistungsfähiger und leistungswilliger sein als ihre Kollegen in anderen Ländern. Davon kann jedoch keine Rede sein. Bedenklich müssen die Ergebnisse internationaler Vergleichsuntersuchungen stimmen. Danach erbringen deutsche Schüler in wichtigen schulischen Kompetenzbereichen schlechtere Leistungen als Schüler aus anderen Ländern.[11]

Vor diesem Hintergrund ist es bezeichnend, wenn Unternehmen nach einer aktuellen Untersuchung des Ifo-Instituts in den zu geringen Renditen, die aus realisierten Produktinnovationen erwachsen, das größte Innovationshemmnis sehen.[12] Probleme im organisatorischen oder personellen Bereich folgen erst mit deutlichem Abstand. Wörtlich heißt es dazu: „Andere unternehmensinterne Probleme, wie z. B. personelle Hemmnisse, infolge von Schwierigkeiten, geeignete Mitarbeiter zu finden oder mangelnde Innovationsbereitschaft der Mitarbeiter, des Betriebsrates und der Führungskräfte, schränken die Innovationstätigkeiten der Unternehmen im Verhältnis zu den ökonomischen Faktoren in deutlich geringerem Umfang ein."[13]

Andererseits zeigen Untersuchungen zum Unternehmenserfolg von mittelständischen Marktführern (‚hidden champions'), dass die Grundlage von Wettbewerbsvorteilen vor allem in internen Kompetenzen und deren Nutzung begründet liegt.[14] Entscheidend sind außerdem eine klare strategische Ausrichtung, ein enger Kontakt zu den Kunden, eine hohe Quote von Innovationen (z. B. von Patenten), eine hohe Produkt- und Dienstleistungsqualität, eine hohe Identifikation der Mitarbeiter mit dem Unternehmen sowie unternehmerische Führungspersönlichkeiten.

---

[10]   Vgl. Institut der deutschen Wirtschaft (Hrsg., 1999).
[11]   Vgl. Baumert (1997).
[12]   Vgl. Schmalholz/Penzkofer (1999), S. 7.
[13]   Schmalholz/Penzkofer (1999), S. 7.
[14]   Vgl. Simon (1996).

Mit anderen Worten: Produktivitätsgewinne durch Kompetenzentwicklung stellen eine notwendige, aber längst nicht hinreichende Bedingung zur Sicherung der Wettbewerbsfähigkeit der Unternehmen dar. Ungünstige Standortfaktoren bei den ökonomischen Rahmenbedingungen können dadurch allenfalls partiell oder zeitweise kompensiert werden. Dies gilt um so mehr, als es keinen Patent- oder Imitationsschutz für Kompetenzentwicklung gibt. Mit anderen Worten: Kompetenzentwicklung ist keinesfalls eine spezifische Strategie deutscher Unternehmen, sondern eine Strategie, die im Kern in allen entwickelten Industriestaaten zu beobachten ist.[15] Nicht zuletzt die Internationalisierung der Unternehmen hat dazu beigetragen, erfolgreiche Strategien weltweit zu übertragen. Vorsprünge im Wettbewerb sind immer nur Vorsprünge auf Zeit.

2.2 Sicherung der Beschäftigungsfähigkeit

Arbeitsmarktszenarien sagen für die Zukunft einen grundlegenden Wandel der Arbeitslandschaft voraus. Unternehmen als mehr oder weniger festgefügte organisatorische Einheiten lösen sich danach auf. An die Stelle starrer Strukturen treten flexible (‚fluide') Prozessketten mit projekt- und netzwerkartigen Strukturen, in die wechselnde Partner integriert werden. Im Endeffekt werden Produkte und Dienstleistungen unter Umständen nur noch in virtuellen Organisationen erstellt und vermarktet.

Möglich wird dieser Prozess durch die Nutzung von Informations- und Kommunikationstechniken. Arbeit muss demzufolge immer weniger zeit- und ortsgebunden erbracht werden.[16] Das Wachstum bei den verschiedenen Formen von Telearbeit steht beispielhaft für diesen Prozess. Die Umgestaltung der gesellschaftlichen Arbeit wird geradezu zu einem „strategischen Nadelöhr"[17] der Informationsgesellschaft.

Für die Arbeitsbeziehungen hat dies weitreichende Konsequenzen. Arbeitsmarktforscher erwarten, dass der Anteil der Stammbelegschaften wie auch der längerfristig an das Unternehmen gebundenen Führungskräfte zugunsten von Randbelegschaften zurückgehen wird.[18] Befristete Beschäftigungsverhältnisse, Teilzeitarbeit, Leiharbeit und verschiedene Varianten einer „neuen" Selbständigkeit stehen stellvertretend dafür. Kriterium für die Kontraktierung und Bewertung von Arbeit wird zunehmend die tatsächlich erbrachte Leistung und nicht mehr so sehr die aufgewandte Arbeitszeit sein.

Angesichts flexiblerer Organisationen und Arbeitsbeziehungen werden berufliche Erwerbsbiographien nicht mehr so sehr als lineare Folge von beruflichen Positionen verlaufen, sondern durch Brüche, Wechsel, Umwege und Suchprozesse gekennzeichnet sein. Phasen der abhängigen Beschäftigung, der Selbständigkeit und Arbeitslosigkeit werden einander abwechseln. Karriere stellt sich deshalb als Folge

---

[15]   Vgl. Krieger/Fröhlich (1998).
[16]   Vgl. Dostal (1995).
[17]   Baukrowitz/Boes (1996), S. 131.
[18]   Vgl. Dostal (1995).

unterschiedlicher Erfahrungen und professioneller Identitäten dar (‚Patchwork–Biographie'). Das Prinzip der Beruflichkeit auf der Grundlage fachlicher Kompetenzzuweisungen gerät deshalb zunehmend unter Anpassungsdruck. Notwendig werden flexiblere Formen des Kompetenzerwerbs sowie Übergänge zwischen der beruflichen Erstausbildung und der Weiterbildung.

Für die Betriebe bietet der Übergang zu „fluideren" Arbeitsbeziehungen die Chance, schneller auf Marktveränderungen reagieren zu können. Zugleich stellt sich jedoch die Problematik, leistungsfähige Netzwerke mit unterschiedlichen und ständig wechselnden Partnern zu managen. Die Sicherung der Loyalität von Leistungs- und Know how-Trägern wird dabei zu einer entscheidenden personalpolitischen Aufgabenstellung.[19] Über die Qualifizierung für interne Arbeitsmärkte hinaus gewinnt die Vorbereitung von Mitarbeitern auf externe Arbeitsmärkte oder eine selbständige Tätigkeit an Bedeutung. Ungewollt war dies immer schon der Fall, denn betriebliche Qualifizierungsmaßnahmen kommen zunächst einmal den Mitarbeitern selbst zugute und eröffnen Chancen zur Verwertung auf dem Arbeitsmarkt. Künftig wird dies jedoch zu einem expliziten Ziel der betrieblichen Personalpolitik werden – zumindest in größeren Betrieben. Finanzielle Mittel, die in der Vergangenheit in Sozialpläne und Abfindungen geflossen sind, dürften künftig verstärkt für Qualifizierungs- und Outplacement-Aktivitäten eingesetzt werden.

Die Qualifizierung für sich ständig wandelnde Aufgaben und Arbeitsmärkte ist jedoch nicht allein eine Aufgabe der Betriebe, sondern mehr noch jedes einzelnen Arbeitnehmers. Er muss, will er seine Arbeitsmarktfähigkeit auf Dauer sichern, nach Marktlücken suchen und seine Qualifikation erweitern und ausbauen. Mit anderen Worten: Die Qualifizierung wird zu einer unternehmerischen Aufgabe für jeden Erwerbstätigen.

Angesichts der prognostizierten, bislang aber erst in Ansätzen nachweisbaren Erosion des Normarbeitsverhältnisses[20] stellt sich die Frage, wie betriebliche und individuelle Interessen künftig austariert werden können. Bildungsökonomisch gesehen rentieren sich betriebsunspezifische Qualifizierungsmaßnahmen für das Unternehmen nur unter bestimmten Bedingungen. Entweder müssen die Mitarbeiter längere Zeit an das Unternehmen gebunden werden, sich an den Kosten beteiligen oder aber zu einem (relativen) Einkommensverzicht bereit sein. Mit anderen Worten: In dem Maße, in dem eine dauerhafte Bindung zwischen Unternehmen und einem Teil der Belegschaft in Frage gestellt wird, bedarf es neuer Modelle eines Kostensharings.

3   Betriebe als Träger der Kompetenzentwicklung

In allen europäischen Ländern sind es die Betriebe, die mit ihren Bildungsinvestitionen maßgebliche Beiträge zur Entwicklung der Kompetenzen leisten.[21] Obwohl

---

[19]   Vgl. Sattelberger (1999).
[20]   Vgl. Hoffmann/Wallwei (1998).
[21]   Vgl. Europäische Kommission/EUROSTAT/CEDEFOP (Hrsg., 1997).

sich die Datenlage durch vielfältige Forschungsaktivitäten verbessert hat, fällt es schwer, generelle und für alle Unternehmen gültige Aussagen zu machen. Zu groß sind die Unterschiede zwischen den einzelnen Unternehmen. Und selbst innerhalb eines Unternehmens kann nicht unbedingt von einheitlichen Bedingungen und Strukturen ausgegangen werden. Die übliche Klassifikation nach Größenklassen und Branchen wird der Differenziertheit der betrieblichen Situation kaum mehr gerecht. Sie produziert Stereotypen, die aber die Realität immer weniger widerspiegeln.

Im Folgenden soll deshalb ein Rahmen beschrieben werden, in dem sich Kompetenzentwicklung in den Unternehmen vollzieht. Durch die dialektische Zuspitzung werden wesentliche Gestaltungsprinzipien deutlich. Zugleich eröffnet die Differenzierung ein Kontinuum, um unterschiedliche betriebliche Konzepte einordnen und abbilden zu können.

3.1   Zentrale und dezentrale Steuerung

Betriebliche Kompetenzentwicklung muss – und das ist eigentlich trivial – den Zielen des Unternehmens dienen. In der betriebswirtschaftlichen Terminologie heißt das: Bildung muss integraler Bestandteil strategischer Personalentwicklung sein und darüber hinaus mit der Unternehmensplanung verknüpft sein. Strategische Ansätze zeichnen sich dadurch aus, dass sie

- vom Management zentral erarbeitet werden,

- zielgerichtet und proaktiv sind,

- langfristig angelegt sind und einen Zukunftsbezug aufweisen sowie

- einen Rahmen und die Stoßrichtung für das operative Handeln vorgeben.

Die Notwendigkeit einer strategischen Ausrichtung und Verankerung der Personal- und Bildungsarbeit ist offenkundig und wird kaum ernsthaft bestritten. Sie findet ihren Ausdruck unter anderem in Leitbildern, Unternehmensleitlinien oder Führungsgrundsätzen.

In der Vergangenheit wurde aus dem Primat der Unternehmensstrategie vielfach eine weitgehend zentralisierte, vom Management ausgehende Steuerung der Personal- und Bildungsarbeit abgeleitet. Diese Art der strategischen Orientierung spiegelt zugleich ein technokratisches Planungsverständnis wider.[22] Auf der Grundlage eines Abgleichs von Soll- und Ist-Qualifikationen galt es, Weiterbildungs- und Personalentwicklungsmaßnahmen zu gestalten, die eine möglichst optimale Passung herstellen. Planungs- und handlungsrelevant sind vor allem Qualifikationslücken. Das war zugleich die Zeit, als man versuchte, den Bildungsbedarf eines Unternehmens in seiner Gesamtheit zu erfassen und ein darauf abgestelltes Bildungsprogramm zu entwerfen. Imposante Bildungskataloge waren das Ergebnis, die für jeden etwas enthielten und für sich in Anspruch nehmen konnten, den Bedarf des Unternehmens zu

---

22   Vgl. Staudt/Kröll/Hören (1993).

reflektieren.

Diese Form der Steuerung betrieblicher Personalentwicklung wird den Anforderungen in vielen Unternehmen nicht mehr ausreichend gerecht. In Branchen oder Unternehmensbereichen, in denen sich die Kundenwünsche rasch ändern oder die durch eine hohe technische Innovationsrate gekennzeichnet sind, gerät eine Qualifikationsplanung, die auf aktuelle und bereits absehbare Veränderungen abzielt, immer mehr ins Hintertreffen. Sie muss ständig Anpassungsleistungen erbringen, wo doch eigentlich ein Vorauseilen, zumindest aber eine rechtzeitige Bereitstellung der erforderlichen Qualifikationen erforderlich wäre.

In vielen Unternehmen hat sich deshalb ein Prozess der Dezentralisierung vollzogen. Er ist gekennzeichnet durch die Verlagerung von Personal- und Bildungsfunktionen in die Fachabteilungen. Damit verbunden ist eine Aufwertung der Führungskräfte als den für die Personalentwicklung zentral Verantwortlichen. Für die Bildungs- und Personalabteilungen bedeutet dies ein neues Rollenverständnis. Sie sind nicht mehr nur Administratoren und Organisatoren von personellen Maßnahmen, sondern vor allem Dienstleister für interne Kunden. Die Personal- und Weiterbildungsarbeit wird jeweils maßgeschneidert auf die Bedürfnisse der internen Kunden hin ausgerichtet.

Eine gänzliche Auflösung zentraler Funktionen scheint indessen nicht stattgefunden zu haben. Wohl aber wurde die in den Großbetrieben einstmals vorherrschende zentrale Organisation als Folge der organisatorischen Veränderungen durch dezentrale Verantwortlichkeiten aufgelockert und ergänzt. In der Unternehmenspraxis scheinen deshalb Mischformen zentraler und dezentraler Elemente und Steuerungsansätze vorherrschend zu sein.

Auch wenn dieser Strukturwandel zweifellos zu einer besseren Effektivität und Akzeptanz der Bildungsarbeit beigetragen hat, bleiben etliche Fragen offen. Sie betreffen insbesondere die Abstimmung zwischen dem strategischem Bedarf des Unternehmens und dem jeweiligen Bedarf der Fachabteilungen. Konflikte und Widersprüche sind dabei unvermeidlich, zumal es keinen einfachen Ableitungszusammenhang zwischen strategischem und operativem Bedarf gibt, auf dezentraler Ebene oftmals finanzielle Restriktionen wirksam sind und es zudem kaum Sanktionen gibt, wenn Führungskräfte und/oder Fachabteilungen ihrer Aufgabe nicht oder nicht in der gewünschten Weise gerecht werden. Die Abstimmung zwischen strategischen Zielen und operativen Aufgaben, zwischen zentralen und dezentralen Funktionen stellt sich vor diesem Hintergrund als eine zentrale Herausforderung einer Strategie der Kompetenzentwicklung dar.

3.2   Selbststeuerung und Selbstverantwortung

Die Entwicklung in den Unternehmen, die sich als lernende Unternehmen verstehen, ist gekennzeichnet durch eine zunehmende Selbststeuerung in den operativen Einheiten bis hinunter zur Ebene der einzelnen Mitarbeiter. Maßgebend war die Einsicht, dass wirksame und effiziente betriebliche Problemlösungen nicht mehr zentral vorgegeben werden können, sondern zusammen mit den betroffenen Mitarbeitern entwickelt werden müssen.

Der Kompetenzbegriff bringt für Erpenbeck im Unterschied zu anderen Konstrukten wie Können, Fertigkeiten, Fähigkeiten, Qualifikationen usw. die „als Disposition vorhandene Selbstorganisationsfähigkeit des konkreten Individuums auf den Begriff."[23] Selbstorganisation bezeichnet dabei solche Lernprozesse, bei denen die „Systemdispositionen erweitert und vertieft werden."[24] Von diesem theoretischen Anspruch ist die betriebliche Praxis sicherlich noch ein gutes Stück entfernt. Es wäre deshalb schon viel gewonnen, wenn Lernprozesse vermehrt selbstgesteuert verlaufen würden, wenn also Lernziele, Operationen, Strategien und Kontrollprozesse teilweise oder vollständig vom lernenden System bestimmt werden könnten.

Hinter dem Ziel der Selbststeuerung steht das Leitbild des selbständigen und mündigen Menschen. Dieses Leitbild hat – auf konkrete Entscheidungssituationen angewandt – weitreichende Konsequenzen für die Gestaltung betrieblicher Lernprozesse.

Notwendig wird eine grundlegende Veränderung der Didaktik im Sinne einer „Ermöglichungsdidaktik"[25]. An die Stelle der Lehrorientierung tritt eine Lernförderung. An die Stelle geschlossener Konzepte müssen offene Konzepte des Lernens treten, die von den Lernenden mitgestaltet werden können. Wer dabei Lehrender und wer Lernender ist, steht nicht von vornherein fest. Lehren und Lernen erfolgen nach dem „Prinzip der Gegenseitigkeit"[26]:

- Der individuelle Bildungsbedarf kann nicht mehr vorrangig nur aus Sicht der Führungskräfte abgeleitet werden. Ebenso wichtig ist die Berücksichtigung der Bedürfnisse und Interessen der Mitarbeiter. Als Instrument haben sich Mitarbeiter- oder Entwicklungsgespräche vielfach bewährt. Dahinter wird das Ziel offenbar, die Mitarbeiter zu motivieren, ihre Entwicklung in die eigene Hand zu nehmen. Lernen und Weiterbildung werden so zur Holschuld, die vom Mitarbeiter eingefordert und zum Teil auch selbst realisiert werden muss.[27]

- Verstärkte Möglichkeiten der Selbststeuerung von Lernprozessen ergeben sich nicht zuletzt durch den Einsatz von Informations- und Kommunikationstechniken. Lernen ist dadurch zeit- und ortsunabhängig möglich geworden. Es bedarf weder eines regionalen Angebotes noch einer ausreichenden Zahl von Lernenden in der Region. Ebensowenig ist eine formelle Genehmigung durch den Betrieb oder einen Vorgesetzten erforderlich. Erstmals kann von einer weitgehenden Autonomie der Lernenden gesprochen werden.

Mit dem Konzept der ‚Selbststeuerung' bietet sich eine reale Chance, betrieblichen

---

23   Erpenbeck, (1997), S. 312.
24   Erpenbeck (1997), S. 312.
25   Arnold (1996).
26   Bergmann (1996), S. 202.
27   Vgl. Schäffner (1991), S. 164.

Bedarf und individuelle Ansprüche – zumindest partiell – in Übereinstimmung zu bringen. Gleichwohl muss vor übertriebenen Erwartungen gewarnt werden. Selbststeuerung kann sich immer nur innerhalb eines Rahmens vollziehen, der durch die Kundenanforderungen, die strategische Ausrichtung des Unternehmens und die verfügbaren Ressourcen abgesteckt ist.

Das Prinzip der Selbststeuerung bedeutet stets auch ein Mehr an Selbstverantwortung für jeden einzelnen Mitarbeiter. Die Grenzen einer Rundum-Versorgung sind sowohl in der betrieblichen wie auch der öffentlich verantworteten Weiterbildung erreicht, wenn nicht überschritten. In Zukunft wird daher von jedem einzelnen Teilnehmer eine verstärkte Beteiligung an den Kosten der Weiterbildung erbracht werden müssen. Dies kann entweder über eine erhöhte Beteiligung an unmittelbaren Aufwendungen oder – im Falle der betrieblichen Weiterbildung – durch eine Investition von Freizeit erfolgen.

In der Praxis findet Weiterbildung in zunehmendem Maße bereits unter Nutzung der Freizeit der Mitarbeiter, d. h. abends, an den Wochenenden oder unter Anrechnung auf den Jahresurlaub statt. Folgt man der Weiterbildungserhebung des Institut der deutschen Wirtschaft, so fanden 1987 noch 90,6 Prozent der Lehrveranstaltungen innerhalb der Arbeitszeit statt. 1995 hingegen waren es 84,3 Prozent der internen und 75,8 Prozent der externen Lehrveranstaltungen.[28]

3.3   Entwicklung und Nutzung von Kompetenzen

Die betriebliche Bildungs- und Personalpolitik war und ist vorrangig darauf ausgerichtet, Kompetenzen bedarfsorientiert zu entwickeln. Dies geschieht vor allem durch die Aus- und Weiterbildung sowie die Besetzung von Stellen mit intern oder extern rekrutiertem Personal. Grundlage hierfür ist größtenteils eine Defizitbetrachtung. Vergleichsweise viel Wert wird deshalb nach wie vor auf die Analyse des Bedarfs gelegt, während der Transfer vom Lern- in das Funktionsfeld größtenteils vernachlässigt wird.[29] Eine mangelnde Passung zwischen der Entwicklungsmaßnahme und der anschließenden Umsetzung wird regelmäßig auf die Maßnahme selbst und eine mangelnde Planung oder organisatorische Unterstützung zurückgeführt. Seltener wird demgegenüber gefragt, inwiefern die Einsatzbedingungen überhaupt einen Transfer zulassen oder fördern und inwieweit die erworbenen Kompetenzen tatsächlich verwertet werden können.

Ungenutzte Kompetenzen zeigen sich im Beschäftigungssystem auf praktisch allen Ebenen. Ein Indikator hierfür ist die „unterwertige Beschäftigung"[30], ein anderer der ausbildungsfremde Einsatz von Mitarbeitern. Die Ursachen hierfür sind vielfältig. Neben Diskrepanzen zwischen dem Bildungs- und Beschäftigungssystem und individuellen Wechseln aus einer Tätigkeit in eine andere sind hier vor allem die nach

---

28   Vgl. Institut der deutschen Wirtschaft (Hrsg., 1997).
29   Vgl. Ruschel (1995).
30   Jansen/Stooß (1993).

wie vor einseitigen Anforderungen an vielen Arbeitsplätzen sowie die betrieblichen Organisationsstrukturen zu nennen. Sie schränken den Entscheidungsspielraum entweder ein oder regen die Mitarbeiter zu wenig an, ihre Kompetenzen bei der Suche nach Problemlösungen einzubringen.

Im Zusammenhang mit dem organisationalen Lernen oder Wissensmanagement ist zudem auf die Bedeutung des Erfahrungswissens hingewiesen worden. Als ‚implizites Wissen', ‚träges Wissen' oder auch ‚tacit knowledge' beschreibt es Kompetenzen, die im Laufe des (Erwerbs-)Lebens angeeignet wurden, ohne dass sich dies in den formalen Qualifikationsnachweisen niederschlägt. Um diese individuellen Kompetenzen verstärkt zu nutzen, müssen die Mitarbeiter angeregt werden, ihr Wissen an andere Mitarbeiter weiterzugeben oder im Rahmen betrieblicher Informationssysteme unternehmensweit bereitzustellen. Genau darin liegt eine zentrale Herausforderung, aber auch die Problematik eines Wissensmanagements, denn das Zurückhalten von Wissen kann aus individueller Sicht durchaus verständlich sein, dient es doch dem Bedürfnis nach Schutz, Prestige und Macht. Es ist daher offenkundig, dass die Aufgabe eines Wissensmanagements nicht allein eine Frage organisatorischer Regelungen oder einer geeigneten EDV-technischen Unterstützung sein kann. Im Kern geht es um die Entwicklung einer auf Vertrauen und Zusammenarbeit basierenden Unternehmenskultur.

In der Kompetenznutzung stecken nach wie vor erhebliche Potentiale zur Steigerung der Innovationsrate und der Produktivität.[31] Ansätze zu ihrer Erschließung bieten sich auf verschiedenen Gebieten:

- Von zentraler Bedeutung ist das Verhalten der Führungskräfte. Nur eine auf Vertrauen, Information und Dialog basierende Unternehmens- und Führungskultur weckt jene Ideen und Initiativen, die für die Fortentwicklung des Unternehmens unerlässlich sind.

- Eine veränderte Arbeitsorganisation, die mit einer Verlagerung von Verantwortung an die Wertschöpfungskette verbunden ist, muss die Grundlage schaffen, dass ein breiteres Kompetenzprofil auch tatsächlich abgerufen wird.

- Ein Großteil der Arbeitserfahrungen wird gemacht, ohne sie bewusst zu reflektieren oder gar zu kommunizieren. Durch die Schaffung von Kommunikationsanlässen muss daher Gelegenheit geschaffen werden, die gemachten Erfahrungen zu verbalisieren und anderen mitzuteilen.

- Beispiele aus Unternehmen zeigen, dass die Quantität und die Qualität der Verbesserungsvorschläge entscheidend von der Art und Weise abhängen, wie das Vorschlagswesen organisiert ist. Wichtig ist vor allem eine zügige Prüfung, Bewertung und Bearbeitung der eingereichten Vorschläge. Das Bewertungsverfahren muss von den Mitarbeitern als transparent und gerecht empfunden werden.

---

[31]   Vgl. Drexel/Weiß (1997).

Eine vollständige Nutzung von Kompetenzen erscheint dennoch weder sinnvoll noch möglich. Die Reduktion von ‚überschüssigen', aktuell nicht benötigten Qualifikationen, wäre nicht nur inhuman, sondern geradezu innovationsfeindlich. Denn unausgeschöpfte Potentiale sind für die Flexibilität des Unternehmens, für ihre Fähigkeiten, auf neue Herausforderungen zu reagieren, geradezu lebensnotwendig.

3.4   Formelles und informelles Lernen

Zweifellos hat die organisierte Weiterbildung in den vergangenen Jahren und Jahrzehnten in den Betrieben an Bedeutung gewonnen. Auch wenn größtenteils keine durchgehenden Zeitreihen verfügbar sind, die die Entwicklung auf der Basis einheitlicher Kriterien und Methoden dokumentieren, lassen die verfügbaren Daten unschwer eine quantitative Zunahme in längerfristiger Perspektive erkennen. Betriebliche Weiterbildung beschränkt sich deshalb längst nicht mehr nur auf die Gruppe der akademisch vorgebildeten Mitarbeiter und die Führungskräfte. In zunehmendem Maße werden kaufmännische und gewerblich-technische Fachkräfte in die Aktivitäten einbezogen. Die ‚klassischen' innerbetrieblichen Segmentierungslinien sind damit zwar entschärft, aber keineswegs aufgehoben worden. Eine gleichmäßige Partizipation von Mitarbeitern an Seminaren und Lehrgängen würde jedoch weder dem unterschiedlichen Bedarf in verschiedenen Funktionen noch den individuellen Bedürfnissen gerecht werden.

Neben den organisierten Maßnahmen vollzog sich berufliches Lernen immer schon zu einem erheblichen Teil in der Arbeitssituation. Das Learning by doing, das Vormachen und Nachmachen, die Unterweisung durch Vorgesetzte und Kollegen sind traditionelle und in der Praxis bewährte Lernformen. Lange Zeit galt das Lernen in der Arbeitssituation als defizitär, ja geradezu als kontraproduktiv, weil es vorrangig auf eine Anpassung an vorgegebene technisch-organisatorische Veränderungen ausgerichtet war. Bildung im Sinne von autonomer Persönlichkeitsentwicklung schien angesichts einer entfremdeten Arbeit nur in (fremd-)organisierten und auf jeden Fall auch arbeitsfernen Organisationsformen möglich.

Diese Einschätzung hat sich in den letzten Jahren grundlegend gewandelt. Lernen im Prozess der Arbeit gilt nicht mehr als defizitär, sondern als entscheidendes Medium, um Kompetenzen im Sinne von Schlüsselqualifikationen zu erwerben und zu vermitteln.[32] Der entscheidende Anstoß für diese ‚realistische Wende' kam zweifellos von veränderten Formen der Arbeitsorganisation. In dem Maße, in dem die Aufgaben- und Verantwortungsbereiche der Mitarbeiter erweitert, Hierarchien abgebaut und Arbeitsgruppen installiert wurden, entstanden zusätzliche Lernmöglichkeiten in der Arbeitssituation.

Lernen definiert sich nun vor allem durch die Gestaltung und Lösung konkreter Arbeitsaufgaben, wobei diese nicht lediglich methodisches Medium für Lernprozesse, sondern betriebliche Ernstsituationen sind. Durch arbeitsintegriertes und arbeits-

---

[32]   Vgl. Grünewald u. a. (1998).

platznahes Lernen, wie es sich z. B. im Qualitätszirkel, in der Lernstatt oder bei der Entwicklung und Durchführung von Projekten vollzieht, verwischen sich die Grenzen von Arbeiten und Lernen.[33]

Der quantitative Beitrag des Lernens in der Arbeitssituation zur Entwicklung beruflicher Kompetenzen ist erheblich. Nach Einschätzung von Personal- und Weiterbildungsverantwortlichen in den Unternehmen entfallen darauf rund 45 Prozent des gesamten Weiterbildungsvolumens.[34] Interne und externe Lehrveranstaltungen kommen zusammengenommen nur auf einen Anteil von rund 30 Prozent. Auf das selbstgesteuerte Lernen mit Hilfe von Medien und Informationsveranstaltungen entfallen jeweils etwa 11 Prozent. Tendenziell bestätigt werden diese Daten durch das Berichtssystem Weiterbildung.[35] Danach haben 72 Prozent der Erwerbstätigen an Maßnahmen der ‚informellen' beruflichen Weiterbildung teilgenommen. Gemeint sind damit verschiedene Formen des berufsbezogenen Lernens, beispielsweise das Lernen am Arbeitsplatz oder auch das selbstgesteuerte Lernen. Die Teilnahmequote an Kursen oder Lehrgängen im Rahmen der beruflichen Weiterbildung liegt demgegenüber bei 30 Prozent.

Betriebliche Weiterbildung kann deshalb mit einem Eisberg verglichen werden. Der empirisch leichter fassbare und offenkundige Teil, der in Form von Seminaren organisiert ist, stellt nur den kleineren Teil der Weiterbildung dar. Der größere Teil liegt nicht im Verantwortungsbereich der Weiterbildungsverantwortlichen, er vollzieht sich häufig ungeplant und in informellen Beziehungen und ist deshalb empirisch nur schwer nachweisbar, dennoch aber für die Kompetenzentwicklung von unschätzbarem Wert.

Kompetenzentwicklung ist damit zu einem guten Teil der Beeinflussung durch professionalisiertes Personal entzogen. Damit stellt sich nachdrücklich die Frage der pädagogischen Kompetenz. Dies gilt um so mehr, als in der Praxis Schnellkurse oder Kurzunterweisungen als ausreichend angesehen werden, um Mitarbeiter und Führungskräfte auf ihre Aufgaben vorzubereiten. Hinzu kommt, dass die Führungsfunktionen regelmäßig hinter der Fachfunktion zurückstehen.

3.5   Individuelles und organisationales Lernen

Ansatz- und Ausgangspunkt der betrieblichen Personal- und Bildungsarbeit ist vor allem das Individuum. Zwischen den Anforderungen des Arbeitsplatzes und den Kompetenzen des Mitarbeiters gilt es eine optimale Passung herzustellen. Auch in der Psychologie und Pädagogik steht das Individuum im Mittelpunkt. Betriebliche Organisations- und Funktionszusammenhänge sind somit nur insofern relevant, als sie Bildungsprozesse auslösen, fördern oder auch behindern.

Das aus dem Bereich der Organisationspsychologie stammende Konzept des Organi-

---

[33]   Vgl. Grünewald u. a. (1998).
[34]   Vgl. Institut der deutschen Wirtschaft (Hrsg., 1997).
[35]   Vgl. Bundesministerium für Bildung und Forschung (Hrsg., 1998).

sationslernens stellt diese Fokussierung in Frage. Nicht mehr länger das Individuum, sondern ganze Arbeitsgruppen oder Organisationen werden in den Blick genommen. In den Unternehmen wurde das Konzept der lernenden Organisation bereitwillig aufgegriffen, weil es eine Lösung für die betrieblichen Reorganisationsprozesse verheißt. Der plakative und häufig in diffusem Zusammenhang gebrauchte, fast schon abgenutzte Begriff der ‚lernenden Organisation' soll deutlich machen, dass Betriebe sich zu Systemen entwickeln müssen, die zum Lernen befähigen, motivieren und das Lernen fördern.[36]

Generell bieten sich nach Geissler zwei verschiedene Interpretationen an.[37] Organisationales Lernen kann zum einen auf individuelles Lernen unter den spezifischen Bedingungen von Organisationen bezogen werden. Zum anderen kann organisationales Lernen aber auch in der Weise verstanden werden, dass das organisationale Lernen mehr oder einfach etwas anderes ist als die Summe des Lernens individueller Organisationsmitglieder. In der Literatur zum Organisationslernen dominiert die zweite Interpretation, wobei allerdings unklar bleibt, wie dieser Anspruch eingelöst werden soll und worin sich das Lernen von Organisationen vom Lernen der einzelnen Teammitglieder unterscheidet.

Besondere Relevanz hat das Konzept des organisationalen Lernens in den Betrieben durch die Einführung von Gruppenarbeit erfahren. Die damit gemachten Erfahrungen sind durchaus widersprüchlich. Auf der einen Seite steht vielfach ein Zuwachs an Arbeitszufriedenheit und Identifikation sowie eine Zunahme an Produktivität, Qualität und Innovation. Auf der anderen Seite sind die häufig auftretenden Schwierigkeiten in der Umsetzung nicht zu übersehen. Typisch sind Akzeptanzprobleme bei älteren Mitarbeitern und Führungskräften. Sie äußern sich in sozialen Konflikten und Spannungen zwischen den Gruppenmitgliedern, aber auch zwischen den Gruppen und den jeweiligen Führungskräften.[38] Sie können soweit gehen, dass die Einführung von Gruppenarbeit gestoppt wird oder auf Teilbereiche beschränkt bleibt. Vor diesem Hintergrund erscheint eine (selbst-)kritische Aufarbeitung der mit Modellen des Organisationslernens gemachten Erfahrungen angebracht zu sein.

Erfahrungen mit der Lernstatt weisen beispielsweise darauf hin, dass der Zwang zum Gruppenkonsens innovative Ansätze von einzelnen Mitgliedern behindern kann.[39] Es wäre daher zu prüfen, inwieweit Gruppen nicht nur in der Lage sind, vorhandene Lösungen zu optimieren, sondern auch fähig sind, gänzlich neue und andersartige Lösungen zu entwickeln.

Das Ausrichten aller Mitarbeiter, zumindest aber großer Gruppen, auf ein gemeinsames Ziel der Gesamtorganisation kann außerdem dazu führen, dass individuelle Ziele und Interessen untergeordnet werden müssen. Opfert also – so lautet die zuge-

---

[36]   Vgl. Wittwer (1995), S. 74.
[37]   Vgl. zum Folgenden Geissler (1999), S. 133.
[38]   Vgl. Antoni (1996), S. 44.
[39]   Vgl. Reichart (1989), S. 259.

spitzte Frage von Wittwer (1995) – das Organisationslernen das Subjekt und damit zugleich den bildenden Anspruch? Diese Frage und ihre Beantwortung wird für ihn quasi zu einem pädagogischen Lackmustest. Eine klares „ja" oder „nein" fällt indessen schwer. Neben Chancen, die vor allem in der Selbststeuerung von Arbeitsgruppe begründet liegen, ist die Unterordnung des Subjekts und seiner Meinungen und Interessen unter die der Gruppe nicht wegzudiskutieren.

Probleme erwachsen dem organisationalen Lernen schließlich aus den veränderten Arbeits- und Betriebsstrukturen. Wenn es nämlich keine festen Organisationen und damit Bezugspunkte für die Identifikation mehr gibt, ist auch organisationales Lernen nur noch eingeschränkt möglich. Wenn jeder Arbeitnehmer nur noch individueller Verkäufer seiner Arbeitsleistung ist und in jeweils variablen Kontexten tätig ist, dürfte sein Interesse schwinden, sein Wissen und seine Erfahrungen mit anderen Kollegen zu teilen. Im Gegenteil: Er muss daran interessiert sein, seinen Wissensvorsprung möglichst lange für sich zu behalten, um eine optimale Verwertung unter Marktbedingungen zu gewährleisten.

Bereits heute stellt sich eine mangelnde Kontinuität und Stabilität der Gruppen- und/oder Organisationsstrukturen als ein großes Problem für organisationales Lernen heraus. Lernprozesse zur Kompetenzentwicklung benötigen Zeit und ein Mindestmaß an Kontinuität und Verlässlichkeit. Immer wiederkehrende Veränderungen in personeller und/oder organisatorischer Hinsicht gefährden diesen Prozess. Die Schnelligkeit des Wandels in den Unternehmen gefährdet somit zugleich die Grundlagen, damit sich lernende Organisationen überhaupt entfalten können.

3.6   Effektivität und Effizienz

Strategien der Kompetenzentwicklung setzen sich vor allem dann in den Unternehmen durch, wenn dies ökonomisch notwendig ist und sich letztlich auch für das Unternehmen auszahlt. Im Zeichen des veränderten Wettbewerbsdrucks und der betrieblichen Umstrukturierungsprozesse wird in vielen (Gross-)Betrieben die Frage gestellt, welcher konkrete Nutzen damit für das Unternehmen als Ganzes wie auch die verschiedenen Geschäftsbereiche oder Abteilungen verbunden ist. Betriebliche Personal- und Bildungsarbeit steht daher unter einem erhöhten Legitimations- und Handlungsdruck. Gesucht werden Lösungen, die gleichermaßen eine verbesserte Effektivität und Effizienz gewährleisten.[40]

Was die betriebliche Bildungsarbeit angeht, so scheint es den Bildungsverantwortlichen in den vergangenen Jahren gelungen zu sein, die Wirtschaftlichkeit ihrer Leistungen zu erhöhen. Indikator hierfür ist ein gestiegenes Weiterbildungsvolumen bei gleichzeitig gesunkenen Kosten.[41] Möglich geworden ist dies durch

- den Übergang zu kürzeren Maßnahmen,

---

[40]   Vgl. Weiß (1998).
[41]   Vgl. Institut der deutschen Wirtschaft (Hrsg., 1997).

- die Verlagerung von Weiterbildung in die Freizeit,

- einen Personalabbau in den Bildungs- und Personalabteilungen,

- den Ausbau bedarfsspezifischer interner Maßnahmen,

- einen Druck auf die Trainerhonorare bzw. erhöhte Leistungsanforderungen an externe Partner,

- eine verstärkte Nutzung von Medien,

- die Verlagerung von Lernprozessen an den Arbeitsplatz sowie

- eine Schwerpunktverlagerung von der Erstausbildung in die Weiterbildung.

Beispiele aus einzelnen Betrieben belegen darüber hinaus einen zum Teil erheblichen ökonomischen Nutzen für die Betriebe im Zusammenhang mit Maßnahmen der Kompetenzentwicklung.[42] Die Investitionen in Form von Zeit und Geld zahlen sich somit für Betriebe aus, auch wenn der Erfolg selten einer Maßnahme allein zugeschrieben werden kann. Abzulesen ist dies sowohl

- an quantitativen Kennziffern (z. B. Umsätze, Stückzahlen, Ausschussquoten, Anzahl der Arbeitsunfälle, Krankenstand, Auslastungsgrad, Durchlaufzeiten oder Fluktuation),

- als auch an qualitativen Messgrößen (z. B. Kundenzufriedenheit, Arbeitszufriedenheit der Mitarbeiter oder Betriebsklima).

Den Vorteilen für die Mitarbeiter in Form erweiterter Aufgaben und größerer Dispositionsspielräume steht regelmäßig jedoch eine größere Belastung aufgrund der Arbeitsverdichtung und des gestiegenen Zeitdrucks gegenüber.[43] Die Detailanalyse offenbart ferner, dass oftmals ein Teil der Arbeitsplätze – vor allem in nicht unmittelbar wertschöpfenden Bereichen – weggefallen ist. Das gleiche gilt für einen Teil der Positionen auf mittleren Führungsebenen. Maßnahmen der Kompetenzentwicklung waren also in der gegenwärtigen Situation kein Instrument zum Beschäftigungsaufbau, sondern weit eher ein Mittel zur Beschäftigungssicherung. Implizit oder auch explizit scheinen sich die betrieblichen Akteure auf folgenden Kompromiss verständigt zu haben: Die betroffenen Arbeitnehmer tragen dazu bei, die Produktivität nachhaltig zu steigern, umgekehrt sichern die Betriebe die Sicherheit des Arbeitsplatzes zu.

Auch wenn sich Maßnahmen der Kompetenzentwicklung für die Unternehmen größtenteils rechnen, ist ein linearer und bereits kurzfristig wirksamer Zusammenhang zwischen hohen Investitionen in Bildung und/oder Kompetenzentwicklung und dem wirtschaftlichem Erfolg des Unternehmens regelmäßig nicht zu belegen. Investitionen in Humanressourcen zahlen sich vielfach erst auf mittlere Sicht aus. Dies

---

42   Vgl. Pieper/Süthoff (1995) und Hoben (1997).
43   Vgl. Britzke (1996), S. 42 f.

macht es häufig schwer, die betrieblichen Entscheidungsträger von der Wichtigkeit und Wirtschaftlichkeit der Maßnahmen zu überzeugen.

4 Sozialpartnerschaft und Kompetenzentwicklung

Eine Strategie der Kompetenzentwicklung berührt letztlich auch Fragen der betrieblichen Mitbestimmung, der Funktion von Betriebsräten und Gewerkschaften sowie der Rolle von Tarifverträgen. In der traditionellen Sicht erscheinen die Mitarbeiter als Benachteiligte und Unterprivilegierte, für deren schutzwürdige Interessen sich die Gewerkschaften und Betriebsräte zuvorderst einsetzen müssen. Sie nehmen dabei die Funktion eines kollektiven Interessenwahrers ein, sie werden zum Anwalt und Beschwerdeführer für die Arbeitnehmer, die allein zu schwach und nicht genügend kompetent sind, ihre Interessen zu wahren. Dieses Konfliktmodell beschreibt die betriebliche Realität jedoch nur unzutreffend.

In dem Maße, in dem die Mitarbeiter an der Gestaltung ihrer Arbeit beteiligt werden und zu „Unternehmern in eigener Sache"[44] werden, stellt sich die Frage der individuellen und der betrieblichen Interessen in einem neuen Licht. Ohne an dieser Stelle einer unreflektierten Harmonisierung der Interessenlage das Wort zu reden, scheint der klassische Gegensatz zwischen Arbeit und Kapital, zwischen Arbeitnehmer und Arbeitgeber zu schwinden. Schäffner (1991) spricht in diesem Zusammenhang von einem „Demokratisierungsprozess"[45]. War in der Vergangenheit die Spannung zwischen dem Ziel der Organisation und den individuellen Interessen zugunsten der von oben gesetzten Unternehmensziele entschieden worden, bedarf es nunmehr einer „Balance zwischen beiden Polen"[46]. Gefragt sind deshalb keine Konfrontationsstrategien, sondern Modelle der Konsultation, der Kooperation und Aushandlung. Über die betriebliche Ebene hinaus kommt dieser Strategie somit eine eminent bedeutsame gesellschaftspolitische Funktion zu.

Mit steigender Qualifikation der Arbeitnehmer, mit zunehmender Verantwortung des Einzelnen und vermehrter Beteiligung an internen Informations- und Entscheidungsprozessen wandelt sich auch die Rolle der Betriebsräte und Gewerkschaften. Individuelle Gestaltung und kollektive Schutzfunktionen müssen in ein neues Verhältnis gesetzt werden. Kollektive Regelungen, die von der Fiktion eines einheitlichen Interesses der Arbeitnehmerschaft ausgehen, werden dem veränderten Selbstverständnis der Mitarbeiter nicht mehr ausreichend gerecht. Notwendig sind statt dessen flexible, den betrieblichen Interessen wie auch den individuellen Bedürfnissen und Wünschen der Mitarbeiter Rechnung tragende Regelungen (z. B. Cafeteriasysteme). Den Betriebsräten kommt damit eine erweiterte Rolle und letztlich auch ein Mehr an Verantwortung zu.

---

[44] Schusser (1995), S. 130.
[45] Schäffner (1991), S. 15.
[46] Schäffner (1991), S. 15.

Die betrieblichen Erfahrungen zeigen, dass sinnvolle Lösungen zwischen den Beteiligten auch in Zeiten enger oder gänzlich fehlender Verteilungsspielräume möglich sind. Informellen Regelungen und Absprachen kommt dabei in der Praxis eine große Bedeutung zu. Beispiele erfolgreicher betrieblicher Reorganisationsprozesse zeigen, dass Betriebsräte nicht nur rechtzeitig unterrichtet, sondern auch in die unternehmerischen Planungs- und Entscheidungsprozesse einbezogen worden sind.[47] Häufig waren es sogar Betriebsräte, die Anregungen und Anstöße für eine Politik der Kompetenzentwicklung gegeben haben.

Große Hoffnungen wurden in der Vergangenheit in tarifvertragliche Regelungen zur Weiterbildung gesetzt. Angestoßen durch Pilotabschlüsse in einzelnen Betrieben und Branchen entstand die Vorstellung, auf diesem Wege zu einer größeren Systematisierung und einer breiteren Verankerung der Weiterbildung in den Unternehmensstrategien zu gelangen. Die positive Einschätzung der Möglichkeiten, Weiterbildung tarifvertraglich zu regeln, hat inzwischen einer deutlichen Ernüchterung Platz gemacht.[48] Zwar enthalten zahlreiche Tarifverträge Regelungen zur Weiterbildung, sie beziehen sich zumeist aber nur auf einzelne Arbeitnehmer unter genau spezifizierten Bedingungen oder einzelne, überwiegend kleine Branchen. Außerdem verfolgen sie vielfach eine eher reaktive Schutzstrategie.

Die Rolle von Tarifverträgen muss heute angesichts der verbreiteten Kritik an Flächentarifverträgen und ihrer normierenden Wirkung neu bewertet werden. Von Arbeits- und Tarifrechtlern, aber auch von den Unternehmen, wird die Forderung erhoben, in Tarifverträgen künftig nur noch Rahmenbedingungen zu vereinbaren, die durch betriebliche Regelungen ausgefüllt und präzisiert werden können.[49] Es käme folglich darauf an, diesen Rahmen genauer zu definieren und abzugrenzen. Mit anderen Worten: Es geht um die Grundsatzfrage, was besser auf der Branchenebene und was eher auf der betrieblichen Ebene geregelt und was schließlich gänzlich ungeregelt bleiben sollte.

Literatur

Antoni, C. H. (1996): Teilautonome Arbeitsgruppen. Eine Expertenbefragung zu Verbreitungsformen und Erfahrungen. In: Angewandte Arbeitswissenschaft, Nr. 147, S. 31 - 53.

Arnold, R. (1996): Weiterbildung. Ermöglichungsdidaktische Grundlagen, München.

Arnold, R. (1997): Von der Weiterbildung zur Kompetenzentwicklung. Neue Denkmodelle und Gestaltungsansätze in einem sich verändernden Handlungsfeld. In: Arbeitsgemeinschaft Betriebliche Weiterbildungsforschung (Hrsg., 1997): Kompetenzentwicklung '97. Berufliche Weiterbildung in der Transformation. Fakten und Visionen, Münster u. a., S. 253 - 307.

Bahnmüller, R./Bispinck, R./Schmidt, W. (1993): Betriebliche Weiterbildung und Tarifvertrag. Eine Studie über Probleme qualitativer Tarifpolitik in der Metallindustrie, München/Mering.

---

[47] Vgl. Bertelsmann-Stiftung/Hans-Böckler-Stiftung (Hrsg., 1996).
[48] Vgl. Bahnmüller/Bispinck/Schmidt (1993).
[49] Vgl. Henssler (1998).

Baukrowitz, A./Boes, A. (1996): Arbeit in der „Informationsgesellschaft". Einige Überlegungen aus einer (fast schon) ungewohnten Perspektive. In: Schmiede, R. (Hrsg.): Virtuelle Arbeitswelten. Arbeit, Produktion und Subjekt in der „Informationsgesellschaft", Berlin, S. 129 - 157.

Baumert, J. u. a. (1997): TIMSS – Mathematisch–Naturwissenschaftlicher Unterricht im internationalen Vergleich. Deskriptive Befunde, Berlin.

Becker, M. (1998): Kompetenzentwicklung für eine dynamische Arbeitswelt. In: Schulz, M. u. a. (Hrsg.): Wege zur Ganzheit. Profilbildung einer Pädagogik für das 21. Jahrhundert, Weinheim, S. 170 - 193.

Bergmann, B. (1996): Lernen im Prozess der Arbeit. In: Arbeitsgemeinschaft Betriebliche Weiterbildungsforschung (Hrsg., 1996): Kompetenzentwicklung `96. Strukturwandel und Trends in der betrieblichen Weiterbildung, Münster u. a., S. 153 - 262.

Bernien, M. (1998): Zum Kompetenzbegriff im Verständnis der Unternehmen. In: QUEM-Bulletin, H. 2-3/1998, S. 26 - 33.

Bertelsmann-Stiftung/Hans-Böckler-Stiftung (Hrsg., 1996): Zusammenarbeit von Unternehmensführung und Betriebsrat. Vorteil Unternehmenskultur, Leitfaden für die Praxis, Heft 4, Gütersloh.

Bundesministerium für Bildung und Wissenschaft (Hrsg., 1998): Erste Ergebnisse des Berichtssystems Weiterbildung, Bonn.

Britzke, B. (1996): Mittelfristig neue Tendenzen der Arbeitsplanung. In: Angewandte Arbeitswissenschaft, Nr. 150, S. 38 - 57.

Dostal, W. (1995): Die Informatisierung der Arbeitswelt. Multimedia, offene Arbeitsformen und Telearbeit. In: Mitteilungen aus der Arbeitsmarkt- und Berufsforschung, H. 4/1995, S. 527 - 543.

Drexel, I./Weiß, R. (1997): Nutzung von Qualifikationspotentialen. Zwei Gutachten. QUEM-Report, Heft 46, Berlin.

Deutscher Bildungsrat (Hrsg., 1970): Strukturplan für das Bildungswesen, Bonn.

Erpenbeck, J. (1997): Selbstgesteuertes, selbstorganisiertes Lernen. In: Arbeitsgemeinschaft Betriebliche Weiterbildungsforschung (Hrsg.): Kompetenzentwicklung '97. Berufliche Weiterbildung in der Transformation. Fakten und Visionen, Münster u. a., S. 310 - 316.

Europäische Kommission/EUROSTAT/CEDEFOP (Hrsg., 1997): Schlüsselzahlen zur Berufsbildung in der Europäischen Union, Luxemburg.

Faulstich, P. (1998): Strategien der betrieblichen Weiterbildung. Kompetenz und Organisation, München.

Geißler, H. (1998): Organisationslernen. In: Arbeitsgemeinschaft Betriebliche Weiterbildungsforschung (Hrsg.): Kompetenzentwicklung '98. Forschungsstand und Forschungsperspektiven, Münster u. a., S. 129 - 142.

Grünewald, U. u. a. (1998): Formen arbeitsintegrierten Lernens. Möglichkeiten und Grenzen der Erfassbarkeit. QUEM-Report, Heft 53, Berlin.

Henssler, M. (1998): Firmentarifverträge und unternehmensbezogene Verbandstarifverträge als Instrumente einer „flexiblen" betriebsnahen Tarifpolitik. In: Zeitschrift für Arbeitsrecht, H. 4/1998, S. 517 - 542.

Hoffmann, E./Walwei, U. (1998): Normalarbeitsverhältnis: Ein Auslaufmodell? In: Mitteilungen aus der Arbeitsmarkt- und Berufsforschung, H. 3/1998, S. 409 - 425.

Hoben, R. (1997): Gruppenarbeit als Kernstück schlanker Fertigung. Erfahrungen mit effizienter und attraktiver Gruppenarbeit im Opel Werk Bochum. In: Kröll, M./Schnauber, H. (Hrsg.): Lernen der Organisation durch Gruppen- und Teamarbeit. Wettbewerbsvorteile durch umfassende Unternehmensplanung, Berlin u. a., S. 13 - 33.

Institut der deutschen Wirtschaft (Hrsg., 1999): Deutschland im globalen Wettbewerb. Internationale Wirtschaftszahlen, Köln.

Institut der deutschen Wirtschaft (Hrsg., 1997): Betriebliche Weiterbildung. Mehr Teilnehmer, größere Wirtschaftlichkeit, Köln.

Jansen, R./Stooß, F. (1993): Qualifikation und Erwerbssituation im geeinten Deutschland. Ein Überblick über die BIBB/IAB-Erhebung 1991/92, Berlin/Bonn.

Knöchel, W. (1996): Qualifikation, Kompetenz, Weiterbildung. Schriften zur beruflichen Aus- und Weiterbildung. Band 21, Schwerin.

Krieger, H./Fröhlich, D. (1998): Gibt es bei den neuen Formen der Arbeitsorganisation in Deutschland eine Modernisierungslücke? Die Praxis direkter Arbeitnehmerbeteiligung in Europa und in den USA. In: WSI-Mitteilungen, H. 3/1998, S. 153 - 164.

Kuratorium der Arbeitsgemeinschaft Betriebliche Weiterbildungsforschung (1996): Von der beruflichen Weiterbildung zur Kompetenzentwicklung. Lehren aus dem Transformationsprozess. In: Arbeitsgemeinschaft Betriebliche Weiterbildungsforschung (Hrsg., 1996): Kompetenzentwicklung '96. Strukturwandel und Trends in der betrieblichen Weiterbildung. Münster u. a., S. 401 - 462.

Münch, J. (1995): Personalentwicklung als Mittel und Aufgabe moderner Unternehmensführung. Ein Kompendium für Einsteiger und Profis, Bielefeld.

Pieper, A./Süthoff, M. (1995): Nutzen und Kosten dezentraler Organisation. Vom Mitarbeiten zum Mitdenken, Köln.

Reichart, L. (1989): Kooperative Selbstqualifikation durch Lernstatt. Eine kritische Reflexion der Lernstatt-Philosophie. In: Heidack, C. (Hrsg.): Lernen der Zukunft. Kooperative Selbstqualifikation. Die effektivste Form der Aus- und Weiterbildung im Betrieb, München, S. 249 - 262.

Ruschel, A. (1995): Die Transferproblematik bei der Erfolgskontrolle betrieblicher Weiterbildung. In: Landsberg, G. v./Weiß, R. (Hrsg.): Bildungs-Controlling, Stuttgart, S. 297 - 322.

Sattelberger, T. (1999): Wissenskapitalismus oder Söldner? Personalarbeit in Unternehmensnetzwerken des 21. Jahrhunderts, Wiesbaden.

Schäffner, L. (1991): Arbeit gestalten durch Qualifizierung. Ein Handbuch zu Theorie und Praxis der betrieblichen Weiterbildung, München.

Schmalholz, H./Penzkofer, H. (1999): Innovation in Deutschland. In: ifo-Schnelldienst, H. 5/1999, S. 3 - 11.

Schusser, W. H. (1995): Mitarbeiter. Unternehmer im Unternehmen. In: Heidack, C. (Hrsg.): Arbeitsstrukturen im Umbruch. Festschrift für Friedrich Fürstenberg, München, S. 125 - 131.

Simon, H: (1996): Die heimlichen Gewinner. Hidden Champions: Erfolgsstrategien unbekannter Weltmarktführer, Frankfurt/M.

Staudt, E./Kröll, M./Hören, M. v. (1993): Potentialorientierung der strategischen Unternehmens-planung: Unternehmens- und Personalentwicklung als iterativer Prozess. In: Die Betriebswirt-schaft, H. 1/1993, S. 57 - 75.

Weiß, R. (1998): Aufgaben und Stellung der betrieblichen Weiterbildung. In: Arbeitsgemeinschaft Betriebliche Weiterbildungsforschung (Hrsg.): Kompetenzentwicklung '98. Forschungsstand und Forschungsperspektiven, Münster u. a., S. 91 - 128.

Wittwer, W. (1995): Opfert Organisationslernen das Subjekt? In: Arnold, R./Weber, H. (Hrsg.): Weiterbildung und Organisation. Zwischen Organisationslernen und lernenden Organisationen, Berlin, S. 74 - 83.

Hans-Gerd Ridder

Strategisches Personalmanagement: Architekturen und Strukturen

1 Einleitung

Stellen Sie sich die Abteilung einer Unternehmung vor, in der Mitarbeiter 80 % ihrer Zeit mit Routineaufgaben verbringen. Nahezu alle Tätigkeiten, die in dieser Abteilung durchgeführt werden, könnten besser und billiger von anderen durchgeführt werden. Die Führungskräfte dieser Abteilung entwickeln keine Vorschläge, welchen Beitrag ihre Abteilung zum Unternehmenserfolg leisten kann und wie diese Abteilung ihre eigene Effizienz erhöhen könnte. Gleichzeitig entwickeln diese Führungskräfte eine Vielzahl von Vorschlägen, wie andere Abteilungen ihren Beitrag zum Unternehmenserfolg verbessern und die Effizienz erhöhen sollen. Es sind die gleichen Führungskräfte, deren Gehalt regelmäßig erhöht wird, ohne dass Erfolgsmaßstäbe herangezogen werden. Sollte diese Beschreibung Ihrer Personalabteilung entsprechen, lautet die logische Konsequenz des Autors, von dem ich dieses Beispiel entliehen habe:[1]

Why not blow it up?

Die zugegebenermaßen recht drastische Zuspitzung enthält allerdings einen realistischen Kern. Insbesondere in den USA breitet sich eine gewisse Unzufriedenheit aus, die den theoretischen und praktischen Zustand der Personalwirtschaftslehre betrifft. Im Wesentlichen werden dafür folgende Gründe herangezogen:[2]

- Die mit den veränderten Märkten einhergehenden Umwälzungen in den Unternehmen haben vor allem den Einsatz menschlicher Arbeit verändert. Die Organisation dieser Veränderungen wurde aber nicht durch das Personalwesen vorgenommen. Dazu fehlte dort meist die Expertise.

- Das Personalwesen kann seinen Beitrag zum Unternehmenserfolg selten belegen. Häufig fehlt die Einbindung in die Unternehmensstrategie. Selbst auf die Unternehmensstrategie ausgerichtete Ziele sind selten anzutreffen.

- Das Personalwesen konzentriert sich häufig auf die Professionalisierung weniger Instrumente, von denen angenommen wird, dass sie das ‚Standing' der Personalabteilung verbessern.

- Es fehlt der Wille, die Organisation des Personalwesens mit der höchstmöglichen Effizienz durchzuführen und damit als Beispiel für andere Abteilungen zu dienen.

Diese Mängelliste ließe sich problemlos verlängern und wird von Unternehmen zu Unternehmen unterschiedlich ausfallen. Im Kern könnte man diese Argumente darauf zurückführen, dass das Personalwesen in der Regel nicht über eine erfolgsbezogene

---

[1] Stewart. Zit. n. McMahan (1996), S. 11.
[2] Vgl. z. B. Ulrich (1997), Walker et al. (1999), McMahan (1996) und Wright et al. (1999).

Architektur verfügt, in der die personalbezogenen Stärken identifiziert, mit Hilfe personalwirtschaftlicher Instrumente erschlossen und auf die Unternehmensziele bezogen werden.

Im Folgenden soll auf dieser Basis argumentiert werden, dass es für Unternehmen von Interesse sein könnte, ob und in welcher Weise es gelingen kann, personalwirtschaftliche Ressourcen firmenspezifisch als Quelle von Wettbewerbsvorteilen auszugestalten. Hierzu bedarf es einer spezifischen Architektur der personalwirtschaftlichen Instrumente.

Personalwirtschaftliche Instrumente sind in Übereinstimmung zu bringen mit Basisannahmen und Grundsatzentscheidungen der Unternehmung im Hinblick auf die Erschließung und den Einsatz von Humanressourcen:

1. Personalwirtschaftliche Instrumente haben der Aufgabe zu entsprechen, die unternehmerische Transformationsaufgabe von individuellen Fähigkeiten in Leistungen im Arbeitsvollzug zu organisieren.

2. Personalwirtschaftliche Instrumente haben eine Integration von Strategievorgaben, Förderung, Einsatz und Anreizsystematiken zu gewährleisten.

Diese spezifischen, von Humanressourcen ausgehenden, zentralen Einflussgrößen auf Wettbewerbsvorteile lassen sich zu einem Analysekonzept bündeln (vgl. Abbildung 1):[3]

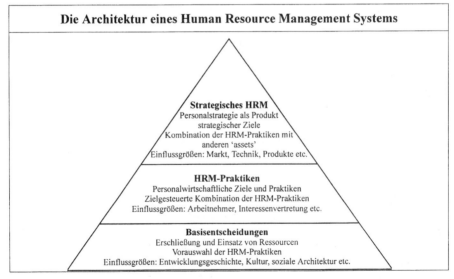

Die Architektur eines Human Resource Management Systems

Strategisches HRM
Personalstrategie als Produkt
strategischer Ziele
Kombination der HRM-Praktiken mit
anderen 'assets'
Einflussgrößen: Markt, Technik, Produkte etc.

HRM-Praktiken
Personalwirtschaftliche Ziele und Praktiken
Zielgesteuerte Kombination der HRM-Praktiken
Einflussgrößen: Arbeitnehmer, Interessenvertretung etc.

Basisentscheidungen
Erschließung und Einsatz von Ressourcen
Vorauswahl der HRM-Praktiken
Einflussgrößen: Entwicklungsgeschichte, Kultur, soziale Architektur etc.

Abbildung 1

---

[3]   Vgl. zum Folgenden Conrad/Ridder (1999).

Danach basieren personalwirtschaftliche Instrumente zunächst auf firmenspezifischen *Basisentscheidungen* im Hinblick auf die Erschließung und den Einsatz von Ressourcen, die die Wahrnehmung personalwirtschaftlicher Probleme und die entsprechende Vorauswahl von personalwirtschaftlichen Instrumenten steuern. Herrschende Annahmen über Menschen, ihre Fähigkeiten und Vorstellungen über die Erschließungsmodalitäten entscheiden z. B. über die Vorauswahl von Förderkonzepten.[4] Als extern schwer nachvollziehbare, meist historisch gewachsene Grundsatzentscheidungen begründen sie eine Imitierbarkeitsschranke. Auf den Basisentscheidungen setzen *HRM-Praktiken* auf, die unterschiedlichen Einflüssen unterliegen. Es entsteht ein Geflecht aus relativ leicht kopierbaren Routinen und spezifischen unternehmenstypischen Kombinationsmodalitäten, die wiederum für externe Dritte überaus schwer zu bestimmen (und nachzuahmen) sind. Schließlich ist *strategisches HRM* als Teilmenge der personalwirtschaftlichen Aktivitäten zu bestimmen. Dieses gibt den personalwirtschaftlichen Instrumenten die Richtung und steuert den Einsatz zusätzlicher personalwirtschaftlicher Instrumente.

Im Folgenden wird auf der Basis dieses Bezugsrahmens eine ressourcenorientierte Interpretation von personalwirtschaftlichen Instrumenten vorgenommen (Kapitel 2). Besonderes Augenmerk richte ich auf die Basisentscheidungen der Erschließung von Humanressourcen (Kapitel 2.1). Im Anschluss daran werden daraus resultierende Steuerungsprinzipien für das Management von personalwirtschaftlichen Instrumenten (Kapitel 2. 2) und das Management im Rahmen eines strategischen HRM (Kapitel 2.3) diskutiert.

2 Elemente einer Architektur von Förderkonzepten

2.1 Erschließung der Humanressourcen

Moderne Managementautoren gehen davon aus, dass Unternehmen Wettbewerbsvorteile erzielen können, wenn es ihnen gelingt, spezifische Ressourcen zu beschaffen oder zu entwickeln, die ihnen langfristig gegenüber den Wettbewerbern einen Vorteil einräumen. Die wohl bekanntesten Beispiele sind Eigentumsrechte an seltenen Rohstoffen, geographisch günstiger Standort, Patente oder Copyrights.[5] Wettbewerbsvorteile entstehen aber nicht nur aus den Besitzrechten an Ressourcen sondern auch aus der Beschaffung und spezifischen Nutzung von Ressourcen. So bemühen sich beispielsweise Unternehmen in der Regel darum, qualifiziertes Personal zu beschaffen. Verfügen alle Unternehmen über gleich qualifiziertes Personal, stellt dies keinen Wettbewerbsvorteil dar. Gelingt es aber Unternehmen auf der branchenüblichen qualifikatorischen Basis, spezifische Kernkompetenzen z. B. in der Produktentwicklung oder im Service zu generieren, wäre ihr spezifischer Einsatz eine Ressource, die das Unternehmen in die Lage versetzt, Wettbewerbsvorsprünge zu erzie-

---

4   Vgl. zu Förderkonzepten Becker (1999).
5   Vgl. die Übersicht bei Knyphausen (1997), S. 460 ff.

len. Als vielzitiertes Beispiel gilt die Firma Sony, die aufgrund von Kernkompetenzen in der Miniaturisierung von Produkten in der Unterhaltungsindustrie in kurzen Abständen immer neue Produkte auf den Markt gebracht hat.[6] Zwar werden diese Produkte in einem gewissen Zeitabstand kopiert, aber aufgrund der vorhandenen Kernkompetenzen generiert das Unternehmen zwischenzeitlich verbesserte Variationen oder neue Produkte, die erneut den Standard setzen. Hier würde man argumentieren, dass ein Unternehmen nicht auf Marktdruck reagiert, sondern aufgrund spezifischer Ressourcen selbst Standards setzt und damit Wettbewerbsvorteile erzielt. In eine ähnliche Richtung argumentieren Studien, die darauf hinweisen, dass Top Management Teams unter bestimmten Umständen als Wettbewerbsvorteil interpretiert werden können. In Untersuchungen wird festgestellt, dass Management Teams in Unternehmen mit hohen Innovationsraten spezifische Charakteristika aufweisen, die als Wettbewerbsvorteile Vorsprünge erzeugen. Es wird herausgestellt, dass Fähigkeiten, Verhaltensweisen und die Zusammensetzung von Management Teams eine spezifische Ressource darstellen, die Wettbewerbsvorteile gegenüber den Mitwettbewerbern erlauben.[7]

Die Grundidee des ressourcenorientierten Ansatzes lautet also, dass Unternehmen interne Ressourcen als Potenziale von Wettbewerbsfähigkeit verstehen müssen, um langfristige Erfolge erreichen zu können.

Im wohl bekanntesten Ansatz hat Barney als Quellen von Wettbewerbsvorteilen folgende Ressourcen einer Unternehmung spezifiziert (vgl. Abbildung 2):[8]

Quellen von Wettbewerbsfaktoren nach Barney
• Financial capital resources
• Physical capital resources
• Organizational capital resources
• Human capital resources

Abbildung 2

Financial capital resources: Hierunter werden alle Geldmittel verstanden, die ein Unternehmen in die Lage versetzen, Strategien zu entwickeln und umzusetzen.

Physical capital resources: Hierunter werden z. B. Gebäude, technische Ausstattung, Zugang zu Rohstoffen oder die geografische Lage einer Unternehmung verstanden.

Organizational capital resources: Hierunter werden die Struktur, Planungssysteme, Koordination, Controlling und das HRM-System verstanden. Wettbewerbsvorteile

---

[6] Vgl. Prahalad/Hamel (1999).
[7] Vgl. Ginsberg (1994).
[8] Vgl. Barney (1991), (1992) und (1996) sowie Barney/Wright (1998).

entstehen hier beispielsweise über kostensenkende Logistiksysteme oder über kostensenkende Einkaufsstrategien.

Human capital resources: Diese umfassen Fähigkeiten, Urteilsvermögen und Intelligenz der Arbeitnehmer einer Unternehmung. Wettbewerbsvorteile können entstehen, wenn es Unternehmen gelingt, für den Wettbewerb entscheidende Manager oder Arbeitnehmer zu beschaffen oder wenn das Unternehmen wettbewerbsentscheidende Fähigkeiten in Trainings vermittelt.

Wettbewerbsvorteile würden nicht entstehen, wenn Unternehmen auf die gleichen Ressourcen in der gleichen Weise zugreifen und sie nutzen würden. Insofern bemühen sich Unternehmen um Vorsprünge, indem sie differente Ressourcen einsetzen und/oder diese Ressourcen unterschiedlich nutzen: Wettbewerbsvorteile entstehen in dieser Argumentation, wenn folgende Bedingungen erfüllt werden:[9]

- Humanressourcen müssen dem Unternehmen einen Wert zufügen. Dies gilt insbesondere, wenn das Humankapital nicht substituierbar ist.

- Wettbewerbvorteile entstehen, wenn Humanressourcen knapp und schwer zu beschaffen sind. Dies gilt insbesondere, wenn Wettbewerber nicht in der Lage sind, die Ressourcen zu identifizieren und zu imitieren.

Die daraus resultierende Kombination von HRM-Praktiken erfolgt allerdings nicht voraussetzungslos. Wie Wright et al. (1994) betonen, wird der Kombinationsprozess von einer Reihe von Basisentscheidungen beeinflusst, die eine Imitierbarkeit von HRM-Praktiken erschweren. Zunächst ist zu berücksichtigen, dass Unternehmen eine spezifische *Entwicklungsgeschichte* aufweisen, die die Wahrnehmung von Problemen und ihre Bearbeitung prädeterminieren. Wie insbesondere Schein (1995) im Rahmen der Unternehmenskulturforschung immer wieder hervorgehoben hat, entwickeln Unternehmen aufgrund prägender Einflüsse und Erfahrungen eine spezifische Interpretation ihrer Umwelt, eine entsprechend fokussierte Sprache, und sie bearbeiten ihre Probleme insofern auf eine unterscheidbare Art und Weise.[10] In Abhängigkeit von dieser Entwicklungsgeschichte können HRM-Praktiken, die in der Literatur als erfolgreich ausgewiesen werden, nicht kopiert, sondern nur in der für das Unternehmen eigentümlichen Weise integriert werden. Hierbei spielen etablierte Normen und Hierarchien, aber auch unterschiedliche Interessen bei der Konzeption und Durchführung von HRM-Praktiken eine nicht vorhersehbare Rolle. Dies kann gut am Beispiel der Karriereplanung nachvollzogen werden. Angeregt durch Erfolgsstories haben deutsche Unternehmen in Abhängigkeit von ihrer Entwicklungsgeschichte duale Karrieresysteme definiert und implementiert. Die ursprüngliche Auffassung, dass eine Übertragung von dualen Karrieresystemen den erwünschten Erfolg zeigen wird, wich der Einsicht, dass die unternehmenskulturelle Basis Variationen der Karriereförderung erzeugt. Die daraus entstandene Vielfalt zeigt, dass es

---

[9]   Vgl. Wright et al. (1994).
[10]   Vgl. für die strategische Unternehmensführung auch Bleicher (1997).

den ‚one best way' nicht gibt. Vielmehr ist die Annahme einer Übertragungsmöglichkeit von ‚best practices' zugunsten einer Einschätzung zu relativieren, dass gerade die an die Firmenentwicklung angepasste und damit nicht kopierbare Eigenentwicklung als Wettbewerbsfaktor fungiert.[11]

In ähnlicher Weise kann die Kombination der HRM-Praktiken gegen Imitation geschützt sein, wenn für Außenstehende das Ursache-Wirkungs-Verhältnis von HRM-Praktiken nicht erkennbar ist. Unter dem Begriff der *causal ambiguity* verstehen Wright et al. (1994) das Problem, von außen HRM-Praktiken in ihrer Verschränkung und Wirkung zu identifizieren. So werden z. B. Karrieresysteme von einer Vielzahl weiterer Praktiken begleitet, wie etwa Personalentwicklung, neue Führungskonzepte, neue Entlohnungsmodelle, ohne dass erkennbar ist, ob und in welchem Ausmaß diese begleitenden Praktiken den Erfolg beeinflussen. Aber selbst wenn es gelingen würde, alle zusammenhängenden Praktiken zu identifizieren, ist es sehr unwahrscheinlich, dass sie in der exakt gleichen Weise nachgebildet werden können, da im Rahmen der jeweiligen Beziehungsstrukturen eines Unternehmens *(social complexity)* schwer nachvollziehbare Formen der Zusammenarbeit, der Kommunikation und des Austausches von Wissen entstehen. Insbesondere im Bereich der Aneignung von Qualifikationen existiert eine Vielzahl von informellen und spontanen Formen des Wissenserwerbs, wie dies im Bereich des organisationalen Lernens beispielsweise als ‚tacit knowledge' einer Organisation thematisiert wird.[12]

In ähnlicher Weise können weitere Förderkonzepte in die Argumentationsbasis einbezogen werden.[13] So mag z. B. der Erfolg von Karrieresystemen auch davon abhängen, ob und wie Fach- und Führungskräfte zusammenarbeiten bzw. ob und wie der Austausch zwischen den Bereichen funktioniert. In einem weiter gefassten Sinn kann hierunter das Netzwerk eines Bereiches oder Unternehmens verstanden werden, das katalytische Effekte aufweist. Auch Assessment Center erweisen sich nur dann als wettbewerbsrelevant, wenn sie unter Beachtung der spezifischen Normen der Unternehmen eine für den Wettbewerber nicht oder nur schwer nachvollziehbare Fokussierung auf Verhaltensmerkmale aufweist und begleitende Instrumente der Personalplanung in einer für die Unternehmung relevanten Weise abstimmt.

Penrose (1959/1980) hat darauf hingewiesen, dass die Ressourcen eines Unternehmens, auch wenn sie knapp, selten und nicht imitierbar sind, nicht unmittelbar zum Unternehmenserfolg beitragen.[14] In Analogie zu anderen Bereichen der strategischen Unternehmensführung könnte man argumentieren, dass ausreichende Finanzmittel nicht davor schützen, dass diese Mittel inadäquat eingesetzt werden, dass eine moderne Technik nicht davor schützt, dass diese unzulänglich angewandt wird und dass ein gutes Produkt erst durch entsprechende Marketingstrategien im Markt etabliert werden kann. Immer geht es also darum, die einzigartigen Ressourcen ergiebig und

---

[11] Vgl. z. B. Schreyögg/Noss (1995)
[12] Vgl. Argyris/Schön (1978) und (1996).
[13] Vgl. Becker (1999).
[14] Vgl. zum Folgenden Conrad/Ridder (1999).

wettbewerbsfähig zu gestalten und immer kann diese Gestaltungsfähigkeit auf Personal zurückgeführt werden. Es sind Führungskräfte, die Strategien mehr oder weniger zum Erfolg führen; es sind Arbeitnehmer, die technische Möglichkeiten mehr oder weniger nutzen, und es sind die Vertriebsspezialisten, die mit ihren Möglichkeiten darüber mitentscheiden, ob ein Produkt am Markt erfolgreich ist. In einer wichtigen Unterscheidung verweist Penrose deshalb auf den Unterschied zwischen ‚utilities' und ‚services', der deutlich macht, dass Humanressourcen durch personalwirtschaftliche Instrumente erschlossen und verfügbar gemacht werden müssen. Personalressourcen stellen zunächst nur den ‚Rohstoff' für den firmenspezifischen Einsatz dar und die Kombination von personalwirtschaftlichen Instrumenten gilt als Mittel, diesen Rohstoff in der gewünschten Weise zu bearbeiten.

Allerdings besteht ein wesentlicher Unterschied zu den übrigen Ressourcen im Kombinationsprozess. Die Ressource Personal wird nicht voraussetzungslos und passiv in den Kombinationsprozess integriert, sondern diese Ressource hat im Gegensatz zu anderen Ressourcen einen Sozialisationsprozess zu durchlaufen, verfügt über einen eigenen Willen, organisiert seine Interessen, lernt und entzieht sich in dieser Hinsicht teilweise einer durch die strategische Unternehmensführung präformierten Zieldominanz.[15] Vielmehr dienen personalwirtschaftliche Praktiken der Überbrückung von Eigensinn und unternehmerischen Zielen. Dieses Grundproblem ist in der Vergangenheit unter verschiedenen theoretischen Perspektiven bearbeitet worden und hat insbesondere als Transformationsproblem[16], Ergiebigkeitsproblem der Arbeitskraft[17], Verhaltenssteuerung[18] oder Opportunismusproblem[19] eine entsprechende Diskussion erfahren. Im Kern lautet die Grundaussage, dass personalwirtschaftliche Instrumente eingesetzt werden müssen, um die Lücke zwischen Arbeitsfähigkeit und tatsächlichem Arbeitseinsatz zu verringern, z. B. durch Anreize, Personalführung, Unternehmenskultur oder industrielle Beziehungen.[20] Schon in diesen Denkansätzen wird deutlich, dass personalwirtschaftliche Praktiken hier eher eine moderierende Funktion einnehmen, um die Differenz zwischen Arbeitsfähigkeit und Arbeitseinsatz zu verringern.

Ein sehr schönes Beispiel für diese Brückenfunktion personalwirtschaftlicher Praktiken präsentieren Majchrzak/Wang (1999) mit ihrer Untersuchung.[21] Sie beschäftigen sich mit der Frage, warum viele Unternehmen mit Reorganisationsprozessen unzufrieden sind und die Erfahrung gemacht haben, dass Leistungen nicht besser, sondern in einigen Fällen sogar schlechter geworden sind. Die Autoren führen dies darauf zurück, dass zwar viel Energie in die Umstrukturierung der Organisationssysteme

---

[15] Vgl. Ridder (1999), S. 15 ff.
[16] Vgl. Türk (1989).
[17] Vgl. Gutenberg (1976).
[18] Vgl. Heinen (1991).
[19] Vgl. Williamson (1990).
[20] Vgl. Ridder (1996).
[21] Vgl. zum Folgenden Majchrzak/Wang (1999).

investiert wird, aber die Verhaltensweisen von Managern und Arbeitnehmern hierbei zuwenig berücksichtigt werden: „Aber etwas, das oft übersehen wird, ist die Neigung von Managern und Umstrukturierungsteams, die Maßnahmen zu unterschätzen, die notwendig sind, die Art und Weise zu ändern, wie Beschäftigte sich verhalten und miteinander arbeiten. Sie meinen, dass allein die Änderung von Organisationsstrukturen von funktionalen Einheiten in prozessautonome Abteilungen die Leute dazu bringt, ihre funktionale Haltung abzulegen, und sie augenblicklich zu einem Team zusammenschmiedet, das sich entschlossen gemeinsamen Zielen zuwendet."[22] In ihrer Untersuchung bei amerikanischen Elektronikherstellern wurden Abteilungen untersucht, deren Aufgabe die Fertigung einer gedruckten Platte und/oder das Einsetzen dieser Platte in ein elektronisches Handelserzeugnis ist. Diese Tätigkeit ist im Hinblick auf die Produktionsverfahren zwischen den Unternehmen derart identisch, dass Leistungsvergleiche möglich sind. Von 86 Abteilungen wurden 31 als prozessautonom eingestuft, d. h. die Teams waren für die Fertigungsschritte bis zum Kunden selbst verantwortlich. Zu ihrem Verantwortungsbereich gehörten: Erstellen eines Zeitplanes, Beschaffen der Aufträge, Teile und Arbeitskräfte, Ausbildung der Arbeitskräfte, Transport der Teile, Aufstellen, Betreiben und Wartung der Ausrüstung, Umwandlung der Teile zu einem Endprodukt, Prüfen und Nacharbeiten der Produkte, Lieferung der Fertigerzeugnisse an den Kunden, Kundenfeedback und Veränderung an den Produkten nach den Bedürfnissen der Kunden, Bewertung und Verbesserung des Prozesses. Die übrigen 51 Abteilungen wurden als funktional eingestuft, weil sie keine Verantwortung für die meisten dieser Prozesse besaßen. Es wurden Befragungen durchgeführt und Daten über die Taktzeiten beschafft, da die Taktzeiten als wettbewerbskritisch galten und eine prozessbezogene Struktur meist eingeführt wird, um die Prozesszeiten zu verkürzen. Da Nacharbeitsprozesse in die Berechnung der Taktzeiten eingehen, gelten kurze Taktzeiten gleichzeitig als Qualitätsindikator. Zu ihrer Überraschung stellten die Autoren fest, dass prozessautonome Abteilungen nicht zwangsläufig kürzere Taktzeiten aufweisen als funktionale Abteilungen: „Die einzigen Abteilungen, bei denen dies tatsächlich der Fall war, waren diejenigen, deren Manager Schritte zur Pflege eines gemeinsamen Verantwortungsgefühls unter den Arbeitern unternommen hatten, die über eine bloße Änderung der Organisationsstruktur hinausgingen. Wir stellten fest, dass eine solche gemeinsame Verantwortung auf verschiedene Arten gefördert werden kann: indem man Arbeitsplätze mit sich überschneidenden Verantwortlichkeiten schafft, die Entlohnung an der Gruppenleistung festmacht, den Arbeitsbereich so gestaltet, dass die Beschäftigten die Arbeit des jeweils anderen sehen können, und die Verfahren so plant, dass Beschäftigte mit verschiedenen Aufgaben besser zusammenarbeiten können."[23] Hierbei kam es weniger darauf an, ob alle Instrumente eingesetzt wurden, sondern ob man sich überhaupt für eine dieser Methoden entschied. In den anderen Fällen wurde zwar

---

[22] Majchrzak/Wang (1999), S. 189.
[23] Majchrzak/Wang (1999), S. 190 f.

die Struktur verändert, nicht jedoch das Verhalten. In diesem Fall waren die Taktzeiten niedriger als in den funktionalen Abteilungen.

Zusammenfassend kann argumentiert werden, dass Humanressourcen Wettbewerbsvorteile darstellen können. Ihre Identifikation und die Bestimmung der Schwächen und Stärken ist eine wesentliche Aufgabe der personalwirtschaftlichen Funktion. Ihre Übertragung in wettbewerbskritische Leistungen ist ebenfalls Aufgabe der HRM-Praktiken. Sie sind nicht per se als Wettbewerbsquelle anzusehen. Ihr jeweils spezifischer Einsatz basiert auf Grundsatzentscheidungen oder auf im Unternehmen verankerten Normen, die die jeweilige Ausprägung der HRM-Praktiken, ihren Einsatz und ihre Akzeptanz beeinflussen. Die Vermittlung zwischen den Fähigkeiten von Arbeitnehmern und dem erwünschten Erfolg setzt daher zunächst eine Bestimmung und Reflexion dieser Basis voraus. Die Aufgabe der HRM-Praktiken besteht damit in der Moderation zwischen den vorhandenen Humanressourcen und dem leistungsrelevanten Verhalten in einer firmenspezifischen Weise, um den Wettbewerbsvorteil in dieser Hinsicht zu konstituieren.

2.2 Steuerungsprinzipien von HRM-Praktiken

HRM-Praktiken werden in der Regel als *Voraussetzung* für den angestrebten Unternehmenserfolg angesehen. Die dahinter stehende Annahme könnte man wie folgt skizzieren:

1. Erfolg entsteht durch gut ausgebildete und motivierte Mitarbeiter.

2. Es existieren HRM-Praktiken, die diesen Zustand herbeiführen können.

3. Unternehmen sind in der Realisierung dieser HRM-Praktiken unterschiedlich erfolgreich.

Unternehmen folgen spezifischen Grundannahmen über das Verhältnis von personalwirtschaftlichen Instrumenten und Erfolgskriterien (z. B. Anreizsysteme verbessern die Leistung oder angereicherte, verantwortliche Leistung senkt Fehlzeiten). Es kommt hier weniger darauf an, ob es für diese Grundannahmen empirische Belege oder positive Erfahrungen gibt. Vielmehr gibt es tief verankerte Vorstellungen darüber, welche Verknüpfungen funktionieren und welche Verknüpfungen nicht funktionieren. Auf dieser Basis *wählen* Manager ihre personalwirtschaftlichen Instrumente und wenden das gesamte attributionstheoretische Arsenal auf, um ihre Vermutungen zu bestätigen.[24]

Die Kombination von personalwirtschaftlichen Instrumenten und ihre Ausrichtung auf einen wie auch immer definierten Erfolg, so Guest (1997), setzt also eine theoretische Annahme über die vermutete Verknüpfung dieser beiden Elemente voraus. Das Kombinationsproblem funktioniert dann im Hinblick auf die Generierung von Wettbewerbsvorteilen nicht als Übernahme von etablierten HRM-Praktiken, sondern als Ausdruck theoretischer Vorstellungen darüber, mit welchen Mitteln welche Ef-

---

[24]   Vgl. Ridder/Bruns (2000).

fekte bewirkt werden können. Unternehmen entwickeln aufgrund von Basisentscheidungen Steuerungsprinzipien, von denen sie erwarten, dass der definierte Erfolg durch sie zu erreichen ist. ‚Erfolg' entspricht hier keiner einheitlichen Größe, sondern es wird davon ausgegangen, dass Unternehmen jeweils unterschiedliche Annahmen darüber haben, welche personalwirtschaftlichen Ziele erreicht werden müssen, damit sie den Unternehmenserfolg unterstützen. Hierzu können zwei theoretisch interessante Ansätze herangezogen werden.[25]

2.2.1 ‚Bundles' als Steuerungsprinzip: Der Ansatz von Guest

Ausgangspunkt der Überlegungen von Guest (1987, 1990, 1997) ist die Annahme, dass bestimmte Kombinationen von Instrumenten des Human Resource Management (HRM) spezifische Ergebnisse nach sich ziehen und diesem Zusammenhang systematisch empirisch nachgegangen werden kann.

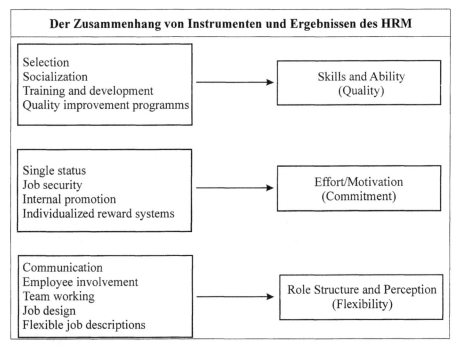

Der Zusammenhang von Instrumenten und Ergebnissen des HRM

Selection
Socialization
Training and development
Quality improvement programms
→ Skills and Ability (Quality)

Single status
Job security
Internal promotion
Individualized reward systems
→ Effort/Motivation (Commitment)

Communication
Employee involvement
Team working
Job design
Flexible job descriptions
→ Role Structure and Perception (Flexibility)

Abbildung 3
(Quelle: In Anlehnung an Guest (1997), S. 269.)

In diesem Modell würde ein Unternehmen vor dem Hintergrund spezifischer Ziele jeweils ein ‚Bündel' von Maßnahmen zusammenstellen, um diese Ziele zu unterstützen. Geht es also um die Verbesserung von ‚skills' und ‚ability' in der Absicht, die

---

[25]   Vgl. Ridder (1999), S. 115 ff.

Qualität der Produkte zu verbessern, würden Maßnahmen ergriffen, die den Auswahlprozess, die Sozialisation, Personalentwicklung und ggf. Qualitätsverbesse-
rungsprogramme zum Gegenstand haben. Geht es um die Erhöhung von Motivation
und Leistung, wird der personalwirtschaftliche Fokus auf Anreizsysteme und Beför-
derungssysteme konzentriert (vgl. Abbildung 3).

Nun können in Abhängigkeit von externen und internen Einflussgrößen vier Kombinationen von Instrumenten des Human Resource Management erörtert werden:

(1) *Best-Practice-Fit:* In der Literatur, aber auch in der Praxis existieren Handlungs-
empfehlungen als ‚best practices', welche Instrumente das Human Resource Management zur Verfügung stellen muss, um eine möglichst hohe Leistung zu unterstützen. Unternehmen – so die Annahme – denen es gelingt, solche Instrumente zu
realisieren, erreichen höhere Leistungen bei ihren Mitarbeitern.

(2) *Konfiguraler Fit:* Diese in der folgenden Abbildung als ‚gestalt' bzw. ‚bundles'
bezeichnete Kombination von Instrumenten des Human Resource Management
knüpft an die Überlegungen des Resource Based View an, wonach spezifische
Kombinationen von Instrumenten sich wechselseitig verstärken und damit Synergieeffekte erzeugen. So konzentrieren sich bspw. Unternehmen auf Personalentwicklung und professionalisieren ihren Qualifizierungsstandard durch differenzierte Verfahren. Wieder andere Unternehmen professionalisieren ihre
industriellen Beziehungen oder ihre Unternehmenskultur.

(3) *Strategischer Fit:* Hier wird das Human Resource Management mit der Unternehmensstrategie eng verbunden. Nachdem die Entscheidung für eine Unternehmensstrategie gefällt wurde, ist ein fit zwischen den strategischen Anforderungen und
den Instrumenten des Human Resource Management herzustellen. Die Annahme
lautet, dass Unternehmen, die diesen Fit herzustellen wissen, über Wettbewerbsvorteile verfügen.

(4) *Situationsabhängiger Fit:* Hier wird davon ausgegangen, dass diejenigen Unternehmen eine höhere Leistung erbringen, denen es gelingt, mit Hilfe der Instrumente des Human Resource Management auf situative Einflussgrössen zu reagieren, beispielsweise auf schnell wechselnde Marktkonstellationen, Veränderungen
der gesetzlichen Rahmenbedingungen oder Veränderungen der Arbeitsmärkte (vgl.
Abbildung 4).

Ob also eine bestimmte Auswahl an personalwirtschaftlichen Praktiken adäquat ist,
bestimmt sich aus Annahmen über den besten Weg. Theoretiker und Praktiker haben
Vermutungen oder Erfahrungen, wie bestimmte Vorgaben bewältigt werden können.
Die Bündelung von HRM-Praktiken und ihre Adäquatheit von Ziel-Mittel-Relationen
erweisen sich dann als wettbewerbsentscheidend.

Kombinationen von Instrumenten des Human Resource Management		
	Criterion specific	**Criterion free**
Internal	Fit to an ideal set of practices 1	Fit als gestalt Fit als 'bundles' 2
External	Fit as strategic interaction 3	Fit as contingency 4

Abbildung 4
(Quelle: In Anlehnung an Guest (1997), S. 271.)

2.2.2 Segmentierung als Steuerungsprinzip: Der Ansatz von Lepak und Snell

In einem zweiten Beispiel wird die Auswahl von HRM-Praktiken durch eine grundsätzliche Segmentierungsidee begründet, wonach die Arbeitnehmer zunächst danach aufgeteilt werden, ob ihre Fähigkeiten für das Unternehmen selten und einzigartig sind.[26] In Abhängigkeit von dieser Segmentierung entscheidet sich die Auswahl der einzusetzenden HRM-Praktiken. Lepak und Snell gehen davon aus, dass Humanressourcen insbesondere durch zwei Kategorien gegenüber dem Wettbewerb definiert werden:

- *Wert* umfasst in Anlehnung an den Resource based view den potenziellen Beitrag des Humankapitals zur Kernkompetenz der Unternehmung. Wie alle anderen Vermögenswerte des Unternehmens können diese Werte zentraler oder weniger zentraler Natur sein.

- *Einzigartigkeit* bezieht sich auf den Begriff der Spezifität bei Williamson (1990). Spezifität kann beispielsweise entstehen, wenn sich hohe und schwerbeschaffbare Qualifikationen in speziellen Organisationsumfeldern entwickeln, z. B. in Projektarbeit.

Die Kombination dieser beiden Kategorien ergibt folgende vier Quadranten (vgl. Abbildung 5):

Quadrant 1: Das Humankapital ist hier sowohl wertvoll als auch einzigartig. Es ist nicht oder nur mit hohen Kosten auf den externen Arbeitsmärkten zu beschaffen. Unternehmungen werden in diesem Fall ihren Fokus auf die interne Entwicklung konzentrieren, weil damit gleichzeitig auch gewährleistet ist, dass diese spezifische

---

[26] Vgl. zum Folgenden Lepak/Snell (1999).

Entwicklung ihren Beitrag zu den strategischen Zielen leistet und für Wettbewerber Abwerbung aufgrund der firmenspezifischen Entwicklung wenig attraktiv ist. Entsprechend hoch sind Investitionen in dieses Humankapital durch Wissensvermittlung, Förderung und Trainings. Diese Investitionen werden gesichert durch hohes commitment z. B. in Form von Karrieresystemen oder Bonussystemen.

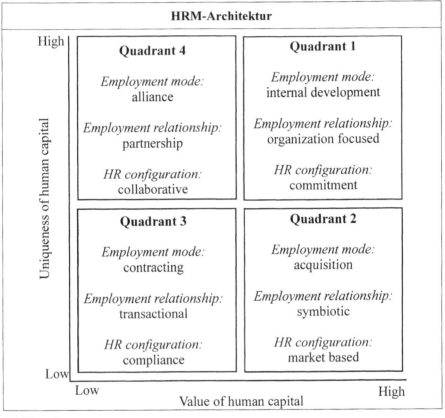

Abbildung 5
(Quelle: In Anlehnung an Lepak/Snell (1999), S. 37.)

Quadrant 2: Hier ist das Humankapital wertvoll, aber auf den externen Arbeitsmärkten beschaffbar. Die Steuerungsprinzipien für den Einsatz von HRM-Praktiken sind entsprechend different. Beide Marktpartner erwarten von der Aufnahme eines Beschäftigungsverhältnisses wechselseitigen Nutzen und sind bereit, es zu lösen, wenn sich dieser Nutzen nicht einstellt. Hier geht es weniger um die Entwicklung, das Training und die Investition in das Humankapital, sondern um die Bestimmung realistischer Marktpreise. Der Fokus konzentriert sich hier auf die genaue Bestimmung der erforderlichen Qualifikationen und die Auswahl des Humankapitals.

Quadrant 3: Humankapital ist hier weder wertvoll noch einzigartig. Dies ist die Welt der befristeten Verträge, des Outsourcings und der kostenorientierten Betrachtung von Beschäftigtengruppen. Die Bindung an das Unternehmen ist gering und konzentriert sich auf eher kurzfristige, meist monetär ausgerichtete Beziehungen. Die HRM-Praktiken fokussieren auf die Einhaltung und Übereinstimmung der vertraglich festgelegten Leistungs-Entgelt-Relationen.

Quadrant 4: Hierbei handelt es sich um Humankapital, das zwar einzigartig, aber nur von begrenztem Wert für die Unternehmung ist. Insbesondere im Hinblick auf Forschung und Entwicklung führt dies zu neuen Formen von Allianzen. Unternehmen lagern bspw. Spezialabteilungen aus und fragen deren Leistungen unter Marktbedingungen nach (z. B. VW-Coaching), oder es werden Verträge abgeschlossen, in denen das Unternehmen nicht mehr exklusiver Nutzer dieses einzigartigen Wissens ist.

Bezogen auf den Einsatz personalwirtschaftlicher Instrumente könnte man mit Lepak und Snell argumentieren, dass Investitionen nur dann ökonomisch sinnvoll sind, wenn sie sich auf Humankapital beziehen, das wertvoll und einzigartig ist. Eine andere Öffnung in der Argumentation legt nahe, zu prüfen, ob die Beschäftigtengruppen beispielsweise aus den Quadranten 3 oder 4 in die Quadranten 1 oder 2 transferiert werden müssen, um die Wettbewerbsfähigkeit einer Unternehmung durch Humanressourcen zu verbessern.

Zusammenfassend kann argumentiert werden, dass ein ‚fit' vorhanden ist, wenn in Bezug auf definierte Ziele eine Kombination von HRM-Praktiken synergetische Effekte aufweist und im Sinne einer Architektur oder Kultur Unikat-Charakter erreicht. Von dieser Denkhaltung zu unterscheiden ist eine Kombination von HRM-Praktiken, die Guest als ‚bundles' bezeichnet. Hier kommt es weniger auf die multiplikatorische Verknüpfung mehrerer Praktiken an, sondern hier wird eine Entscheidung im Hinblick auf ein oder mehrere Basisinstrumente getroffen und weitere Praktiken auf diese Basisinstrumente bezogen. Als Beispiel können Unternehmen herangezogen werden, die interne Rekrutierung als Basiswert nutzen, um darauf aufbauend Instrumente der Entwicklung und der Rotation zu beziehen.

2.3. Strategisches HRM als Wettbewerbsvorteil

Bisher kann festgehalten werden: Wenn sich die für den Erfolg wesentlichen HRM-Praktiken spezifizieren lassen, bekannt sind und lediglich Unterschiede in der Realisierung identifiziert werden, stellen sie keinen Wettbewerbsvorteil dar, sondern sind als imitierbare Größen zu vernachlässigen. Da HRM-Praktiken keinen eigenständigen Wettbewerbsvorteil enthalten, wird die firmenspezifische Kombination von HRM-Praktiken in den Vordergrund gestellt. Die auf den Erfolg ausgerichtete Moderation zwischen Fähigkeiten und spezifizierten Zielen durch spezifische Bündel von HRM-Praktiken kann mehr oder weniger erfolgreich sein und erklärt Unterschiede zwischen Unternehmen. Humanressourcen *konstituieren* zwar die Wettbewerbsfähigkeit eines Unternehmens, aber erst der spezifische Einsatz und die Kombination der personalwirtschaftlichen Instrumente mit weiteren Wettbewerbselementen *realisieren* den Wettbewerbserfolg. Unternehmen setzen damit nicht nur spezifische Ressourcen ein, sondern bauen auch Imitationsschwellen im Hinblick auf den Einsatz und das Verhalten dieser Ressourcen auf.

Im Hinblick auf die Kombination dieser Praktiken durch das Human Resource Management wird kritisiert, dass durch den mangelnden Zielbezug oder die fehlende strategische Orientierung Potenziale nicht ausgenutzt werden.[27] In mehreren Übersichtsartikeln wird davon ausgegangen, dass Human Resource Management vielmehr als Variable zwischen Humankapital und dem Unternehmenserfolg moderieren könnte.[28] Dazu gehört beispielsweise die Kompatibilität von HRM-Praktiken mit explizit formulierten oder implizit vorhandenen Strategien der Organisation. Die in ersten Entwürfen der HRM-Debatte zugrundegelegte Annahme geht von der Notwendigkeit einer engen Übereinstimmung von Unternehmensstrategie und Personalstrategie aus. Meist wird, dem Michigan-Ansatz folgend, unterstellt, dass die Personalstrategie aus der Unternehmensstrategie abzuleiten ist und die personalwirtschaftlichen Instrumente auf die jeweilige Strategie auszurichten sind (vgl. Abbildung 6)[29].

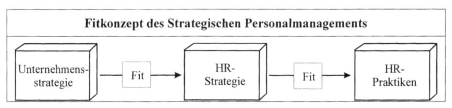

Abbildung 6

Variationen dieses Grundgedankens beziehen sich auf eine Ablauflogik, in der Produktstrategien, Lebenszyklen von Produkten oder Lebenszyklen der Unternehmung jeweils ein Datum für die Ausgestaltung des HRM darstellen.[30] Empirische Untersuchungen konzentrieren sich in dieser Denkhaltung auf die Frage, ob die aus der Unternehmensstrategie abgeleitete Personalstrategie für den Unternehmenserfolg von Bedeutung ist. Zunehmend wird dieser Zusammenhang in quantitativen Untersuchungen bejaht.[31] Wenn es also gelingen würde, kausale Effekte zwischen Strategietypen und Personalstrategietypen zu identifizieren, wäre das Kombinationsproblem gelöst. Die grundlegende Architektur dieses Ansatzes kann an zwei Beispielen demonstriert werden:

---

27   Vgl. als Übersicht z. B. Ulrich (1999).
28   Vgl. Grant (1991), Wright et al. (1994) und Tyson (1997).
29   Vgl. Tichy et al. (1982), Tichy et al. (1984), Fombrun et al. (1984) und Devanna et al. (1984), S. 33 ff.
30   Vgl. z. B. Baird/Meshoulam (1988), Dyer/Holder (1988), Dowling/Schuler (1990) und Beaumont (1992).
31   Vgl. z. B. Becker/Gerhart (1996).

Beispiel 1:

Human Resource Management wird als Schlüssel interpretiert, um die Anpassungsfähigkeit von Organisationen zu erhöhen. Insbesondere eine *enge Verknüpfung von Unternehmensstrategie und HR-Strategie* gilt als Voraussetzung für die Antizipation von kritischen Engpässen im Planungsprozess, so dass Autoren eine strategische Partnerschaft zwischen Linie und HR-Funktion für erforderlich halten.[32] Die wechselseitigen synergetischen Effekte bestehen darin, dass HR-Manager besser in die strategischen Erfordernisse eingebunden werden und dadurch adäquatere HR-Strategien entwerfen können sowie Linienmanager ein besseres Verständnis für HR-Strategien und Maßnahmen entwickeln. Die immer wieder publizierte Evidenz dieses Grundgedankens hat inzwischen weite Verbreitung gefunden. Allerdings ist die Wahrscheinlichkeit, dass strategische Pläne funktionieren, nicht sehr groß, wenn HRM-Praktiken wie z. B. Beschaffung, Entwicklung, Bewertung und Entlohnung nicht mit diesen Strategien frühzeitig abgestimmt und daraufhin angepasst werden.

Planung erweist sich als kritisch für den strategischen Prozess, da sie Lücken in den Fähigkeiten zur Durchsetzung der Strategien identifizieren hilft und Beiträge liefert, wie bestehende Ressourcen verbessert werden müssen, um den Strategien zum Erfolg zu verhelfen. Es ist also nicht verwunderlich, dass die strategische Partnerschaft zwischen Unternehmensführung und HR-Funktion sehr populär geworden ist und in einer Reihe von Modellen ihren Niederschlag gefunden hat.[33]

Die Wirkungen solcher strategischer Partnerschaften ist Gegenstand einer Vielzahl von empirischen Untersuchungen – mit widersprüchlichen Ergebnissen. So haben Lam/Schaubroeck (1998) in 5 Industrien 85 Manager danach befragt,

- ob und in welchem Ausmaß HR-Planung vorhanden ist und

- welche formalen Prozeduren im Planungsprozess eingesetzt werden.[34]

Anschließend wurde der Fragebogen dem Vorstandsvorsitzenden des jeweiligen Unternehmens zugesandt, mit der Bitte, Unternehmensdaten zur Verfügung zu stellen und einzuschätzen, welchen Beitrag die HR-Planung zur Leistungsfähigkeit der Organisation leistet. Als wesentliche Interpretation ihrer Befunde geben die Autoren an, dass klare Ziele und formalisierte HR-Planung die Kommunikation und die Koordination verbessern. Ad hoc-Planung enthält größere Probleme, Lücken zu identifizieren und die verschiedenen HRM-Instrumente auf die strategischen Ziele zu beziehen. Aber als Fußnote für die Regeln der empirischen Forschung: nur vier Unternehmen verfügen in diesem Sample über strategische HR-Planung und aus informellen Gesprächen erfahren die Autoren, dass die HR-Planung nicht unbedingt der Verbesserung der Leistung dient, sondern gute Überzeugungsarbeit für die Verteilung von Budgets liefert.

---

[32]   Vgl. z. B. Lawler et al. (1993).
[33]   Vgl. die Übersicht bei Ridder (1999), S. 101 ff.
[34]   Vgl. zum Folgenden Lam/Schaubroeck (1998), S. 5 ff.

Beispiel 2:

In einer erweiterten Variante wird die Dominanz der Unternehmensstrategie relativiert. Danach stellen weitere *externe und interne Einflussgrößen* Ausgangspunkte der Personalstrategie dar. Diese Einflussgrößen werden umfassend im Harvard-Ansatz[35] und in den Konzeptionen der Warwick-School[36] theoretisch und empirisch bearbeitet. Bspw. unterscheidet der Harvard-Ansatz in situative Faktoren und Einflussgruppen, und auch der Warwick Ansatz unterscheidet innere und äußere Faktoren, die auf das HRM Einfluss nehmen. Insbesondere in amerikanischen Untersuchungen werden beispielsweise Marktveränderungen, Arbeitsmarktprobleme und Unternehmenskulturen als wesentliche Einflussgrößen des HRM untersucht.[37] Die dahinter liegende Forschungsstrategie erweitert nun die Ursache-Wirkungs-Vermutung analog zum kontingenztheoretischen Ansatz der empirischen Organisationsforschung. Es wird danach gefragt, ob Typologien von Organisationsumfeldern identifizierbar sind und mit Typologien von HRM-Praktiken verglichen werden können, und ob bestimmte HRM-Typologien eine höhere Wettbewerbsfähigkeit aufweisen.[38]

Die mit dieser Ablauflogik verbundene Lösung des Kombinationsproblems würde nahelegen, dass Unternehmen den Einsatz personalwirtschaftlicher Instrumente in Teilen, entsprechend der Unternehmensstrategie, aber auch im Hinblick auf andere externe und interne Einflussgrößen ausrichten. Die Beschaffung von Personal, die Personalentwicklung und die Karriereorientierung werden auf strategische Vorgaben ausgerichtet. Dies würde z. B. erklären, warum innovative Unternehmen eine andere Kombination der Humanressourcen wählen als Unternehmen, die sich in etablierten Märkten eher auf Kostenstrukturen konzentrieren. In einem zweiten Schritt würde diese Lösung aber auch erklären, warum mitbestimmte Unternehmen andere Organisations- und Kombinationsformen des HRM wählen als Unternehmen, die keine Arbeitnehmervertretungen aufweisen. Das Kombinationsproblem erweist sich in dieser Denkhaltung als Reaktion auf einen Mix von Vorgaben der Unternehmensführung, Beschränkungen des Marktes und Berücksichtigung der industriellen Beziehungen. Analog zur empirischen Variante des kontingenztheoretischen Ansatzes[39] ändert sich das HRM, wenn sich die Einflussfaktoren verändern.

Zusammenfassend ergeben sich im Hinblick auf das Kombinationsproblem damit Fragen, die zunächst das Zusammenspiel von Unternehmensstrategie und Personalstrategie und hierbei insbesondere die Rolle des Personalmanagements bei der Strategiegenerierung und Strategieimplementierung thematisieren. Darüber hinaus wären im Sinne einer kontingenztheoretischen Annahme weitere dominante Einflussgrößen zu identifizieren und dabei die Rolle der Personalabteilung zu berücksichtigen.

---

[35] Vgl. Beer et al. (1985).
[36] Vgl. z. B. Hendry/Pettigrew (1990).
[37] Vgl. Lawler et al. (1993).
[38] Vgl. Dyer/Reeves (1995) und Becker/Gerhart (1996).
[39] Vgl. Kieser (1999).

3 Zusammenfassung

In Verbindung mit neueren Ansätzen des Resource Based View kann danach gefragt werden, welche Ressourcen des Unternehmens zum Wettbewerbsvorteil eines Unternehmens beitragen. Bezogen auf die Humanressourcen stellt sich die Frage, wie die Talente, Stärken und Schwächen des Personals im Hinblick auf zukünftige Geschäftsstrategien identifiziert und organisiert werden können. Diese Frage ist nicht objektiv bearbeitbar, denn aufgrund ihrer Entwicklungsgeschichte, ihrer Kultur, Werte und Normen treffen Unternehmen Basisentscheidungen im Hinblick auf die Auswahl und den Einsatz von Personal sowie im Hinblick auf die Auswahl und den Einsatz von HRM-Praktiken. In Abhängigkeit von diesen Basisentscheidungen entwickeln Unternehmen Praktiken, wonach z. B. Entlassungen zu vermeiden sind und Personalentwicklung der Vorzug vor externer Personalbeschaffung gegeben wird. Diese Basisentscheidungen sind nicht immer bewusst, steuern aber die Wahrnehmung personalwirtschaftlicher Probleme und die entsprechende Vorauswahl von HRM-Praktiken.

Auf diese Weise entwickeln sich HRM-Praktiken, die ausgehend von Wirkungsvermutungen als Steuerungsprinzipien auf die Kombination personalwirtschaftlicher Instrumente ausgerichtet werden. Senkung von Fehlzeiten, Implementierung von Gruppenarbeit, Verbesserung der Qualität sind jeweils Ausgangspunkte eines Kombinationsproblems, das Voraussetzungen für Wettbewerbsfähigkeit schaffen soll. In ähnlicher Weise können Steuerungsprinzipien aus Annahmen über die Segmentierung des Personals entstehen. Hier werden die HRM-Praktiken im Hinblick auf den Wert und die Einzigartigkeit von Personalgruppen ausgewählt und budgetiert.

Strategisches HRM ist eine Teilmenge der personalwirtschaftlichen Aktivitäten, die in der Regel als strategische Partnerschaft zu interpretieren ist. Hier sind eher marktbezogene Daten von Bedeutung, sind kurz- mittelfristig HRM-Praktiken zu etablieren oder zu modifizieren, die enge strategische Bezüge aufweisen. Der Wettbewerbsvorteil entsteht nicht nur in der Entwicklung und Anwendung solcher strategischen HRM-Praktiken, sondern insbesondere in der Abstimmung mit den etablierten HRM-Praktiken und in der Berücksichtung der unternehmenskulturell verankerten Basisentscheidungen.

Literatur

Argyris, C./Schön, D. A. (1978): Organizational Learning: A Theory of Action Perspective, Reading u. a..

Argyris, C./Schön, D. A. (1996): Organizational Learning II: Theory, Method, and Practice, New York u. a..

Beaumont, P. B. (1992): The US Human Resource Management Literature: A Review. In: Salaman, G. (Hrsg.): Human Resource Strategies, London/California/New Delhi, S. 20 - 37.

Baird, L./Meshoulam, I. (1988): Managing Two Fits of Strategic Human Resource Management. In: Academy of Management Review, H. 1/1988, S. 116 - 128.

Barney, J. B. (1991): Firm Resources and Sustained Competitive Advantage. In: Journal of Management, H. 1/1991, S. 99 - 120.

Barney, J. B. (1992): Integrating Organizational Behavior and Strategy Formulation Research: A Resource Based Analysis. In: Advances in Strategic Management, 1992, S. 39 - 61.

Barney, J. B. (1996): Gaining and Sustaining Competitive Advantage, Reading u. a.

Barney, J. B.; Wright, P. M. (1998): On Becoming a Strategic Partner: The Role of Human Resources in Gaining Competitive Advantage. In: Human Resource Management, H. 1/1998, S. 31 - 46.

Becker, M. (1999): Personalentwicklung. Bildung, Förderung und Organisationsentwicklung in Theorie und Praxis, 2. überarb. und erweit. Auflage, Stuttgart.

Becker, B./Gerhart, B. (1996): The Impact of Human Resource Management on Organizational Performance: Progress and Prospect. In: Academy of Management Journal, H. 4/1996, S. 779 - 801.

Beer, M./Spector, B./Lawrence, P./Mills, D./Walton, R. (1985): Human Resource Management, New York.

Bleicher, K. (1997): Unternehmungskultur und strategische Unternehmungsführung. In: Hahn, D./Taylor, B. (Hrsg.): Strategische Unternehmungsplanung, Strategische Unternehmungsführung. 7., völlig neu bearb. und erw. Aufl., Heidelberg, S. 223 - 265.

Conrad, P./Ridder, H.-G. (1999): Human Resource Management – An Integrative Perspective. Arbeitspapier Nr. 11/99, Institute of Human Resources Management, University of the Federal Armed Forces, Hamburg.

Devanna, M. A./Fombrun, C. J./Tichy, N. M. (1984): A Framework for Human Resource Management. In: Fombrun, C. J./Tichy, N. M./Devanna, M. A. (Hrsg.): Strategic Human Resource Management, New York.

Dowling, P. J./Schuler, R. S. (1990): Human Resource Management. In: Blanpain, R. (Hrsg.): Comparative Labour Law and Industrial Relations in industrialised Market Economies, Deventer/Boston, S. 125 - 149.

Dyer, L./Holder, G. (1988): A Strategic Perspective of Human Resource Management. In: Human Resource Management Journal, H. 3/1988, S. 1 - 46.

Dyer, L./Reeves, T. (1995): Human Resource Strategies and Firm Performance: What do We Know and Where do We Need to go? In: The International Journal of Human Resource Management, H. 3/1995, S. 656 - 670.

Fombrun, C. J./Tichy, N. M./Devanna, M. A. (1984): Strategic Human Resource Management, New York.

Ginsberg, A. (1994): Minding the Competition: From Mapping to Mastery. In: Strategic Management Journal, S. 153 - 174.

Grant, R. M. (1991): The Resource-Based Theory of Competitive Advantage: Implications for Strategy Formulation. In: California Management Review, H. 3/1991, S. 114 - 135.

Guest, D. E. (1987): Human Resource Management and Industrial Relations. In: Journal of Management Studies, H. 5/1987, S. 503 - 521.

Guest, D. E. (1990): Human Resource Management and the American Dream. In: Journal of Management Studies, H. 4/1990, S. 377 - 397.

Guest, D. E. (1997): Human Resource Management and Performance: A Review and Research Agenda. In: The International Journal of Human Resource Management, H. 3/1997, S. 263 - 276.

Gutenberg, E. (1976): Grundlagen der Betriebswirtschaftslehre, Band 1: Die Produktion. 22. Aufl., Berlin/Heidelberg/New York.

Heinen, E. (1991): Industriebetriebslehre. 9., vollst. neu bearb. und erw. Aufl., Wiesbaden.

Hendry, C./Pettigrew, A. (1990): Human Resource Management: An Agenda for the 1990s. In: International Journal of Human Resource Management, H. 1/1990, S. 17 - 44.

Kieser, A. (1999): Der Situative Ansatz. In: Kieser, A. (Hrsg.): Organisationstheorien, 3., überarb. und erw. Aufl., Stuttgart/Berlin/Köln, S. 169 - 198.

Knyphausen-Aufseß, D. v. (1997): Auf dem Weg zu einem ressourcenorientierten Paradigma? Resource-Dependence-Theorie der Organisation und Resource-based View des Strategischen Managements im Vergleich. In: Ortmann, G./Sydow, J./Türk, K. (Hrsg.): Theorien der Organisation. Die Rückkehr der Gesellschaft, Opladen, S. 452 - 480.

Lam/Schaubroeck (1998): Integrating HR planning and organizational strategy. In: Human Resource Management Journal, Vol. 8, S. 5 - 19.

Lawler III, E. E./Cohen, S. G./Chang, L. (1993): Strategic Human Resource Management. In: Mirvis, P. H. (Hrsg.): Building the Competitive Workforce, New York u. a., S. 31 - 59.

Lepak, D. P., Snell, S. A. (1999): The Human Resource Architecture: Towards a Theory of Human Capital Allocation and Development. In: Academy of Management Review, H. 1/1999, S. 31 - 48.

Majchrzak, A./Wang, Q. (1999): Der Bruch mit der funktionalen Haltung bei der Organisation von Prozessen. In: Ulrich, D. (Hrsg.): Strategisches Human Resource Management, München/Wien, S. 189 - 200.

McMahan, G. C. (1996): The Current Practice of the Human Resource Function. In: Human Resource Planning, Vol. 19, S. 11 - 13.

Penrose, E. T. (1959/1980): The Theory of the Growth of the Firm, Oxford.

Prahalad,C. K./Hamel,G. (1999): Nur Kernkompetenzen sichern das Überleben. In: Ulrich, D. (Hrsg.): Strategisches Human Resource Management. München/Wien, S. 52 - 73.

Ridder, H.-G. (1996): Human Resource Management. Leitideen für die Personalarbeit der Zukunft. In: Bruch, H./Eickhoff, M./Thiem, H. (Hrsg.): Zukunftsorientiertes Management. Handlungshinweise für die Praxis, Frankfurt/M., S. 263 - 282.

Ridder, H.-G. (1999): Personalwirtschaftslehre, Stuttgart.

Ridder, H.-G./Bruns, H.-J. (2000): Zur Rolle von Führungskräften bei der Konzeption und Durchführung von Mitarbeiterbefragungen. In: Zeitschrift für Personalforschung, H. 1/1999, S. 28 - 51.

Schein, E. H. (1995): Unternehmenskultur: Ein Handbuch für Führungskräfte, Frankfurt/New York.

Schreyögg, G./Noss, C. (1995): Organisatorischer Wandel: Von der Organisationsentwicklung zur lernenden Organisation. In: Die Betriebswirtschaft, H. 2/1995, S. 169 - 185.

Tichy, N. M./Fombrun, C. J./Devanna, M. A. (1982): Strategic Human Resource Management. In: Sloan Management Review, H. 2/1982, S. 47 - 61.

Türk, K. (1989): Neuere Entwicklungen der Organisationsforschung, Stuttgart.

Tyson, S. (1997): Human Resource Strategy: A Process for Managing the Contribution of Human Resource Management to Organizational Performance. In: International Journal of Human Resource Management, H. 3/1997, S. 278 - 290.

Ulrich, D. (1997): Human Resource Champions, Boston.

Ulrich, D. (1999): Das neue Personalwesen: Mitgestalter der Unternehmenszukunft. In: Ulrich, D. (Hrsg.): Strategisches Human Resource Management, München/Wien, S. 33 - 51.

Walker, J. W. et al. (1999): Human Resource Leaders: Capital Strength and Gaps/Comment. In: Human Resource Planning, Vol. 22., S. 21 - 32.

Williamson, O. E. (1990): Die ökonomischen Institutionen des Kapitalismus, Tübingen.

Wright, P. M./McMahan, G. C./McWilliams, A. (1994): Human Resources and Sustained Competitive Advantage: A Resource-Based Perspective. In: International Journal of Human Resource Management, H. 2/1994, S. 301 - 326.

Wright, P. M./Dyer, L./Takla, M. G. (1999): What´s next? Key findings from the 1999 State-of-the-Art & Practice study. In: Human Resource Planning, S. 12 - 20.

Manfred Becker

Vom Wissenshamster zum Kompetenzwiesel. Reformansätze in der Personalentwicklung

1 Ausgangslage

Drei I's bestimmen die wirtschaftliche Situation in reifen Volkswirtschaften: Informationsverarbeitung, Individualisierung und Internationalisierung.

Alle drei Bereiche komplizieren erfolgreiches wirtschaftliches Handeln auf allen Ebenen: *Informationsverarbeitung* über internationale Netzwerke potenziert die Datenmenge, reduziert die Nutzungszeit und atomisiert die Zugriffszeit. Allerdings weiß der Nutzer immer weniger vom Erzeuger der Nachrichten und umgekehrt. Ein gewaltiger Informationskannibalismus führt zum gegenseitigen Ausschlachten. Ein Management of speed and quality muss vor den Gefahren der Informationsexplosion schützen. *Individualisierung* wird durch den freien Zugang zu weltweiten Datenbanken begünstigt. Jeder kann in seinem Wohn- oder Arbeitszimmer ,chatten', ohne soziale Nähe. Ohne Rücksicht auf andere kann sich jeder jederzeit jeden ,herunterladen'. Individualisierung wird aber auch gefördert durch die Auflösung traditioneller Betriebsgemeinschaften. Virtuelle Arbeitsplätze, Telearbeit und die Zunahme selbständiger Humanvermögensvermarkter einerseits und die Zunahme von ,At-will-contractern' auf Unternehmensseite andererseits führen zu Bindungsverlusten und Loyalitätsarmut. Jeder ist sich im Turbo-Kapitalismus selbst der Nächste und auch wieder in starkem Maße seines Glückes eigener Schmied. *Internationalisierung* kompliziert die Handlungen der Akteure dadurch, dass nun global gedacht und lokal gehandelt werden muss. Die Internationalisierung reißt die Schutzmauern ein, die bisher nationalen Monopolisten ein ertragreiches ökonomisches Reservat boten. Der Wettbewerb um Ideen, Geld, Güter und Menschen findet weltweit statt. Ohne auswandern zu müssen, können Inder und Pakistani für deutsche Unternehmen arbeiten. Eine schöne Sache, weil dadurch Wohlstandsimporte in die reichen und die armen Volkswirtschaften stattfinden.

Drei I's mit einer Fülle an Herausforderungen, aber auch mit einer Fülle an Chancen. Die internationale Arbeitsteilung bringt komparative Kostenvorteile, sichert im Wettbewerb der Ideen und der Beschäftigung demjenigen ein angemessenes Einkommen, der die geforderte Leistung am kostengünstigsten erbringen kann. Wenn die Welt zum Dorf wird, dann müssen sich auch die Bildungssysteme verändern. Sind doch die Bildungseinrichtungen der allgemeinen Schulbildung, der Aus- und Weiterbildung sowie die Fachhochschulen und Universitäten die zuständigen Agenturen zur lernenden Bewältigung der globalen Veränderungen.

Die drei I's haben auch weitreichende Auswirkungen auf die Beschäftigungsverhältnisse: Durch segmentierte Beschäftigungsverhältnisse kommt es zu einer Dynamisierung und Flexibilisierung des Arbeitsmarktes.[1] Die segmentierte Beschäftigung führt zu einer Verringerung der Kernbelegschaft bei gleichzeitiger Erhöhung der Peripheriebelegschaft. Philosophisch lässt sich sagen, der ‚moderne' Mensch der fluiden Arbeitswelt ist (wieder) auf sich zurückgeworfen, mit allen Vor- und Nachteilen. Die Akzeleration der Arbeits- und Qualifikationsanforderungen segmentiert die Erwerbsbevölkerung jedoch nicht nur in Kern- und Peripheriebelegschaft, sondern in Erfolgreiche und Erfolglose, Arbeitende und Arbeitslose, Starke und Schwache sowie Mächtige und Ohnmächtige. Diese Segmentierung der Belegschaft fördert die Ökonomisierung der betrieblichen Bildungsarbeit. Die Akzeleration der Anforderungen mit kurzen Verwertungszeiten erworbener Qualifikationen verstärken die Abhängigkeit der unternehmerischen Bestands- und Erfolgssicherung von der Leistungsfähigkeit der Personalentwicklung.

Ausgangspunkt der Überlegungen zu den Konsequenzen aus den drei I's ist eine Gegenüberstellung von Old Economy und New Economy, deren allgemeinen Kennzeichen der folgenden Tabelle zu entnehmen sind (vgl. Abbildung 1).

Kennzeichen der Traditional und der New Economy	
Traditional Economy	**New Economy**
- hierarchisch	- vernetzt
- an Größe orientiert	- an Prozessen orientiert
- kapitalistisch	- Outsourcing/Insourcing von Kapital
- institutionell	- temporär
- traditionsbewusst	- aufgabenorientiert
- anonym	- persönlich
- national und international	- virtuell, entterritorialisiert
- hard factors und soft factors	- soft factors als core competence
- bürokratiegeneigt	- chaotisch nach innen

Abbildung 1
(Quelle: Bickmann (1999), S. 21.)

Die Grundlage für die folgenden Ausführungen stellt ein weites Personalentwicklungsverständnis dar. Bildung, Förderung und Organisationsentwicklung sind die wesentlichen Teilbereiche der Personalentwicklung.[2]

---

[1]   Vgl. zu segmentierten Beschäftigungsverhältnissen den Beitrag von Becker/Schwarz in diesem Band. Vgl. ferner: Becker (2001), S. 55, Becker (1999), S. 122, ähnlich Hoffmann/Walwei (2001), S. 54 ff.

[2]   Vgl. Becker (2002a), S. 4 ff. Die Organisationsentwicklung wird aus Platzgründen im Folgenden nicht weiter betrachtet.

Wenn E-Business und E-Commerce die Unternehmen und die Märkte dynamisieren, dann müssen auch Wissen und Können flexibel eingesetzt werden. Management of speed heißt die Herausforderung an Management und Mitarbeiter. Der Transformationsprozess von der Old Economy zur New Economy ist wesentlich gekennzeichnet durch die Bedeutungszunahme des Humanvermögens. Die menschliche Flexibilität und Kreativität, die Lernbereitschaft und die Bereitschaft, obsoletes Wissen und Können preiszugeben, markieren den Übergang von der Schornsteinindustrie zur wissensbasierten Dienstleistungsökonomie. Das Wissen von Kunden, die Kenntnisse der Strategien der Wettbewerber, die Erfahrung mit der Nutzung elektronischer Systeme und die Fülle der international zugänglichen und benötigten Informationen müssen eingebunden werden in ein leistungsfähiges Netzwerk von personaler Handlungskompetenz. Nur wenn die Menschen als Knotenpunkte komplexer Netzwerke die inhaltlichen und die methodischen Verbindungen und Bindungen herstellen und erhalten, dann gelingt die Transformation der Wirtschaft von der Old Economy zur New Economy.[3] Der gelungene Anschluss der New Economy an die strukturalen, funktionalen und personalen Variablen der Old Economy wird durch die Personalentwicklung ebenso gesichert wie der notwendige schnelle Bruch mit Traditionen, Konventionen und Handlungsmustern der Old Economy durch Personalentwicklung beschleunigt wird. Die Personalentwicklung muss sich als ‚Performance Improvement Department' zu einer Agentur des Humanvermögensaufbaus wandeln. Der Wettbewerb

- um Humankapital wird volkswirtschaftlich durch moderate Einkommenssteigerungen, niedrige Einstiegsbarrieren für Fach- und Führungskräfte, eine intakte Infrastruktur und ein akzeptables politisches Gesamtklima bestimmt

- um Humanvermögen wird betriebswirtschaftlich durch Attraktivitätsfaktoren wie Einkommen, Sicherheit, Prestige und Beteiligung bestimmt. Als wesentliche Faktoren der Attraktivität eines Betriebs werden z. B. mitarbeiterorientierte Arbeitsinhalte und eine systematische, die Beschäftigungsfähigkeit sichernde Personalentwicklung angesehen.

2   Bildung in der New Economy

2.1   Mästung von Wissenshamstern in der Old Economy

Das traditionelle Bildungswesen in der Bundesrepublik Deutschland ist auf formale Bildungsabschlüsse, geregelte und überwachte Ausbildungsgänge und den festen Glauben an den Wert von Qualifikationsnachweisen ausgerichtet. Zur Bewältigung der sich rasch vollziehenden Veränderungen auf den globalen Märkten ist dieses ‚ti-

---

[3]   Es ist darauf hinzuweisen, dass es keinen glatten Schnitt zwischen Old und New Economy gibt. Die Unternehmen stehen in der Tradition des Dauerhaften und ergänzen ihre Aktivitäten durch situative, virtuelle und artifizielle Kompetenz. Vgl. hierzu Becker (2002b), ferner: Becker (2002c)

cket punching' zu langsam, zu starr und zu reduktionistisch auf die Perpetuierung der Instanzen ausgerichtet, die das Geschehen in der pädagogischen Provinz regeln und überwachen.[4]

2.2 Auszubildende Wissenshamster

Die Struktur des dualen Systems der betrieblichen Erstausbildung ist auf Einheitlichkeit, Langfristigkeit und damit auf die Behäbigkeit der Old Economy hin ausgelegt. Neuordnungsverfahren zur inhaltlichen und methodischen Anpassung oder Neugestaltung von Berufen dauern in der Regel länger als die Verwertungszeiten flüchtiger Kompetenzen in der New Economy. Zu lang, zu unflexibel, zu dogmatisch, zu wenig verwertungsorientiert und zu sehr durch administrative Vorgaben stranguliert, ist das duale System in weiten Teilen – insbesondere im Prüfungswesen – ein Relikt der Old Economy. Der Erhalt des dualen Systems erklärt sich aus dem Beharrungsvermögen derjenigen, die von der Perpetuierung sicher und gut leben: den Behörden, den Kammern und den Ausbildern in den Lehrwerkstätten.

Gerade in Großunternehmen trifft der Vorwurf der Wissenshamsterei für die duale Berufsausbildung zu. In den Lehrwerkstätten der großen Unternehmen blüht das ‚ticket punching' in Form von Lehrgängen nach wie vor. In reduktionistischer Manier werden Techniken erlernt, die aus der Industrie von vorgestern auf eine Welt von gestern vorbereiten. Ticket nach Ticket sammelt der Auszubildende von Lehrgang zu Lehrgang, ohne damit dem eigentlichen Ziel der Berufsausbildung merklich näher zu kommen. Die Wissenshamster der dualen Berufsausbildung sind am Ende der Berufsausbildung nur beschränkt in der Lage, eine berufliche Tätigkeit eigenverantwortlich und kompetent wahrzunehmen.

Die Berufsschulen verstärken das reduktionistische Horten von Belegen durch Lerntechnologien von vorvorgestern für eine Lernkultur von vorgestern. Keine oder veraltete Technologien und Lehrer, die ihre pädagogische Provinz seit vielen Jahren nicht mehr verlassen haben, sind Kennzeichen einer Old Education für die Old Economy. Zusätzlich ist weder in den Schulen noch in den Lehrwerkstätten hinreichend wahrgenommen worden, dass die Arbeit den Menschen von der Hand in den Kopf abgewandert ist. Die Theorie müsste verstärkt werden, um mit den intelligenten Mitteln und Methoden der New Economy zurechtzukommen. Eine erste Forderung lautet deshalb: Abschaffung der ‚Ticket punching-Behörden' in Form von reduktionistisch auf den Erhalt der Institutionen gerichteten Lehrwerkstätten, geglätteten Zwischen- und Abschlussprüfungen nach Schema F der Industrie- und Handelskammern und ihrer weltfremden Prüfungsausschüsse. Eine weitere Forderung zielt auf die Verstärkung praxisintegrierter Ausbildung, wie sie bei kleinen Handwerkern schon immer Realität ist.

---

[4]   Die Probleme des allgemeinen Schulwesens und die Reformnot der Universitäten sollen hier nicht behandelt werden. Im Mittelpunkt der Betrachtung steht stattdessen die Ist-Analyse der betrieblichen Bildung (d. h. der betrieblichen Erstausbildung und der Weiterbildung).

Die Gefahr des stagnierenden Wissens und Könnens, die Verteidigung des Status Quos einer wenig dynamischen Ausbildung für eine hochdynamische Wirtschaft liegt auf der Hand. Bei gegebenem Wissensstand nehmen die Grenzerträge des verstärkten Sachkapitaleinsatzes in neue Produkt- und Produktionstechnologien rapide ab. Der Shareholder Value und natürlich auch die Beschäftigungsfähigkeit der dual-dynamisch unzureichend qualifizierten Nachwuchskräfte sinken. Standortnachteile entstehen in erheblichem Maße aus der zu zaghaften Reform des dualen Ausbildungssystems. Die Investitionen in I+K-Technologien rechnen sich für Unternehmen und Beschäftigte nur dann, wenn die Nachwuchskräfte bereits in der Berufsausbildung lernen, die enorme Potenzialität dieser Technologien in marktfähige Leistung, z. B. in das E-Business und den E-Commerce, zu transformieren.

Die Old Economy ist auf die Entstehungsseite von Qualifikationen fixiert. Der Aufbau formaler Qualifikationen und die Sicherung des Sozialprestiges von Berufen erfolgt über Prüfungen, Zertifikate, Zulassungsbeschränkungen und Bedarfsprüfungen. Die Zertifikatsgesellschaft der Old Economy mästet die Wissenshamster. Die New Economy ist auf die Verwertung von Kompetenzen orientiert. Die individuellen, betrieblichen und volkswirtschaftlichen Kompetenzarchitekturen sind so zusammengefügt, dass der Einzelne, die Betriebe und die nationale Wirtschaft unverwechselbare, wertvolle und damit nachahmungsresistente Leistungen erzeugen können. Die Resultatsgesellschaft der New Economy trainiert die Kompetenzwiesel. Abbildung 2 fasst die Ergebnisse des Abschnittes zusammen:

Von der Zertifikats- zur Resultatsgesellschaft	
Die Zertifikatsgesellschaft der Old Economy	**Die Resultatsgesellschaft der New Economy**
- Punching learning tickets	- Transforming competencies in payed performances
- Belohnung und institutioneller Schutz von Zertifikaten, formalen Abschlüssen und geregelten Ausbildungswegen	- Bezahlung vereinbarter Leistungen bei loser institutioneller Bindung
- Beschäftigung in Dauerarbeitsverhältnissen und Belohnung von Anncienität und Loyalität	- Differenzierung der Belegschaften in einem anforderungsbezogenen Portfolio von Kern- und Peripheriegesellschaften
- Die institutionalisierte Organisation des Qualifikationserwerbs und der Qualifikationsverwendung reduziert Komplexität und verbessert die Planungssicherheit	- Individualisierung des Qualifikationserwerbs und Stärkung der individuellen Verwertungsverantwortung erworbener Qualifikationen

Abbildung 2

2.3   Weiterbildung als Sozialklimbim

Die betriebliche und auch die berufliche Weiterbildung könnten weit effektiver arbeiten, wenn sie sich nicht in hohem Maße mit der kompensatorischen Nacharbeit familiärer und schulischer Mängel befassen müssten. Auch arbeitet die betriebliche Weiterbildung noch in hohem Maße reaktiv. Mängel im Wollen, Können und Dürfen werden mit erheblichen Zeitverzögerungen wahrgenommen. Der Reparaturbetrieb Weiterbildung behebt Qualifikationsmängel, die bereits zur Unzufriedenheit beim Kunden geführt haben. Auch verpufft ein Teil der Weiterbildungsleistungen wirkungslos als Sozialklimbim. Weiterbildung wird als Belohnung denjenigen ‚bewilligt', die keine Qualifikationsmängel in Leistung und Zusammenarbeit zeigen. Allerdings muss noch einmal hervorgehoben werden, dass die Weiterbildung im Vergleich zur Erstausbildung schon in hohem Maße kompetenzorientiert arbeitet und nur wenig zur Mästung der Wissenshamster beiträgt.

Die Abkehr von der Zertifikatsgesellschaft der Old Economy und die Hinwendung zur Resultatsgesellschaft der New Economy vollzieht sich exakt in dem Tempo, mit dem die Attraktivität des ticket punching abnimmt. Solange Einkommen, Ansehen, Arbeitsplatzsicherheit und Aufstieg primär von formalen Abschlüssen abhängen, solange wird die Sammelleidenschaft der Wissenshamster blühen.

Die Dynamik des Transformationsprozesses von der Old zur New Economy zeigt sich in der unterschiedlichen Fähigkeit, Bereitschaft und Möglichkeit, durch Weiterbildung Anschluss an die Entwicklung zu halten. Anpassung durch proaktive Weiterbildung betrifft jeden Einzelnen, die Unternehmen und auch die Volkswirtschaft. Weiterbildung als ‚Education Management of Speed' zur Entwicklung marktfähiger Kompetenzen trennt in Gewinner und Verlierer der Dynamisierung. Die Dynamisierung der Arbeitsanforderungen und die Differenzierung der Belegschaften nach dem personalen Kriterium der individuellen Anpassungsfähigkeit teilen in Humanvermögenskapitalisten (HUKAS) und in Humanvermögenspauperisten (HUPAS). Die HUKAS gehen deshalb als Gewinner aus der Dynamik hervor, weil sie ihre Beschäftigungsfähigkeit (und damit den Marktwert ihres Humanvermögens) auf hohem Niveau halten und vermarkten. Ertragreiche Vermarktungsphasen werden durch intensive Weiterbildungsphasen ermöglicht. Die HUPAS verlieren relativ und absolut an Verwertungschancen, weil sie weniger Weiterbildung nachfragen und ihre Allerweltskompetenzen nicht knapp sind. Zusätzlich sind die HUPAS gezwungen, ihre Weiterbildung in weit höherem Maße selbst zu finanzieren als dies die HUKAS tun müssen (vgl. Abbildung 3).

Die gesellschaftlichen Folgen dieser Segmentierung der Arbeitsbevölkerung in HUKAS einerseits und HUPAS andererseits sind noch nicht in vollem Umfange abzusehen. Sozialer Sprengstoff birgt die unterschiedliche Ermöglichung an Weiterbildung jedoch dadurch, dass über die Kompetenzprofile die Einkommenschancen ungleich werden. Dem wollte z. B. die IG Metall durch die Durchsetzung eines tarifvertraglichen Rechts auf Qualifizierung in den Tarifverhandlungen 2001 entgegenwirken.[5] Ein tarifvertraglich geregeltes Recht zur Qualifizierung brauchen nur die HUPAS, jene Gruppe von Arbeitsanbietenden also, die eine intensive Teilnahme an Weiterbildung entweder nicht will, den Anforderungen nicht entsprechen kann und/oder vom Unternehmen nicht für Weiterbildung freigestellt wird. Die sozialen Regelungen zur Bezahlung beruflicher und betrieblicher Weiterbildung müssen neu bestimmt werden. Ohne Subventionierung der Weiterbildung der HUPAS durch Abgaben der HUKAS wird der soziale Friede nicht zu halten sein.

Gewinner und Verlierer der Dynamisierung und Segmentierung	
HUKAS **(Humanvermögenskapitalisten)**	**HUPAS** **(Humanvermögenspauperisten)**
- Mobile, unabhängige, kompetente, leistungs- und verhandlungsstarke Humanvermögensanbieter	- Tätigkeitsabhängige, verhandlungsschwache Anbieter von Peripheriekompetenzen
- Flexibel und mobilitätsbereit, jedoch nicht zur Mobilität gezwungen	- Wenig mobil und flexibel bei wachsendem Mobilitätsdruck
- Produzenten von Kernkompetenzen mit hohen Einkommen in Dauerarbeitsverhältnissen	- Zeitarbeitsverhältnisse und geringes Einkommen
- Personalentwicklung zur Erhaltung der Employability zahlt der Arbeitgeber	- Personalentwicklung zur Erhaltung der Employability zahlt der HUPA selbst
- Gute Chancen am Arbeitsmarkt, geringe Bindung an ein Unternehmen	- Suche nach Sicherheit durch kollektive Macht

Abbildung 3

Auch das Steuerrecht wird daraufhin zu überprüfen sein, ob es Investitionen in Sachkapital überproportional fördert und Investitionen in Humankapital überproportional bestraft. So müsste es künftig für HUKAS möglich sein, aus den Rückflüssen der Investitionen in das eigene Humankapital steuerfreie Rücklagen zu bilden. Der Steuerfiskus müsste damit einverstanden sein, dass Einkommensanteile unversteuert in Rücklagen eingestellt werden. Diese Rücklagen würden dann für den späteren Aufbau, die Erneuerung und die Erweiterung des Humankapitalstocks genutzt. Gegenwärtig werden höhere Einkommen als Folge der Investitionen in eigenes Humanvermögen durch progressive Steuersätze bestraft. Auch für die HUPAS müssten steuerliche Anreize die Teilnahmebereitschaft an Weiterbildungsmaßnahmen stärken. So könnte z. B. durch einen Vortrag von Aufwendungen für die Verbesserung des Humanvermögens der Ausgleich der Aufwendungen durch Weiterbildung in späteren Perioden eröffnet werden. Auch wäre es denkbar, dass Individuen dann Steueranteile erlassen werden, wenn sie bei drohender Kündigung

---

5   Vgl. o. V. (2000), S. 7.

oder eines Arbeitsplatzwechsels mit Qualifizierungsnotwendigkeit gezwungen werden, verstärkt in die eigene Weiterbildung zu investieren.

3   Die New Economy trainiert die Kompetenzwiesel

In der Old Economy wird die Entstehungsseite von Qualifikationen überbetont. Qualifikationen werden ohne Beachtung von Verwendungschancen aufgebaut. Die Vollbeschäftigungsmentalität suggeriert die Verwertung aller Qualifikationen. Das adaptive Lernen der Wissenshamster in der Zertifikatsgesellschaft wird zunehmend abgelöst durch das generative Lernen der Kompetenzwiesel in der Resultatsgesellschaft.

Wissen hamstern lohnt sich nur, wenn das eingelagerte Wissen längerfristig verwertbar ist. Droht das eingelagerte Wissen durch rasche Anforderungsveränderungen bald zum Ladenhüter zu werden, dann ist die kompetenzzentrierte „Just in time-Produktion" von Wissen und Können gefragt. Weil die Gestaltungskriterien der globalen Märkte in einem rasanten Tempo akzelerieren, müssen flexible Kompetenzagenturen die Kompetenzwiesel der New Economy trainieren. Dabei unterscheidet sich das Kompetenzwiesel vom Wissenshamster wesentlich dadurch, dass es nicht reduktionistisch oder diffus dies und das lernt. Das Kompetenzwiesel lernt sprintstark aktuell verwertbares Wissen mit geeigneten Technologien so anwendungszentriert zu verbinden, dass es mit seiner Handlung ganz konkrete Aufgaben lösen kann. Das Kompetenzwiesel denkt und plant invers zum Wissenshamster seine Lernsequenzen von der wahrscheinlichen Verwendung retrograd so, dass ,nur' gelernt und mit Technologien zu Handlungsmustern verbunden wird, was einen Markt oder eine Wertschätzung findet. Das Kompetenzwiesel meidet die unproduktiven Serpentinen des ,ticket punching', weil der Markt für Kompetenzen zu einem Management of speed zwingt. Die Nachfrage nach konkreter Leistung wäre längst anderweitig befriedigt, begäbe sich das Kompetenzwiesel erst im akuten Zeitpunkt des Bedarfs auf den langen Marsch durch die Bildungsprovinz.

3.1   Auszubildende Kompetenzwiesel

Im globalen Wettbewerb der Humanvermögensanbieter findet sich stets ein Humanvermögenskapitalist, der punktgenau zu leisten vermag, was gerade gefordert ist. Weil das so ist, muss die Berufsausbildung gründlich reformiert werden. Erste Forderung: Die Berufsausbildung muss verkürzt werden. Weil die Produktlebenszyklen, die Technologiegenerationen, die Mode und die Methoden der Güter- und Dienstleistungsproduktion rasch wechseln, kann es nicht länger sein, das z. B. die Berufsausbildung zum Bäcker drei Jahre dauert. Rechnet man noch ein Jahr Anwerbungsvorlauf hinzu, dann gelangt der Bäckerlehrling erst nach vier Jahren ausbildungsrelevanter Inkubationszeit auf den Markt für Backleistungen. Dabei kann es sein, dass der junge Mann lediglich die Kompetenz zum Backen von Pizzabroten erwerben wollte. Drei Wochen gründliche Einweisung hätten einem Kompetenzwiesel ausgereicht, Pizzabrote so backen zu lernen, dass sie der nachfragenden Kundschaft exzellent schmecken. Die Systemwächter der geregelten Ausbildung in der Old Economy kann derartige Flüchtigkeit nicht überzeugen. Die ,Dual-System-Royalisten' halten beharrlich fest an Form und Dauer der sie alimentierenden Berufsausbildung. Die Berufsausbildung muss verkürzt werden und zusätzlich ist sie modular zu gestalten. Der Vielfalt im Verwertungssystem von Kompetenzen, der Wirtschaft, muss eine Vielfalt in der Ausbildung entsprechen. Grundmodule, stark theorieorientiert, verwertungszentriert und grundlegend für nachfolgende Aufbaumodule, müssen die erste Ausbildungsphase bestimmen. In einem halben Jahr, höchstens in einem Jahr, muss das Kompetenzwiesel für die Übernahme einer ersten verantwortlichen Berufstätigkeit fit sein. Die Module sollten frei wählbar, die Zeiten individuell planbar und bei besonderer Befähigung auch variierbar sein. Die einzelnen Module sollten weiterhin zertifiziert werden. Mit jedem Modul rundet der Kompetenz-Kapitalist sein Kompetenzportfolio ab und hält insgesamt sein Kompetenzkataster en vogue. Natürlich ist diese kompetenzorientierte Ausbildung weit entfernt vom Berufsprinzip der Old Economy.

3.2 Weiterbildung als Kompetenztraining

Kompetenz als Kombination und Integration von Basisfaktoren (hier Qualifikation) und Technologiefaktoren (Mittel, Medien) zur konkreten Handlungsfähigkeit ist nur zu leisten, wenn die Planungsinstrumente, das Bewusstsein für neu zu errichtende Kompetenzagenturen (statt Verwaltungsbehörden der Aus- und Weiterbildung) und vor allem die Vermittlungsmethoden zügig und umfassend fortentwickelt werden.

Aus der Pädagogik sind die beiden entgegengesetzten Wege der Inhaltsbemeisterung, die Enzyklopädisierung und die Elementarisierung, bekannt. Weil sich die Daten und die Variablen der ökonomischen Entwicklung aufgrund der intensiven Nutzung der Informationstechnologie und der globalen Verbreitung von Wissen in raschem Tempo ändern, entfällt die Möglichkeit der Enzyklopädisierung. Die Zunahme des verfügbaren Wissens ist nicht durch additives Lernen zu bewältigen. Die Chance zu erträglichem Umgang und ertragreicher Nutzung des explodierenden Wissens liegt in der Elementarisierung. Das potenziell verfügbare Wissen ist aufzubrechen in die flüchtigen, kontingenten Elemente einerseits und in die elementaren, wandlungsresistenten Elemente andererseits. Diese Zweiteilung ermöglicht Kontinuität, Komplexitätsreduktion, Situationsgerechtigkeit und individuelle Orientierung statt Hilflosigkeit im globalen Datendschungel. Elementarisierung muss auch den Umbau der Planungs-, Steuerungs- und Kontrollinstrumente der Personalentwicklung bestimmen.

Wenn nun eine Gruppe von Beschäftigten die Dynamik der Anforderungen durch eine adäquate Flexibilität der Weiterbildungsteilnahme gut bewältigt, eine zweite Gruppe von gering Qualifizierten dagegen mit der Dynamik der Anforderungen nicht Schritt halten kann oder nicht halten will, dann sind sowohl wachsende Unterschiede in der Entlohnung als auch Unterschiede im Beschäftigungsrisiko die Folge. Die Gewerkschaften haben die Entwicklung zur Zwei-Klassengesellschaft, den Humanvermögenskapitalisten und die Humanvermögenspauperisten, erkannt. Wie bereits erwähnt, fordert die IG Metall das Recht auf Qualifizierung. Gemeint ist sicherlich der Schutz derjenigen, die der kollektiven finanziellen und organisatorischen Unterstützung bei der Erhaltung ihrer Beschäftigungsfähigkeit bedürfen. Konkret würde es sich um eine Subventionierung der Humankapitalpauperisten durch die Humanvermögenskapitalisten handeln. Dies entspricht der Forderung nach gelenktem Ausgleich von Berufs- und Lebenschancen, die der Forderung nach Geltung der drei Grundprinzipien der sozialen Wohlfahrt, dem Leistungsprinzip, dem Solidarprinzip und dem Subsidiaritätsprinzip, entspricht.

Ganz praktisch würde das bedeuten, dass jeder Beschäftigte entweder auf gesetzlicher, tariflicher oder betrieblich vereinbarter Grundlage eine frei verfügbares Weiterbildungsbudget erhielte. Ob eine formale Differenzierung der Belegschaft in ‚Weiterbildungsbedürftige' und ‚Selbstversorger' vor dem Grundsatz der Gleichbehandlung bestehen könnte, ist fraglich. Andererseits würde aber auch eine formale Gleichbehandlung aller Beschäftigten bei der Zuweisung eines Bildungsbudgets die Ungleichheit dadurch vergrößern, dass nicht bedürftige Humankapitalkapitalisten eine kostenfreies Superadditivum Weiterbildung erhielte. Sie stünden im Wettbewerb um Beschäftigungchancen noch besser da.

Bleibt für die Weiterbildung zu fordern, dass sie regelungsarm nach dem betrieblichen Bedarf und nach den subjektiven Wünschen und Erfordernissen der Individuen gestaltet wird. Jede regulierte und damit reglementierte Form des Weiterbildungsmarktes wäre ökonomisch nicht optimal, würde wettbewerbshemmend wirken und die individuellen Berufs- und Lebenschancen schmälern.

4   Förderung in der New Economy

Differenzierung und Segmentierung der Belegschaften verlangen auch die Erneuerung der Instrumente der Förderung. Besonders hervorzuheben sind dabei die Instrumente Anforderungs- bzw. Stellenbündel, Positionierungsverfahren, strukturierte Mitarbeitergespräche und Zielvereinbarungskonzepte. Zur Verdeutlichung der Bedeutungszunahme dieser Instrumente wird im Folgenden auf die Instrumente Anforderungs- und Stellenbündel, Positionierungsverfahren und strukturierte Mitarbeitergespräche vertieft eingegangen.[6]

4.1   Anforderungsprofile und Stellenbündel

Wenn sich Unternehmen von wenig dynamischen zu akzelerierenden und offenen sozialen Systemen der Leistungserstellung und -vermarktung verändern wollen, dann müssen sie in einem ersten Schritt die Statik der Stellenorientierung aufgeben. Es muß eine Orientierung an Anforderungsprofilen und Stellenbündeln erfolgen, da die

---

[6]   Vgl. vertiefend zum Instrument Führen durch Zielvereinbarung die Beiträge von Becker/Schwarz (1998) und Becker/Bührnheim in diesem Band.

Unternehmen als lose gekoppelte Netzwerke das erforderliche Humanvermögen in hohem Maße über Werklieferungs- und Einzelverträge beziehen. Anforderungsprofile und Stellenbündel beschreiben Einstiegs-, Aufstiegs- (bzw. Umstiegs-) sowie Endpositionen. Die Attraktivität von Tätigkeiten muss in überschaubarer Strukturbildung sichtbar werden. Die Beschreibung von typischen Einstiegs-, Aufstiegs- und Endprofilen bietet die erforderliche Transparenz für potenzielle Einsteiger und die vorhandene Belegschaft (vgl. für ein Beispiel Abbildung 4). Anforderungsprofile und Stellenbündel fassen Tätigkeiten so zusammen, dass eine differenzierte und segmentierte Personal- und Führungsarbeit möglich bleibt. Gleichzeitig wird die Transparenz erhöht und der Wartungsaufwand stark vermindert. Mit der Konzentration auf Anforderungsprofile gewinnt die Erhaltung der Beschäftigungsfähigkeit (Employability) stark an Bedeutung. Die Sicherung von Arbeitsplätzen dagegen ist in transitionalen Unternehmen kein Ziel, weil die Veränderung der Arbeitsinhalte die Inhalte von Stellenbeschreibungen und die konkreten Tätigkeiten einer singulären Stelle entwertet.

Beispiel für End-, Aufstiegs-/Umstiegs- und Einstiegspositionen			
Eckpositionen	**Finanzen**	**Personal**	**Verkauf**
End-positionen	- Leiter Rechnungswesen und Steuern	- Leiter Personalwirtschaft Deutschland	- Verkaufsleitung (GB)
Auf-/Umstiegs-positionen	- GB Controller national - Werkscontroller	- GB Personalleiter national - Werkspersonalleiter	- Verkaufsleitung (Account)
Einstiegs-positionen	- Sachbearbeiter Rechnungswesen - Mitarbeiter Revision	- Sachbearbeiter Lohn und Gehalt - Personalreferent	- Sachbearbeiter Verkaufsinnendienst - Verkäufer

Abbildung 4

4.2   Positionierungsverfahren

Da sich die Anforderungen an Führungskräfte in der New Economy rasch verändern[7], werden Neupositionierungen erforderlich. Unter einer Positionierung wird ein Verfahren zum Abgleich der künftigen Kernanforderungen, der Kernkompetenzen und der aktivierbaren Kompetenzreserven (Potenziale) verstanden, das ein Unternehmen anlassbezogen oder in regelmäßigen Abständen für die Belegschaft oder für Teilbelegschaften (z. B. Top-Führungskräfte oder Führungskräfte eines Bereiches) durch-

---

[7]   Vgl. zu den geänderten Anforderungen an Führungskräfte Becker u.m.v. Schwertner (2002); S.232 ff.

führt. Ziel der Positionierung ist ein optimaler Personaleinsatz unter Beachtung von Eignung, Neigung und Potenzial.

Das Positionierungsverfahren erzeugt bei den betrachteten Belegschaftsgruppen das notwendige Bewusstsein, den Ertragswert ihres geistigen Kapitals immer wieder unter Beweis stellen zu müssen. Eine systematische Positionierung sichert deshalb einen hinreichend guten eignungs-, neigungs- und anforderungsgerechten Einsatz des Humanvermögens im Unternehmen.

Das Positionierungsverfahren überprüft sowohl diffuse als auch konkrete Anforderungs- und Eignungskriterien. Es ist managementgeleitet und macht aus Betroffenen Beteiligte. Dabei wird streng die Anforderungs- und Eignungspositionierung von der Besetzungsentscheidung getrennt und das Verfahren konsequent an Zielpositionen ausgerichtet. Zielpositionen werden mit der Methode der kritischen Ereignisse auf erfolgsrelevante Anforderungen analysiert. In Expertengesprächen werden daraufhin die Positionsanforderungen überprüft und Anforderungsprofile erarbeitet. Aus den Anforderungsprofilen werden in einem weiteren Schritt konkrete, operationalisierte Merkmalsausprägungen für die wichtigsten Anforderungskriterien der betroffenen Positionierungsebene erarbeitet. Diese sind maßgebend für die Erarbeitung von Übungen zur Überprüfung der Eignungswahrscheinlichkeit der Positionierungsteilnehmer. Die Zielebene bestimmt folglich die relevanten Anforderungskriterien, die dann Grundlage der Positionierungsübungen sind.

Die Positionierung erfolgt ähnlich wie bei einem Assessment Center.[8] Es weist jedoch die Besonderheit eines kriteriengeleiteten Positionierungs- und Orientierungsgesprächs auf. Ergebnis des Verfahrens ist die Entscheidung, ob ein Kandidat für die Zielposition geeignet ist oder nicht. Nach dem Abschluss des Positionierungsverfahrens entscheidet das Management über die Besetzung der Zielpositionen aus dem Kreis der als geeignet betrachteten Kandidaten.

Das nachfolgend beschriebene Positionierungsverfahren zielt darauf ab, den gesamten Vorstand eines Unternehmens mit dem Ziel zu repositionieren, die jeweils beste interne Besetzung der veränderten Tätigkeitsgebiete zu erreichen.

Zur Vorbereitung des Positionierungsverfahrens wird in einem ersten Schritt ein Anforderungsprofil erarbeitet. Dabei wird – ausgehend von den nach der Methode der kritischen Ereignisse ermittelten Anforderungskriterien – von Management und Personalentwicklern der gewünschte Ausprägungsgrad für jede Anforderung festgelegt. In einem zweiten Schritt wird das Qualifikationsprofil der Teilnehmer durch eine schriftliche Erhebung von fachlichen Qualifikationen, Zusatzqualifikationen und Berufserfahrungen erhoben. Zusätzlich werden die Teilnehmer nach ihren Zielpositionen befragt.

---

[8]   Vgl. zum Assessment Center z. B. Becker/Rother (1995). Vgl. kritisch zum Assessment Center-Verfahren Kompa (1999).

Am Positionierungsverfahren selbst nehmen neben den Teilnehmern ein Beobachterteam, ein Moderator und weitere, das Auditierungsteam unterstützende Mitarbeiter („Backoffice') teil. Der Moderator ist der Verfahrensverantwortliche. Er leitet das Verfahren sorgfältig und achtet auf die Einhaltung des Zeitplans. Zusätzlich befragt er bei einigen Übungen die Teilnehmer (gemeinsam mit den Beobachtern oder auch alleine). Die Beobachter („Auditoren') beobachten und beurteilen die Kandidaten möglichst unvoreingenommen (d. h. sie versuchen, Beobachtungsfehler zu vermeiden). Bei ihrer Bewertung arbeiten sie gleichberechtigt zusammen. Die Mitarbeiter des Backoffice sind die Dokumentenverantwortlichen, d. h. sie sorgen dafür, dass die Vorbereitungszeiten eingehalten werden, bereiten die Beobachterkonferenz vor, betreuen die Kandidaten, sammeln alle schriftlichen Unterlagen ein und vernichten sie nach Abschluss der Übungen.

Das Positionierungsverfahren lässt sich grundsätzlich in die Abschnitte Vorgespräch, eigentliches Auditierungsverfahren und Nachgespräch einteilen. Im Vorgespräch wird den Teilnehmern vom Auditierungsteam das allgemeine Vorgehen des Positionierungsverfahrens erläutert und die dem Verfahren zugrundeliegenden Anforderungskriterien offengelegt. Zur Abklärung der gegenseitigen Erwartungen wird anschließend ein „Kontrakt' über die Bedingungen des Positionierungsverfahren abgeschlossen.

Das Auditierungsverfahren setzt sich aus vier Übungen zusammen: einer Präsentation, einer Fallstudie, einer Führungsstilanalyse und einem Orientierungsgespräch zusammen (vgl. Abbildung 5).

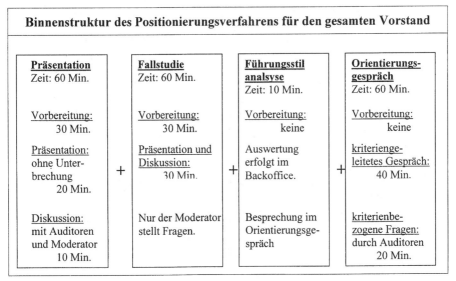

Binnenstruktur des Positionierungsverfahrens für den gesamten Vorstand

Präsentation Zeit: 60 Min.		**Fallstudie** Zeit: 60 Min.		**Führungsstil-analyse** Zeit: 10 Min.		**Orientierungs-gespräch** Zeit: 60 Min.
Vorbereitung: 30 Min.		Vorbereitung: 30 Min.		Vorbereitung: keine		Vorbereitung: keine
Präsentation: ohne Unterbrechung 20 Min.	+	Präsentation und Diskussion: 30 Min.	+	Auswertung erfolgt im Backoffice.	+	kriteriengeleitetes Gespräch: 40 Min.
Diskussion: mit Auditoren und Moderator 10 Min.		Nur der Moderator stellt Fragen.		Besprechung im Orientierungsgespräch		kriterienbezogene Fragen: durch Auditoren 20 Min.

Abbildung 5

Die erste Übung stellt eine Selbstpräsentation dar. Der Teilnehmer hat 60 Minuten Zeit, um seinen auf zwanzig Minuten limitierten Vortrag vorzubereiten. Thema der Selbstpräsentation ist sein Werdegang, seine berufliche Entwicklung, seine derzeitigen Tätigkeitsschwerpunkte, die bislang absolvierten Personalentwicklungsmaßnahmen und seine Vorstellungen über die zukünftige Entwicklung. Im Anschluss daran stellen die Auditoren und der Moderator Fragen (insgesamt zehn Minuten). Als zweite Übung bearbeitet der Teilnehmer eine Fallstudie. Diese bezieht sich auf das Tätigkeitsgebiet der Zielebene bzw. -position. Nach einer Vorbereitungszeit von dreißig Minuten, präsentiert der Kandidat innerhalb von zwanzig Minuten seine Lösungsvorschläge. Im Anschluss daran wird er zu Einzelheiten noch zehn Minuten durch den Moderator befragt. Die Auditoren beobachten anhand vorgegebener Beobachtungskategorien, wie sich der Kandidat dabei verhält. Jeder Beobachter bewertet für sich alleine. Es findet keine Diskussion oder Abstimmung zwischen den Beobachtern statt. Die Beobachtung ist Grundlage für die nach Abschluss der Beobachtung vorzunehmende Beurteilung des beobachteten Verhaltens. Die Beurteilung erfolgt anhand eines vorab für jedes einzelne Merkmal festgelegten ,Beurteilungsmaßstabs' (i. d. R. wird dabei auf eine Skala von 1 = erfüllt die Anforderungen nicht bis 4 = übertrifft die Anforderungen zurückgegriffen). Der Beurteilungsbogen ist nach der Beurteilung beim Backoffice abzugeben. Im dritten Schritt unterzieht sich der Teilnehmer einer Führungsstilanalyse. Dies erfolgt anhand eines Fragebogens und erfordert keine Vorbereitungszeit. Die Mitarbeiter des Backoffice werten den Fragebogen aus. Die Ergebnisse werden dann im anschließenden Orientierungsgespräch noch einmal vertieft. Als vierter Schritt schließt sich ein sechzigminütiges Orientierungsgespräch an. Das Orientierungsgespräch soll dem Teilnehmer die Möglichkeit eröffnen, seine persönlichen Kompetenzen in Bezug auf die Anforderungen darzustellen. Ziel des Gesprächs ist es, einen über die Einzelübung hinausgehenden Gesamteindruck zu erhalten. Dies geschieht insbesondere durch kriterienbezogene Fragen und die Bearbeitung kritischer Ereignisse aus dem Arbeitsbereich der Zielposition. Darüber hinaus soll im Orientierungsgespräch auf die schriftliche Führungsstilanalyse eingegangen werden. Diese Übung ist in besonderem Maße auf die aktive Beteiligung der Teilnehmer ausgerichtet. Damit die Gespräche allen Teilnehmern annähernd gleiche Chancen eröffnen, führt der Moderator das Gespräch anhand eines Leitfadens (Zeitrahmen: 40 Minuten). Daran anschließend befragen die Auditoren den Teilnehmer noch für 20 Minuten.

Für Moderator, Auditierungsteam und Backoffice-Mitarbeiter sind folgende Grundsätze verbindlich:

• Konsequente Einhaltung der Zeitpläne, um gleiche Bedingungen für alle Kandidaten zu gewährleisten.

• Strikte Trennung von Beobachtung und Beurteilung, um Beurteilungsfehler zu vermeiden.

- Jeder Beobachter beobachtet und beurteilt für sich. Es gibt keine Gruppenentscheidung. Deshalb sollen die Beobachter sich während des laufenden Verfahrens nicht über ihre Bewertungen austauschen.

- Dominanz sowohl des Moderators als auch einzelner Beobachter in der Beobachterkonferenz ist nicht erwünscht und verfälscht/beeinflusst das Ergebnis.

- Eine Diskussion der erarbeiteten und abgesprochenen Anforderungskriterien während des Verfahrens ist ausgeschlossen, weil die Veränderung von Kriterien zur Ungleichbehandlung von Kandidaten führen würde.

- Alle Unterlagen bis auf den Ergebnisbogen und die Positionierungsempfehlung sind zu vernichten.

Im Anschluss an das Auditierungsverfahren findet die Auditorenkonferenz statt. Dort werden von Moderator und Auditierungsteam die einzelnen Bewertungen für die jeweiligen Übungen und Anforderungskriterien diskutiert. Ergebnis der Auditorenkonferenz ist ein Gutachten für jeden Teilnehmer. Bei der Erstellung des Gutachtens gelten folgende Grundsätze:

- Das Gutachten ist empfängerorientiert zu gestalten.

- Die angemessene Qualität des Gutachtens ist nur dann gewährleistet, wenn die Ergebnisse auf einer strikten Trennung zwischen Beobachtung und Bewertung während des Verfahrens basieren.

- Es werden nur Befunde aus dem Positionierungsverfahren selbst zur Gutachtenerstellung herangezogen.

- Einzige Bewertungsgrundlage für das Gutachten ist das vorab festgelegte Anforderungsprofil.

- Im Gutachten empfohlene Entwicklungsmaßnahmen sind am Anforderungsprofil ausgerichtet.

- Für alle Gutachten gelten die gleichen Maßstäbe.

- Im Gutachten sind verletzende Formulierungen zu vermeiden.

- Geheimformulierungen sind im Gutachten nicht zu verwenden.

Im Nachgespräch wird – aufbauend auf der Auswertung der Ergebnisse der Übungen in einer Auditorenkonferenz (d. h. dem gemeinsam erstellten Gutachten) – ein ausführliches Feedbackgespräch mit dem jeweiligen Teilnehmer geführt. Wesentliche Themen des Feedbackgesprächs sind neben den Ergebnissen des Verfahrens die Beratung über weitere Entwicklungsmaßnahmen und die Vereinbarung konkreter Entwicklungsschritte. Auch diese Vereinbarungen werden in einem ‚Kontrakt' (i. d. R. eine vom Management/Beratungsteam und dem Teilnehmer unterschriebenes Ergebnisprotokoll) dokumentiert.

4.3   Strukturiertes Mitarbeitergespräch

Das strukturierte Mitarbeitergespräch[9] ist ein regelmäßig zwischen Führungskraft und Mitarbeiter durchgeführtes und systematisch vorbereitetes Gespräch, in dem die erbrachten Leistungen des Mitarbeiters in der abgelaufenen Betrachtungsperiode den vereinbarten Arbeitszielen gegenübergestellt werden. Ebenso wird das gezeigte Verhalten besprochen und bewertet. Das strukturierte Mitarbeitergespräch zielt auf verbesserte Information, erhöhte Motivation und individuelle Fördermaßnahmen.

Das strukturierte Mitarbeitergespräch ist ein wesentliches Element kooperativer Führung und Zusammenarbeit. Eine offene und partnerschaftliche Unternehmenskultur ist Voraussetzung für das Gelingen von Mitarbeitergesprächen. Es unterscheidet sich von alltäglichen Gesprächen zwischen der Führungskraft und dem Mitarbeiter dadurch, dass es ein aufgabenbezogenes Förder- und Führungsinstrument ist, dessen Fundament die Förderung und die Führung von Mitarbeitern bildet. Im strukturierten Mitarbeitergespräch werden Leistung, Fachwissen, Fachkönnen und Verhalten des Mitarbeiters besprochen und beurteilt sowie Veränderungs- und Verbesserungsmöglichkeiten vereinbart. Ein weiterer Aspekt ist die Vereinbarung und Erarbeitung geeigneter Maßnahmen zur weiteren beruflichen Entwicklung des Mitarbeiters. Die Zielvorstellungen des Mitarbeiters spielen dabei eine wichtige Rolle.

Das strukturierte Mitarbeitergespräch findet in regelmäßigem Turnus i. d. R. einmal jährlich zwischen der zuständigen Führungskraft und jedem Mitarbeiter statt. Weitere Anlässe für ein solches Gespräch sind zum Beispiel der Wechsel des Aufgabenfeldes, die Beendigung der Probe- und Einarbeitszeit oder ein Wechsel der Führungskraft. Das strukturierte Mitarbeitergespräch wird auf der Grundlage der in der Tätigkeitsbeschreibung bzw. dem Anforderungsprofil ausgeführten und der für die jeweilige Stelle konkretisierten Ziele, Aufgaben sowie der fachlichen und persönlichen Anforderungen geführt. Auf der Basis der für den Beobachtungszeitraum vereinbarten Ziele und Aufgaben besprechen Führungskraft und Mitarbeiter:

• die erreichte Leistungsmenge und Leistungsgüte,

• das eingesetzte Fachwissen und -können und

• das gezeigte Verhalten des Mitarbeiters.

Auf der Grundlage der konkretisierten Standardaufgabe vereinbaren die Führungskräfte und die Mitarbeiter für die kommende Periode

• realistische Leistungsziele und

• erwünschte Verhaltensziele.

Werden Entwicklungsmaßnahmen vereinbart, legen die Gesprächspartner deren zeitliche und inhaltliche Umsetzung gemeinsam fest. In besonderen Fällen kann dazu die

---

[9]   Vgl. ausführlich auch Becker (2002a), S. 346 ff. und Becker (1994). Vgl. ferner Neuberger (1998).

Unterstützung der nächsthöheren Führungskraft und/oder des Personalbereichs in Anspruch genommen werden.

Der Nutzen von strukturierten Mitarbeitergesprächen kann in dreifacher Weise gesehen werden (vgl. Abbildung 6). Eine konsequente Umsetzung der Vereinbarungen sichert die Akzeptanz und damit den Erfolg des strukturierten Mitarbeitergesprächs. Die im strukturierten Mitarbeitergespräch vereinbarten Arbeitsinhalte, Ziele, Unterstützungs- und Personalentwicklungsmaßnahmen müssen im Verlauf des Beobachtungszeitraums rechtzeitig und konsequent umgesetzt werden. Die Umsetzungsverantwortung liegt in der Verantwortung der zuständigen Führungskraft. Dazu gehört

- die Planung und Einhaltung der Termine für die vereinbarten Maßnahmen,

- die Planung und Durchführung der individuell vereinbarten Personalentwicklungsmaßnahmen,

- die Steuerung und Kontrolle der vereinbarten Aufgaben und Ziele,

- die Gewährung anlassbezogener konstruktiver Rückmeldung im Aufgabenvollzug und

- die Begleitung der mit dem Mitarbeiter vereinbarten Bildungs- und Fördermaßnahmen.

Nutzen von strukturierten Mitarbeitergesprächen		
für das Unternehmen	**für die Führungskräfte**	**für die Mitarbeiter**
- Verbesserung von Leistung und Zusammenarbeit	- Sicherstellung hoher Leistung	- Erhaltung einer strukturierten Rückmeldung
- Ausbau der kooperativen Führung	- Treffen klarer Absprachen	- Artikulation eigener Interessen und Wünsche
- Sicherstellung bedarfsgerechter Qualifikationen	- Verbesserung des Informationsflusses	- Vereinbarung konkreter und verbindlicher Fördermaßnahmen
- Förderung von Potenzialkandidaten		
- Erhöhung der Transparenz		

Abbildung 6

Neben der Führungskraft ist auch der einzelne Mitarbeiter dafür verantwortlich, dass die vereinbarten Maßnahmen erfolgreich umgesetzt werden.

Bei der Vorbereitung eines strukturierten Mitarbeitergesprächs sind folgende organisatorische Aspekte zu beachten:

- die rechtzeitige Terminabsprache (mind. 14 Tage vorher),

- die vorherige Abstimmung von Zielen, Inhalten und Dauer des Gesprächs,

- die räumliche Planung sowie die Planung der Gesprächsatmosphäre und
- die Festlegung der Reihenfolge der Gespräche.

Inhaltlich ist bei der Vorbereitung insbesondere zu beachten, dass als Grundlage für das Gespräch die konkretisierte Tätigkeitsbeschreibung/das Anforderungsprofil der Stelle sowie die Vereinbarungen aus dem letzten Mitarbeitergespräch herangezogen werden.

Wichtig für eine erfolgreiche Durchführung des Gesprächs ist außerdem die Grundeinstellung der Gesprächspartner. Sie sollten offen und frei von Vorurteilen miteinander sprechen und die Grundregeln erfolgreicher Kommunikation und Rückmeldung beachten. In einem ersten Schritt des Gespräches besprechen die Führungskraft und der Mitarbeiter die erreichte Leistung und das gezeigte Verhalten des Mitarbeiters in der abgelaufenen Betrachtungsperiode. Im Anschluss daran werden Leistungs- und Verhaltensziele für das kommende Jahr erarbeitet und festgelegt. Anschließend besprechen die Parteien das Entwicklungsinteresse des Mitarbeiters und der Vorgesetzte schätzt das Potenzial des Mitarbeiters ein. Möglicherweise ergibt sich daraus die Notwendigkeit von Entwicklungs- bzw. Bildungsmaßnahmen, deren zeitliche und inhaltliche Gestaltung beide Partner ebenfalls besprechen und vereinbaren. Zum Abschluss des Gespräches beurteilen die Führungskraft und der Mitarbeiter die in der Vergangenheit erlebte Zusammenarbeit und vereinbaren gegebenenfalls Verbesserungsmaßnahmen für die Zukunft.

Die Ergebnisse des strukturierten Mitarbeitergesprächs werden zusammenfassend dokumentiert und von den Gesprächspartnern unterzeichnet. Unterschiedliche Sichtweisen bei der Beurteilung der abgelaufenen Betrachtungsperiode und zu den weiteren Entwicklungsmöglichkeiten des Mitarbeiters sind dabei möglich. Diese müssen nicht ausgeräumt aber dokumentiert werden. Die Führungskraft übergibt die ausgefüllten Formulare nach dem Gespräch an die nächsthöhere Führungskraft. Diese überprüft die formale und inhaltliche Qualität des strukturierten Mitarbeitergesprächs anhand der erhaltenen Unterlagen. Der Personalbereich erhält die Potenzialeinschätzung, die vereinbarten Entwicklungsmaßnahmen und eine summarische Information über die Anzahl der geführten Gespräche. Eine Ablage in der Personalakte erfolgt nicht. Der Betriebsrat erhält von der Geschäftsleitung und dem Personalbereich summarische Informationen. Aus der Dokumentation können Dritte, am Gespräch nicht beteiligte Personen (z. B. ein neuer Vorgesetzter) erkennen, welche Ziele, Aufgaben, Verhaltensweisen besprochen und welche Entwicklungsmaßnahmen vereinbart wurden.

5   Ausblick

Die Dynamik des globalen Geschehens, die Fülle der Informationen und die Tendenz zu Individualisierung, Segmentierung und Auflösung der traditionellen Betriebsgemeinschaft, mag man als Bedrohung ansehen. Bei professioneller Nutzung der erneuerten personalwirtschaftlichen Instrumente wendet sich die Bedrohung in eine Fülle neuer Chancen. Bleibt zum Abschluss noch anzumerken, dass eine Re-Professionali-sierung der Mitarbeiter in der Personalwirtschaft, ein neues Aufgabenverständnis der Kammern, der Verbände, der Gewerkschaften und auch des Bundesinstituts für Berufsbildung wichtige Voraussetzungen für rasche methodische Innovationen sind. Die personalwirtschaftliche Forschung ist zu verstärkter empirischer Begleitforschung und zu intensiver anwendungsbezogener Gestaltungs- und Wirkungsforschung aufgerufen.

Literaturverzeichnis

Becker, M. (1994): Strukturierte Mitarbeitergespräche. In: Schwuchow, K. u. a. (Hrsg.): Jahrbuch Weiterbildung 1994, Düsseldorf, S. 90-95.

Becker, M. (1999): Aufbau, Nutzung und Schutz von intellektuellem Kapital, in: Sattelberger, T./Weiß, R. (Hrsg.) (1999): Humankapital schafft Shareholder Value. Personalpolitik in wissensbasierten Unternehmen, Deutscher Instituts-Verlag, Köln, S. 73-124.

Becker, M. (2001): Aufbau und Bewertung von Intellektuellem Kapital, in: Thom, N./Zaugg, R.J. (Hrsg.): Excellence durch Personal- und Organisationskompetenz, Haupt Verlag, Bern, S. 51-78

Becker, M. (2002a): Personalentwicklung, Bildung, Förderung und Organisationsentwicklung in Theorie und Praxis, 3., überarb. und erw. Aufl., Stuttgart.

Becker, M. (2002b): Die Bedeutung von Kompetenzagenturen in einem liberalisierten Arbeitsmarkt, in: Becker/Schwertner (2002) (Hrsg.): Personalentwicklung als Kompetenzentwicklung, München/Mering, S. 122-142

Becker, M. (2002c): Virtuelle Mitarbeiterführung: in: Die Woche, Nr. 10, 01.03 2002, S. 6

Becker, M./u.M.v. Schwertner, A. (2002): Gestaltung der Personal- und Führungskräfteentwicklung. Empirische Erhebung, State of the Art und Entwicklungstendenzen, München/Mering

Becker, M./Rother, G. (1995): Assessment-Center. In: Corsten, H. (Hrsg., 1995): Lexikon der Betriebswirtschaftslehre, 3., überarb. und erw. Aufl., München/Wien, S. 78-82.

Becker, M./Schwarz, V. (1998): Führen durch Zielvereinbarung bei dezentral organisierten Unternehmen. In: Personalwirtschaft, H. 9/1998, S. 56-61.

Hoffmann, E./Walwei, U. (2001): Erwerbsformen in Deutschland: Abschied von der Normalarbeit?, in: Personalführung 4/2001, S. 54-66.

Kompa, A. (1999): Assessment Center. Bestandsaufnahme und Kritik, München/Mering.

Neuberger, O. (1998): Das Mitarbeitergespräch. Praktische Grundlagen für erfolgreich Führungsarbeit, Leonberg.

o. V. (2000): IG Metall will Recht auf Qualifizierung. Wichtiges Instrument gegen Fachkräftemangel. In: Abendzeitung, 30.11.2000, S. 7.

Manfred Becker/Dieter Bührnheim

Engpassfaktor qualifizierte und motivierte Mitarbeiter: Personalentwicklung bei der B/A/S Berliner Abrechnungs- und Servicegesellschaft für Ver- und Entsorgung mbH

1 Ausgangslage

Die B/A/S Berliner Abrechnungs- und Servicegesellschaft für Ver- und Entsorgung mbH befasst sich mit der professionellen Abrechnung von Leistungen im Auftrag von Versorgungsunternehmen.

Als Dienstleistungsunternehmen sichert die B/A/S ihren Markterfolg in starkem Maße auch durch die Servicequalität ihrer Belegschaft. Dies setzt das Wollen, Können und Dürfen jedes einzelnen Mitarbeiters voraus. Deshalb wurde ein breit ausgerichtetes Personalentwicklungskonzept aufgelegt, das darauf zielt, die Mitarbeiter zu motivieren (,Wollen'), zu qualifizieren (,Können') und ihnen Handlungsspielräume zu eröffnen (,Dürfen').

Um eine effektive und effiziente Umsetzung der Ziele der Personalentwicklung bei der B/A/S zu erreichen, wurde in einem ersten Schritt der Reifegrad des Unternehmens ermittelt. Grundlage dafür war ein empirisch getestetes Kategorisierungsschema von Becker.[1] Dieses Schema basiert auf der Annahme, dass unterschiedliche Reifegrade in der Unternehmensentwicklung existieren. Becker unterscheidet dabei anhand einer Vielzahl von Merkmalen in produktionsorientierte Unternehmen (,traditionale Unternehmen'), kostenorientierte Unternehmen (,transitionale Unternehmen') und wertorientierte Unternehmen (,transformierte Unternehmen'). Auf Basis einer Fragebogenerhebung wurde ermittelt, dass die B/A/S dabei als im Übergang von einem traditionalen zu einem transitionalen Unternehmen einzuordnen ist. Da sich die Ausgestaltung der Personalentwicklung bei erfolgreichen Unternehmen nach ersten empirischen Belegen am jeweiligen Reifegrad der Unternehmensentwicklung orientiert (d. h. in diesem Unternehmen wird eine Passung zwischen betriebsinternen Umfeldbedingungen und der Personalentwicklung herbeigeführt), wurde von der Geschäftsleitung der B/A/S entschieden, auch spezielle Maßnahmen zur individuellen Förderung der Mitarbeiter in das Personalentwicklungskonzept aufzunehmen. Dies entspricht im Konzept von Becker einer Personalentwicklung in der ,Differenzierungsphase'.

Als Grundlage des bei der B/A/S eingesetzten Personalentwicklungskonzeptes dienen folgende Kategorien:

---

[1] Vgl. hierzu und zum Folgenden allgemein Becker (1998).

- Anforderungsgerechte Förderung und Qualifizierung aller Mitarbeiter,

- Stärkung und Erhöhung der individuellen Motivation und Flexibilität,

- Förderung der Eigeninitiative der Mitarbeiter,

- leistungsgerechte Entlohnung der Mitarbeiter,

- Stärkung der Identifikation mit dem Unternehmen,

- Berücksichtigung persönlicher und beruflicher Eignung, Neigung und Entwicklungswünsche,

- Erkennung und Förderung des im Unternehmen vorhandenen Potentials,

- Sicherung des Nachwuchses an Fach- und Führungskräften aus den eigenen Reihen,

- Steigerung der Attraktivität des Unternehmens für potentielle Bewerber und

- Unterstützung von Innovations- und Veränderungsprozessen.

Personalentwicklung wird im PE-Konzept der B/A/S als Kooperationsaufgabe von Führungskräften, Mitarbeitern und Personalbereich aufgefasst. Die Führungskräfte als Zuständige für die Sicherstellung einer marktgerechten Serviceleistung fördern und unterstützen ihre Mitarbeiter. Insbesondere eine adäquate Qualifizierung und Motivierung sind dabei von Relevanz. Personalentwicklung ist somit im B/A/S-Konzept eine nicht-delegierbare Führungsaufgabe. Die Mitarbeiter tragen durch ihre Leistungen und die Bereitschaft zur Personalentwicklung zum Unternehmenserfolg bei. Der Personalbereich unterstützt die Qualifizierungs- und Motivierungsprozesse durch die Bereitstellung von methodischem Know-how. Der Betriebsrat der B/A/S als weiterer betrieblicher Akteur (‚Stakeholder') bekennt sich zu dem Ziel einer dauerhaften Personalentwicklung und trägt zu deren Unterstützung im Rahmen seiner Mitwirkungs- und Mitbestimmungsrechte bei.

Neben Weiterbildungsmaßnahmen sind im PE-Konzept der B/A/S die Instrumente der Förderung ein wichtiger Schwerpunkt. Dazu gehören Anforderungsprofile, strukturierte Mitarbeitergespräche, Potentialanalysen, Nachfolge- und Karriereplanung, Coaching, Zielvereinbarungssysteme und variable Vergütungskonzepte.[2] Vollständig eingeführt sind jedoch erst ein Teil der genannten Instrumente (Anforderungsprofile, strukturierte Mitarbeitergespräche, Zielvereinbarungssysteme und variable Vergütung). Das Führen durch Zielvereinbarungen und die variable Vergütung werden im Rahmen dieses Beitrages näher erläutert.[3]

---

[2] Vgl. hierzu Becker (1999), S. 5.

[3] Vgl. allgemein zu Tätigkeitsbeschreibungen/Anforderungsprofilen und strukturierten Mitarbeitergesprächen den Beitrag von Becker in diesem Tagungsband.

2   Ausgewählte Komponenten des Personalentwicklungskonzeptes der B/A/S

2.1   Das Zielvereinbarungssystem der B/A/S

Die Zielvereinbarung beschreibt den Prozess der Zielfindung, Zielvereinbarung, Zielverfolgung und die Bewertung des Erreichten. Mit dem Zielvereinbarungssystem wird ein Instrument geschaffen, das sowohl neue Beteiligungsmöglichkeiten für alle Mitarbeiter eröffnet als auch Führungsprozesse zur Umsetzung der Unternehmensziele unterstützt. Im Mittelpunkt steht das gemeinsame Verständnis von Führungskraft und Mitarbeiter über die kontinuierliche Weiterentwicklung des Unternehmens. Auf dieser Basis werden im Rahmen eines fairen Austauschprozesses die Ziele vereinbart. Einseitige Zielvorgaben werden in diesem Sinne nicht als Zielvereinbarungen verstanden.

Der Zielvereinbarungsprozess ist bei der B/A/S außerdem Bestandteil des Vergütungssystems. Die individuelle Zielerreichung der Mitarbeiter als persönlicher Beitrag zur Gesamtzielerreichung des Unternehmens wird anerkannt und bestimmt – ebenso wie der Erfolg der jeweiligen Organisationseinheit und des gesamten Unternehmens – die Höhe der Leistungszulage mit. Zielvereinbarungen tragen dazu bei, die Aktivitäten der verschiedenen Bereiche, Gruppen und die eines jeden Mitarbeiters zu bündeln und auf die Unternehmensziele hin auszurichten. Sie leisten damit einen wichtigen Beitrag, um die Wettbewerbsfähigkeit des Unternehmens zu festigen und auszubauen und geben darüber hinaus allen Beteiligten Orientierung in ihrer Arbeit und Perspektiven für ihre berufliche Entwicklung.

Das Zielvereinbarungssystem trägt wesentlich zur Förderung aller Mitarbeiter bei durch:

- die klare Zuweisung von Ressourcen (Verteilungsfunktion),
- die Vorgabe eindeutiger Maßstäbe für Leistung und Zusammenarbeit (Beurteilungsfunktion),
- die Schaffung kreativer Freiräume (Empowermentfunktion),
- die Festlegung von Meldepunkten und Unterstützungszusagen (Orientierungsfunktion),
- die Schaffung von Offenheit, Transparenz und Vergleichbarkeit der Leistungsstandards (Informationsfunktion),
- die Vorgabe von herausfordernden Zielen (Optimierungsfunktion) und
- die Ableitung der Ziele aus übergeordneten Anforderungen und die Abstimmung mit Nachbarfunktionen bzw. -bereichen (Organisationsfunktion).

Zur Leistungsverbesserung tragen ferner die Teilfunktionen

- Aufbau von Fach-, Methoden- und Sozialkompetenz (Qualifizierungsfunktion),

- Vereinbarung von angemessenen materiellen und immateriellen Leistungsanreizen (Lokomotionsfunktion) und

- Schaffung von herausfordernden Arbeitsinhalten (Motivationsfunktion)

bei.[4]

Ziele in dem hier verstandenen Sinne beschreiben keine Routineziele aus der Standardaufgabe, sondern sind herausfordernde Aufgaben mit Zusatzanforderungen. Sie stellen eine wichtige und anspruchsvolle, aber für jeden im Unternehmen tätigen Mitarbeiter leistbare Aufgabe dar. Ein Ziel beschreibt einen klar definierten und angestrebten Zustand. Ziele können sowohl qualitativ als auch quantitativ sein. Bei der B/A/S können Leistungsziele, Verhaltensziele und/oder Entwicklungsziele vereinbart werden. Leistungsziele beschreiben besondere herausfordernde Aufgaben, die ein Mitarbeiter im Laufe einer konkret vereinbarten Zeit unter Nutzung bestimmter Ressourcen und mit Angabe klar definierter Quantität und Qualität zu leisten hat. Verhaltensziele beschreiben, in welcher Art und Weise ein Mitarbeiter seine Zusammenarbeit mit Kollegen und Führungskräften gestalten sollte. Entwicklungsziele beziehen sich auf die Nutzung der Potentialreserven eines Mitarbeiters.

Um Ziele messbar gestalten zu können, sollten im Vereinbarungsprozess zwischen Führungskraft und Mitarbeiter die Anforderungen der sog. ‚SMART-Regel' beachtet werden (vgl. Abbildung 1).

Anforderungen an die Zielformulierung		
	Bedeutung	**Konsequenz**
S	spezifisch	Ziele müssen konkret angeben, was erreicht werden soll
M	messbar	Ziele müssen leicht beobachtbar und messbar sein
A	attraktiv	Ziele müssen herausfordernd, aber erreichbar und zumutbar sein
R	relevant	Ziele müssen für den Mitarbeiter relevant, also auf die Tätigkeit bezogen sein
T	terminlich zumutbar	Ziele müssen lenkbar und im Zeitablauf beeinflussbar sein

Abbildung 1

Ausgangspunkt für den Zielvereinbarungsprozess sind der strategische Plan und das Budget des Unternehmens für das kommende Geschäftsjahr. Der Vereinbarungsprozess gliedert sich in fünf Phasen: Die erste Phase dient der Vorbereitung des gesamten Prozesses und die zweite Phase der Zielfindung. In der dritten Phase wird die ei-

---

[4]   Vgl. Becker/Schwarz (1998), S. 58.

gentliche Zielvereinbarung zwischen dem Mitarbeiter und der Führungskraft getroffen. In der vierten Phase werden die Ziele umgesetzt und verfolgt. Nach Ablauf des Geschäftsjahres erfolgt in der fünften Phase die Überprüfung der Zielerreichung (Zielbewertung).

Der Zielvereinbarungsprozess erfolgt top-down und beginnt in der ersten Phase sachlich und zeitlich auf der Geschäftsführungsebene. Diese kommuniziert auf der Dezember-Betriebsversammlung die Geschäftsziele für das kommende Jahr. Unmittelbar nach der Betriebsversammlung eröffnen die Bereichs- und Gruppenleiter den Zielvereinbarungsprozess mit einer Informationsveranstaltung für ihre Mitarbeiter. Dabei werden zielrelevante Informationen über Anforderungen und Zielvorstellungen an die jeweilige Organisationseinheit bzw. den Bereich gegeben. Darüber hinaus werden auch Zusammenhänge, Bedingungen und Voraussetzungen der Ziele erläutert.

In der zweiten Phase des Zielvereinbarungsprozesses erarbeiten Führungskraft und Mitarbeiter aus den groben Zielvorstellungen bis spätestens Anfang Januar drei Zielvorschläge für ihren Arbeitsbereich. Dabei sollten zwei Ziele quantitativ und ein Ziel qualitativ sein. Die Zielvorschläge der Mitarbeiter sollen mit Überlegungen zu Maßnahmen, Projektplänen und entsprechenden Planungsunterlagen, die den Weg der Zielerfüllung beschreiben, unterlegt werden.

Führungskraft und Mitarbeiter prüfen in der dritten Phase die Verfügbarkeit der zur Zielerreichung erforderlichen finanziellen, sachlichen und personellen Ressourcen und Mittel. Die jeweils erforderliche Art und Menge wird in den Zielvereinbarungen dokumentiert. Der Vorgesetzte unterstützt den Mitarbeiter durch Informationen und eine enge Abstimmung bei der Zielfindung. Insbesondere wird der Vorgesetzte darauf achten, dass es nicht zu einer Belastung in der Zusammenarbeit kommt (z. B. Vermeidung gegenläufiger Ziele). Führungskräfte und Mitarbeiter vereinbaren anhand der Zielvorstellungen der Führungskraft und der Überlegungen des Mitarbeiters drei konkrete Ziele für das jeweilige Geschäftsjahr. Um allen Beteiligten Klarheit über die spätere Bewertung der Zielerreichung zu verschaffen, werden Beurteilungskriterien für die Zielerreichung definiert. Zunächst wird festgelegt, unter welchen Bedingungen das Ziel zu 100% erfüllt ist (= 100 Punkte). Grundsätzlich werden ebenfalls die Kriterien für die Stufen III bis VII der Bewertungsskala definiert (vgl. Abbildung 2).

Zusätzlich legen Führungskräfte und Mitarbeiter eine Gewichtung der einzelnen Ziele fest, die in der Summe 100% ergibt. Dabei sollte jedes der Ziele mit wenigstens 20% und höchstens mit 50% gewichtet werden. Die relative Wertigkeit der Ziele orientiert sich an

- dem Beitrag zur Erreichung des Zieles der Fachbereiche und Gruppen,

- der Schwierigkeit/dem Risikograd der Zielerreichung und

- dem Innovationsgehalts des Ziels.

Bewertungsskala für die Zielerreichung		
Stufe	Punkte	Beschreibung
VII	150	Das Ziel wurde weit über den vereinbarten Rahmen hinaus erfüllt.
VI	125	Das Ziel wurde über den vereinbarten Rahmen hinaus erfüllt.
V	100	Das Ziel wurde voll erfüllt.
IV	75	Das Ziel wurde fast in vollem Umfang erfüllt.
III	50	Das Ziel wurde nicht in vollem Umfang erfüllt.
II	25	Das Ziel wurde kaum erfüllt.
I	0	Das Ziel wurde nicht erfüllt.

Abbildung 2

Das Zielvereinbarungsgespräch findet zwischen der Führungskraft und dem Mitarbeiter statt. Die Vereinbarungen werden auf entsprechenden Formblättern festgehalten und von dem Vorgesetzten, der nächsthöheren Führungskraft und dem Mitarbeiter unterzeichnet.

Die vierte Phase, die Zielverfolgung, erstreckt sich über einen vereinbarten Zeitraum, in der Regel ein Geschäftsjahr. Die Führungskraft und der Mitarbeiter besprechen bei Bedarf den Fortschritt der Zielerreichung. Die Führungskraft unterstützt den Mitarbeiter bei der Zielerreichung und informiert ihn rechtzeitig über wichtige Änderungen der Rahmenbedingungen. Es ist Aufgabe des Mitarbeiters, frühzeitig anzuzeigen, wenn ein Ziel nicht wie geplant realisiert werden kann. In Ausnahmefällen können vereinbarte Ziele geändert werden bzw. entfallen, wenn die Rahmenbedingungen eine Erfüllung der Ziele nicht zulassen oder durch andere Ziele ein höherer Beitrag zur Gesamtzielerreichung des Unternehmens erreicht werden kann. Verantwortlich für diese Änderungen ist die Führungskraft und/oder die Geschäftsführung. Grundsätzlich darf die Zielverfolgung dabei jedoch nicht zu Lasten der Standardaufgabe der jeweiligen Funktion gehen.

2.2   Das variable Vergütungssystem der B/A/S

Mit der Einführung eines variablen Vergütungskonzeptes bei der B/A/S wird die jährliche variable Vergütung (Leistungszulage) aus dem Ergebnis der Geschäftstätigkeit, der Bereichsleistung und der individuellen Leistung jedes Mitarbeiters mittels der Bewertung der Zielerreichung bestimmt. Durch die Koppelung des Zielvereinbarungssystems mit dem Konzept einer individuellen, leistungsorientierten Vergütung strebt die B/A/S insbesondere auch eine höhere Gerechtigkeit bei der Entgeltgestaltung an.

Im Einzelnen verfolgt die B/A/S mit der Einführung des variablen Vergütungssystems folgende Ziele:

- Bindung von Mitarbeitern durch eine sowohl markt- und unternehmensgerechte als auch anforderungs- und qualifikationsgerechte Entgeltpolitik,

- Einbindung der Mitarbeiter in strategische Unternehmenszielsetzungen,

- Ergebnis- und Prozessoptimierung der betrieblichen Wertschöpfung,

- Förderung von Transparenz und Zusammenarbeit,

- Etablierung eines einfachen Gehaltssystems und

- Personalmarketing für Fach- und Führungskräfte.

Die Struktur des variablen Entgeltsystems ist bei der B/A/S durch die Elemente Grundvergütung, Zusatzleistungen und variabler Vergütungsbestandteil gekennzeichnet. Derzeit stellt die B/A/S fünf Prozent ihrer jährlichen Gehaltssumme zusätzliche als variable Vergütung zur Verfügung. Das bedeutet, dass bei 100% Erfüllungsgrad (alle Mitarbeiter erreichen ihre Ziele zu 100%) die bereit gestellte Summe von 5% nicht überschritten wird und der gesamte Prozess im Ergebnis kostenneutral für die B/A/S ist. Da der maximale Zielerreichungsgrad jedoch bei 150% (vgl. Abbildung 2) liegt, kann sich die individuelle variable Vergütung pro Mitarbeiter in einer Spreizung von 0 bis 7,5% variablen Vergütungsanteil bewegen. Um in Zukunft eine weitere Erhöhung des variablen Vergütungsanteils auf bis zu 30% zu erreichen, könnten z. B. Teile der jeweiligen tariflichen Gehaltserhöhung aus der Grund- in die variable Vergütung verschoben werden (vgl. Abbildung 3).

Struktur des variablen Entgeltsystems bei der B/A/S	
Variabler Vergütungsanteil	Variable Vergütung: von der Zielerreichung anhängiger Grundbestandteil
Zusatzleistungen	Zusatzleistungen: z.B. Sonderzahlungen oder Altersversorgung
Grundvergütung	Grundvergütung: bezieht sich auf die Standardaufgabe und berücksichtigt das Bedürfnis nach Sicherheit und Kontinuität Basis: Tarifvertrag

Abbildung 3

Bei der praktischen Gestaltung der Grundvergütung und der variablen Vergütung ist darauf zu achten, dass der Mitarbeiter motiviert wird, beide Aufgabenbereiche, die Standardaufgabe und die vereinbarten Sonderaufgaben, mit vollem Engagement wahrzunehmen. Damit kein Aufgabenbereich vernachlässigt wird, sind das strukturierte Mitarbeitergespräch und die Zielvereinbarung wichtige ergänzende Führungsinstrumente.

Die Berechnungsgrundlage für die jährliche variable Vergütung setzt sich aus den folgenden drei Komponenten zusammen:

- Individuelle Zielerreichung,

- Bereichszielerreichung und

- Unternehmenszielerreichung.

Ziel dieser Einteilung ist es, den einzelnen Mitarbeiter auch am Unternehmens- und Bereichserfolg zu beteiligen und somit eine höhere Identifikation mit den Unternehmenszielen zu gewährleisten. Die individuelle Zielerreichung hat einen Anteil von 60% am variablen Vergütungsbestandteil und setzt sich aus leistungs- und verhaltensbezogenen Zielen zusammen. Bei der Festlegung von leistungsbezogenen Zielen ist diese Aufgabe für Führungskraft und Mitarbeiter leicht durchführbar, da leistungsbezogene Ziele durch die Festlegung eines Soll-Wertes, z. B. Reduzierung der Anzahl offener Forderungen um 20%, einfach zu messen sind. Bei der Festlegung von verhaltensbezogenen Zielen (nicht messbarer Erfüllungsgrad) müssen Führungskraft und Mitarbeiter quantitative Indikatoren finden. Anhand dieser Indikatoren kann dann die Zielerreichung gemessen werden. Das verhaltensbezogene Ziel „Verbesserung der Mitarbeiterzufriedenheit" lässt sich beispielsweise mittels der Indikatoren ‚Krankenstand' oder ‚Anzahl von Beschwerden' ermitteln.

Zu jeweils 20% gehen die Zielerreichung des Bereichs bzw. Unternehmens in die Ermittlung des variablen Entgeltbestandteils ein. Die Ermittlung und anschließende Berechnung der variablen Vergütung ist transparent und einfach gestaltet und dadurch für jeden Mitarbeiter leicht nachzuvollziehen. Voraussetzung dafür ist allerdings ein sauber durchgeführter Zielvereinbarungsprozess. Abbildung 4 fasst die Vorgehensweise bei der Ermittlung des variablen Vergütungsbestandteils der B/A/S zusammen.

Der Personal- und der kaufmännische Bereich in der B/A/S errechnen den Gesamtbetrag der jährlichen variablen Vergütung auf Unternehmensbasis. Sollte die individuelle Zielerreichung bei einem Mitarbeiter Null betragen, so wird die Bereichs- und Unternehmenszielerreichung auch gleich Null gesetzt. Bei hervorragenden Leistungen der Mitarbeiter und einer möglichen Zielerreichung von 150% besteht die Möglichkeit, dass die für die variable Vergütung zur Verfügung stehende Lohn- und Gehaltssumme von 5% überschritten wird. In Abhängigkeit vom jeweiligen Geschäftsjahresergebnis kann bei einer Überschreitung der 5% die der tatsächlichen Zielerreichung entsprechende Lohn- und Gehaltssumme ausbezahlt oder, auf alle Mitarbeiter gleichmäßig verteilt, eine Absenkung auf die Gesamtsumme von 5% vorgenommen werden. Die Berechnungs- und Auszahlungsvorschläge mit den dazugehörigen Zielsetzungen werden bis Ende Februar eines jeden Jahres an die Geschäftsführung gemeldet. Der Personalbereich bereitet die Auszahlung so vor, dass die variable Vergütung mit den März-Gehältern ausbezahlt werden kann. Die für die Ermittlung benötigten Werte sind jeweils rechtzeitig an den Personalbereich zu übermitteln.

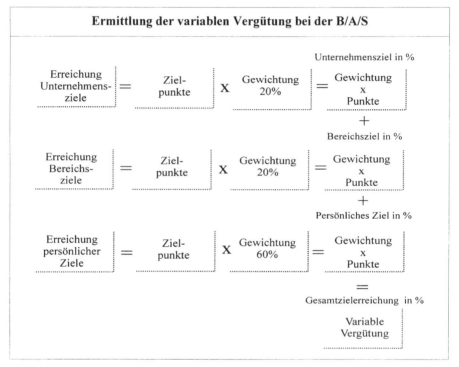

Abbildung 4

Die Führungskräfte erhalten vor der Monatsabrechnung im März eine schriftliche Benachrichtigung über die Höhe der variablen Vergütung ihrer Mitarbeiter vom Personalbereich. Die Mitarbeiter werden mit der Monatsabrechnung im März schriftlich über die Höhe ihres variablen Vergütungsbestandteils vom Personalbereich informiert. Darüber hinaus werden alle Mitarbeiter und Führungskräfte über das erreichte Bereichs- und Unternehmensergebnis durch die Geschäftsführung in Kenntnis gesetzt.

3   Ausblick

Die Personalentwicklungs- und Führungsinstrumente der B/A/S sollen auch in Zukunft den steigenden Anforderungen des Marktes Rechnung tragen. Aus diesem Grund wird das PE-Konzept unter anderem um die folgenden Instrumente erweitert werden:

- Karriere- und Nachfolgeplanung (Ziel ist es, der B/A/S den geeigneten Fach- und Führungsnachwuchs aus den eigenen Reihen zu sichern),

- Job Rotation (Ziel ist es, eine höhere interne Mobilität zwischen den Bereichen der B/A/S zu erreichen) und

- Projektarbeit (Ziel ist die Fortentwicklung der Strukturen und Prozesse der B/A/S).

Literatur

Becker, M. (1999): Personalentwicklung, Bildung, Förderung und Organisationsentwicklung in Theorie und Praxis, 2., überarb. und erw. Aufl., Stuttgart.

Becker, M. (1998): Entwicklung und Evaluierung eines Analyseinstrumentes zur Einordnung der Unternehmensführung und der Personalentwicklung in die ‚Drei-Generationenschemata', Unveröffentlichtes Gutachten im Auftrag der Arbeitsgemeinschaft Betriebliche Weiterbildung e. V. Berlin (ABWF), Halle/Saale (unter Mitarbeit von C. Gürtler).

Becker, M./Schwarz, V. (1998): Führen durch Zielvereinbarung bei dezentral organisierten Unternehmen. In: Personalwirtschaft, H. 9/1998, S. 56 - 61.

Hoffmann, W. (1997): Variable Vergütung und Führen durch Zielvereinbarung bei der Schmalbach-Lubeca AG, Präsentationsunterlagen, 4. Personalkonferenz der Martin-Luther-Universität Halle-Wittenberg, Halle (Saale).

Manfred Becker/Hartmut Brand

Qualitätsstandards für Personalentwicklungsmaßnahmen der AOK - Die Gesundheitskasse

1   Ausgangslage

Die Personalentwicklung der AOK orientiert sich an den strategischen Unternehmenszielen. Ein originäres Ziel der Personalentwicklung ist die Sicherstellung der Beschäftigungsfähigkeit der Mitarbeiter. Hierbei ist das ‚eigenverantwortliche Lernen' der Mitarbeiter von besonderer Bedeutung. Dieses erstreckt sich auf das gesamte Arbeitsleben und bedeutet damit lebenslanges Lernen für jeden Einzelnen. So hat die AOK-Die Gesundheitskasse in Hessen ein umfassendes Personalentwicklungskonzept entwickelt.[1]

Die zunehmende Flexibilisierung der Arbeitswelt eines Dienstleistungsunternehmens und die damit verbundene gestiegene Komplexität der Aufgaben und die rasante Entwicklung zur multimedialen Informationsgesellschaft stellen immer höhere Anforderungen an die Veränderungsfähigkeit und -bereitschaft sowie an die Qualifikationen der Mitarbeiter. Die Veränderungszyklen erfolgen in immer kürzeren Abständen. Nur eine ständige Anpassung bzw. Weiterentwicklung der Qualifikationen ermöglicht, die gegenwärtigen und zukünftigen Ziele und Aufgaben im AOK-System unter Berücksichtigung der Wettbewerbssituation im Gesundheitswesen erfolgreich zu erfüllen und den Unternehmenserfolg zu sichern.

Die Personalentwicklung als eines der übergreifenden Handlungsfelder der AOK erarbeitete deshalb bundesweit verbindliche Qualitätsstandards für die Entwicklung, Durchführung und Kontrolle von Personalentwicklungsmaßnahmen. Der nachfolgende Beitrag erläutert die Ziele der gemeinsamen Qualitätsstandards und stellt erste Ansätze für ein den gesamten Prozess der Personalentwicklung umfassendes Qualitätscontrolling bei der AOK dar.

2   Ziele von bundesweit abgestimmten Qualitätsstandards für Personalentwicklungsmaßnahmen

Die – für alle AOKs – verbindlichen Qualitätsstandards im Bereich der Personalentwicklung haben das Ziel, dass alle Personalentwicklungsmaßnahmen (on the job, near the job und off the job) bundesweit auf einheitlichen Qualitätskriterien basieren. Zur Nutzung von Synergieeffekten ist ein systematisches Personalentwicklungsmanagement anzustoßen. Im einzelnen werden nachstehende Ziele verfolgt:

- Sicherung der Transparenz der durchgeführten Personalentwicklungsmaßnahmen,

---

[1]   Vgl. zu den Bestandteilen des PE-Konzepts der AOK Hessen Becker (1999a), S. 73 ff.

* Vergleichbarkeit der an unterschiedlichen Standorten durchgeführten Maßnahmen,
* Erleichterung der Evaluierung von Personalentwicklungsmaßnahmen und
* Förderung von Effektivität und Effizienz der Maßnahmen.

Die Personalentwicklung der AOK folgt dem Gebot der Wirtschaftlichkeit. Während die Kosten einer Qualifizierung sofort anfallen und relativ exakt festzustellen sind, zeigt sich der Nutzen oft erst mit größerer zeitlicher Verzögerung: Insbesondere bei Teamentwicklungen, Verhaltens- und Einstellungstrainings ist die rein finanzielle Betrachtungsweise wenig aussagekräftig für die Nutzenbewertung. Deshalb wird bei der AOK die Evaluation von Personalentwicklungsmaßnahmen anhand quantitativer und qualitativer Maßstäbe (Qualitätsstandards) durchgeführt. Dies setzt neben einem Personalinformationssystem (z. B. SAP R/3 HR) ein geeignetes Analyseinstrumentarium voraus. Die wesentlichen Überlegungen der AOK dazu werden im Folgenden beschrieben.

3 Erfolgsfaktoren der Personalentwicklung

Der Erfolg von Personalentwicklungsmaßnahmen hängt von motivierten und hinreichend qualifizierten Mitarbeitern ab.[2] Aufbauend auf dem Verständnis der Personalentwicklung als nicht-delegierbare Führungsaufgabe,[3] schaffen die Führungskräfte – methodisch unterstützt durch den Bereich Personalentwicklung – die notwendigen Rahmenbedingungen, um die Eigeninitiative der Mitarbeiter zu fördern und ein lernförderndes Umfeld zu ermöglichen. Als methodische Grundlage für eine systematische Qualitätssicherung von Personalentwicklungsmaßnahmen dient ein für die AOK verbindlicher ‚Regelkreis zur Qualitätssicherung der Personalentwicklung' (vgl. Abbildung 1).

Er basiert auf den systematisch zu durchlaufenden Schritten bei der Entwicklung von Maßnahmen der Personalentwicklung: Bedarf analysieren/ermitteln, Ziele setzen, Maßnahmen planen und entwickeln, Maßnahmen durchführen/realisieren, Erfolg der Maßnahmen kontrollieren und Transfer des Gelernten sichern (sog. ‚Funktionszyklus der Personalentwicklung'[4]).

Maßstab für den Erfolg der bei der AOK durchgeführten Maßnahmen der Personalentwicklung ist somit das konsequente Durchlaufen der im Regelkreis genannten Phasen:

* Bedarfsanalyse/Zielableitung,
* Planung/Entwicklung,
* Durchführung und
* Erfolgskontrolle/Transfersicherung.

---

[2] Vgl. dazu auch den Beitrag von Becker/Bührnheim in diesem Band.
[3] Vgl. zur Personalentwicklung als nicht-delegierbare Führungsaufgabe auch Becker (1999b).
[4] Vgl. ausführlich Becker (1999a), S. 112 ff.

Abbildung 1

Zur Evaluation der einzelnen Entwicklungs- und Durchführungsphasen werden in der jeweiligen Phase Controllingmaßnahmen durchgeführt.[5] Bei der AOK wird dazu jede Entwicklungsmaßnahme einheitlich jeweils durch Instrumente des Input-, des Durchführungs- und des Outputcontrollings evaluiert.

4   Qualitätsstandards für die Phasen des Regelkreises

Die Beschreibung der Qualitätsstandards für Personalentwicklungsmaßnahmen erfolgt entlang des Regelkreises. Die Qualitätsstandards orientieren sich dabei allgemein an den Kriterien:

- Akzeptanz,
- Operationalisierbarkeit,
- Orientierung an wissenschaftlichen Gütekriterien,
- Offenheit/Veränderbarkeit/Ergänzbarkeit,
- Realisierbarkeit/Erreichbarkeit/Praktikabilität und
- Transparenz.

Die Qualitätsstandards für die unterschiedlichen Phasen enthalten dabei jeweils Aussagen zu ihrem Ziel, ihrem Inhalt, der zur Evaluation verwendeten Methode und den für die Evaluation Verantwortlichen.

---

[5]   Vgl. allgemein zum Bildungscontrolling Becker (1999a), S. 399 ff. und Becker (1995).

4.1   Inputcontrolling

Das Inputcontrolling erstreckt sich über die Phasen Bedarfsanalyse[6], Zielableitung und Planung bzw. Entwicklung von Entwicklungsmaßnahmen.

4.1.1   Evaluation der Bedarfsanalyse

Systematische und betriebswirtschaftlich orientierte Personalentwicklung richtet sich grundsätzlich am Bedarf aus. Vor jeder strategischen, operativen und individuellen Personalentwicklungsmaßnahme erfolgt eine entsprechende Bedarfsanalyse. Bei der AOK wird einmal jährlich der strategische Personalentwicklungsbedarf ermittelt. Aus der Bedarfsanalyse werden der qualitative und der quantitative Personalentwicklungsbedarf in Hinblick auf Inhalte, Prioritäten und Zeitpunkt bestimmt. Die Bedarfsanalyse umfasst eine Anforderungsanalyse (Ermittlung der Soll-Leistung/des Soll-Verhaltens), eine Adressatenanalyse (Ermittlung der Ist-Leistung/des Ist-Verhaltens und des Leistungs-/Verhaltenspotenzials) und eine Ursachenanalyse (Ermittlung der Ursachen, z. B. veränderte Rahmenbedingungen, Anforderungen, Qualifikationsmängel, Motivationsmängel oder Mängel in der Arbeitsumgebung).

Die Verfahren der systematischen Bedarfsanalyse sind so zu wählen, dass sie die für die jeweilige Zielgruppe (z. B. Mitarbeiter im Vertrieb oder Firmenkundenservice) relevanten Probleme und/oder Handlungssituationen erfassen. Top-Management, Führungskräfte und Mitarbeiter sind für die Erhebung des Personalentwicklungsbedarfs verantwortlich. Der Bereich Personalentwicklung trägt für die Ursachenanalyse, die Anwendung geeigneter Verfahren und die Sicherstellung einer fachgerechten Durchführung die Verantwortung.

4.1.2   Evaluation der Zielableitung

Jede Personalentwicklungsmaßnahme setzt bei der AOK grundsätzlich eine Zielformulierung voraus. Die Ziele von Personalentwicklungsmaßnahmen richten sich an den Unternehmenszielen aus und werden aus den Ergebnissen der Bedarfsanalyse abgeleitet. Sie sind tätigkeitsrelevant und berücksichtigen die individuelle und persönliche Weiterentwicklung der betroffenen Mitarbeiter. Die Zielformulierung verdeutlicht, welche Veränderungen in welcher Frist an welcher Stelle erreicht werden sollen. Sie trifft dazu Aussagen über den angestrebten Output nach Abschluss der Entwicklungsmaßnahme.

Für jede Personalentwicklungsmaßnahme sind bei der AOK Richtziele, Grobziele und Feinziele zu formulieren. Die konkrete Formulierung von Lern-, Trainings- und Transferzielen einer Maßnahme erfolgt bei der AOK als Kooperationsaufgabe von Personalentwicklern und Experten (= Praktikern) vor Ort. Top-Management, Führungskräfte und Mitarbeiter sind für die Umsetzung der Ziele verantwortlich. Die Personalentwicklung übernimmt verantwortlich die Formulierung der Lernziele.

---

[6]   Vgl. allgemein zur Bildungsbedarfsanalyse Becker (1993).

4.1.3 Evaluation von Planung und Entwicklung

Die Planung jeder Personalentwicklungsmaßnahme basiert auf der Grundlage der entsprechenden Bedarfsanalyse und Zielableitung. Im Vorfeld jeder Personalentwicklungsmaßnahme erfolgt im Konzept der AOK die Ressourcenplanung. Sie beinhaltet die zeitliche, räumliche, personelle und finanzielle Planung. Die Inhalte jeder Personalentwicklungsmaßnahme sind aktuell und an praktischen Erfordernissen ausgerichtet. Auch bei der Planung und Entwicklung werden der Transferprozess und die Erfolgskontrolle permanent berücksichtigt. Das Top-Management stellt die finanziellen Mittel für die Personalentwicklungsmaßnahmen bereit. Der Bereich Personalentwicklung ist für die Planung und Entwicklung der einzelnen Maßnahmen verantwortlich. Wenn die Fachbereiche bei der inhaltlichen Ausgestaltung hinzugezogen werden, sind sie hierfür mit verantwortlich.

Mit Hilfe des Inputcontrollings wird in jeder der genannten Phasen eine Prozessevaluation vorgenommen. Dabei konzentriert sich die Evaluation auf folgende Punkte (Qualitätsstandards) (vgl. Abbildung 2):

Qualitätsstandards für das Inputcontrolling	
Phase	**Qualitätsstandards**
Bedarfsanalyse	• Prüfung der Qualität der Bedarfsanalyse • Feststellung der generellen Lösbarkeit des identifizierten Problems ➛ **Kontextcontrolling**
Zielableitung	• Prüfung der Ziele auf Passung zu den Unternehmens-, Tätigkeits- und individuellen Zielen • Durchführung einer Auftragsklärung mit dem Kunden und Vereinbarung der gewünschten Ergebnisziele ➛ **Zielcontrolling**
Planung	• Überprüfung der Maßnahmen auf Wirtschaftlichkeit (Effektivität und Effizienz) (z. B. durch Nutzen-Aufwands-Analysen oder Soll-Ist-Budgetvergleich) ➛ **Effektivitäts- und Effizienzcontrolling**
Entwicklung	• Bewertung der Inhalte und der Stimmigkeit des geplanten methodisch-didaktischen Designs im Rahmen einer Qualitäts-analyse (z. B. anhand von Teilnehmerunterlagen, Trainerleitfäden, Medieneinsatz oder Pilotveranstaltungen; Basis: vorab festgelegtes Pflichtenheft) ➛ **Methodencontrolling**

Abbildung 2

4.2   Durchführungscontrolling

Die Durchführung von Personalentwicklungsmaßnahmen ist bei der AOK an den Lern- und Transferzielen sowie an den individuellen Entwicklungsmöglichkeiten und den Bedürfnissen der Teilnehmer unter Berücksichtigung der Ressourcenplanung ausgerichtet. Alle Maßnahmen sind anforderungs-, situations-, teilnehmer- und praxisorientiert durchzuführen. Bei der Durchführung kommen transferorientierte Methoden zum Einsatz (z. B. Rollenspiele, Bildung von Lernpatenschaften oder Transfervereinbarungen). Die mit der Durchführung beauftragte Person erfragt die Erwartungen der Teilnehmer und berücksichtigt Wünsche zur Umsetzung der Inhalte sowie des Veranstaltungsverlaufs. Teilnehmerunterlagen sollen aktuell und für die Nachbearbeitung bzw. als Nachschlagewerk geeignet sein. Die Verantwortung für die adressaten- und zielgerechte Umsetzung trägt die mit der Durchführung beauftragte Person (je nach Maßnahme die Führungskraft, der Personalentwickler, der Trainer oder der Coach). Der Mitarbeiter ist mitverantwortlich.

Das Durchführungscontrolling wird während und nach jeder Personalentwicklungsmaßnahme durchgeführt. Während des Ablaufs einer Entwicklungsmaßnahme werden Lernprozesse und Lernfortschritte überprüft und die fachliche bzw. pädagogische Qualifikation des mit der Durchführung beauftragten internen oder externen Trainers (z. B. anhand von Gesprächen, Beobachtungen, Zwischenfeedback, Zwischentests oder Blitzlicht) reflektiert. Nach Abschluss jeder Entwicklungsmaßnahme werden

- der planmäßige Verlauf, z. B. anhand eines Trainerreports,
- die erforderlichen Korrekturen hinsichtlich Ziele, Inhalte und Ablaufs sowie
- die Kompetenz der mit der Durchführung beauftragten Person

geprüft. Im Bedarfsfall werden erforderliche Anpassungen vorgenommen. Für das Durchführungscontrolling trägt im wesentlichen der Bereich Personalentwicklung die Verantwortung.

4.3   Outputcontrolling

4.3.1   Evaluation des Erfolgs

Die Erfolgskontrolle des Gelernten und die betriebswirtschaftliche Gegenüberstellung von Aufwand und Nutzen schließen die Evaluation im Lernfeld ab.

Zunächst erfolgt das Outputcontrolling bei der AOK unmittelbar nach Abschluss jeder Maßnahme durch eine ergebnisbezogene Erfolgskontrolle. Diese Erfolgskontrolle beinhaltet sowohl eine pädagogische als auch eine betriebswirtschaftliche Erfolgskontrolle. Nach jeder Personalentwicklungsmaßnahme erfolgt eine Analyse der Soll-Ist-Abweichung. Für die pädagogische Erfolgskontrolle im Lernfeld im Anschluss an die Personalentwicklungsmaßnahme ist der Bereich Personalentwicklung (bzw. der mit der Durchführung der Entwicklungsmaßnahme beauftragte interne oder externe Trainer) zuständig. Die betriebswirtschaftliche Erfolgskontrolle unterliegt ausschließlich dem Bereich Personalentwicklung und orientiert sich an den Budgetvorgaben des Top-Managements.

4.3.2 Evaluation der Transfersicherung

Jede Personalentwicklungsmaßnahme ist nur dann erfolgreich, wenn das Gelernte auch vom Lern- ins Arbeitsfeld transformiert wird. Der zweite Teil des bei der AOK durchgeführten Outputcontrollings befasst sich deshalb mit der Überprüfung, inwieweit die bei der Zielableitung festgehaltenen Qualifikations- und Kompetenzerweiterungen bzw. -veränderungen eingetreten sind. Die Evaluation des Transfers erfolgt durch den Einsatz geeigneter Methoden wie z. B. Befragungen/Interviews, Beobachtungen im Arbeitsfeld, Mitarbeitergespräche, Selbsteinschätzung oder Veränderungen von gesamtbetrieblichen Kennzahlen (Neukunden, Zahl der Verbesserungsvorschläge usw.). Führungskräfte und Mitarbeiter sind verantwortlich für den Transfer des Gelernten an den Arbeitsplatz. Die Personalentwicklung unterstützt die Transfersicherung, indem sie methodisches Know-how zur Verfügung stellt (z. B. Gesprächsleitfäden, Checklisten, Einrichtung von Erfahrungsaustauschgruppen/Transferpartnerschaften oder Initiierung von Follow-up-Veranstaltungen).

5 Möglichkeiten und Grenzen der praktischen Umsetzung

Die Umsetzung der Qualitätsstandards in die Praxis birgt viele Chancen, zeigt aber auch Grenzen auf. Der große Vorteil der Qualitätsstandards liegt bei der AOK in der bundesweit einheitlichen Prozesstransparenz in Verbindung mit Kosten- und Qualitätscontrolling. Dies erleichtert die gemeinsame Entwicklung und Durchführung von Personalentwicklungsmaßnahmen insbesondere innerhalb des Systems, aber auch systemübergreifend. Gleiches gilt für die Kooperation mit externen Anbietern. Synergieeffekte können so genutzt werden.

Je nach Situation und Rahmenbedingungen (z.B. Zeitdruck, Mengenbedarf etc.) wird es allerdings nicht immer möglich bzw. sinnvoll sein, den Regelkreis ganzheitlich anzuwenden. Hierin zeigen sich die Grenzen. So sind nach wie vor auch pragmatische Lösungen notwendig. Dennoch sind die Qualitätsstandards auch in diesen Fällen richtungweisend und können zumindest teilweise genutzt werden.

Eine Differenzierung nach Chancen und Grenzen bei der praktischen Umsetzung der einzelnen Phasen des Regelkreises ergibt sich aus der nachstehenden Aufstellung (vgl. Abbildung 3):

Phase	Chancen	Grenzen
Bedarfsanalyse/ Zielableitung	• strategie-/zielorientierte Ausrichtung • Priorisierung der Maßnahmen nach Wertschöpfung	• bei großflächigen Maßnahmen keine individuelle Bedarfsanalyse möglich
Planung/ Entwicklung	• Ressourcen können optimal eingesetzt werden	• finanzielle Ressourcenplanung setzt bei Nutzung interner personeller Ressourcen eine interne Leistungsverrechnung voraus
Durchführung	• sehr hoher Praxisbezug durch zielgruppengerechtes Teilnehmerfeld • dadurch hohe Akzeptanz/ Motivation der TN	• Homogenität der TN bzgl. Leistungsstand/Motivation kann bei quantitativ geringem Bedarf nicht immer sichergestellt werden
Erfolgskontrolle/ Transfersicherung	• Lerntransfer kann un- mittelbar überprüft werden • Praxistransfer kann zeit- verzögert überprüft werden	• betriebswirtschaftliche Erfolgskontrolle setzt kennzahlengestützte Null- und Wirkungsmessungen voraus (hoher Aufwand)

Abbildung 3

6 Einsatzmöglichkeiten von Qualitätsstandards für Personalentwicklungs- maßnahmen im Bereich „E-Learning"

E-Learning ist in aller Munde und wird von immer mehr Unternehmen eingesetzt. Diese Lern-Technik ist ein neues, zusätzliches Instrument zur zielgerechten Qualifizierung. Selbstgesteuertes Lernen mit Orts- und Zeitunabhängigkeit ist unverzichtbar, um "Lebenslanges Lernen" als grundlegenden Erfolgsfaktor im Informations-Zeitalter in der Unternehmenskultur zu verankern. Dies gelingt aber nur, wenn E-Learning standardisierten Qualitätsanforderungen genügt.

Der Regelkreis zur Qualitätssicherung der Personalentwicklung ist mit all seinen Phasen selbstverständlich auch im Bereich von E-Learning anzuwenden. Die Bedarfsanalyse und Zielableitung ist unabhängig von der in Frage kommenden Maßnahme. Alle nachfolgenden Phasen müssen naturgemäß die spezifischen Anforderungen von E-Learning berücksichtigen. Dabei können besondere Schwierigkeiten auftreten wie z.B. die sichere Feststellung der Identität des Lernenden. Diese Problematik führt aber nicht zur Unbrauchbarkeit einer Phase oder des ganzen Regelkreises der Qualitätssicherung. Stattdessen müssen diese Besonderheiten technisch und/oder organisatorisch kreativ gelöst werden beziehungsweise gegebenenfalls bei dem Grad der Erreichbarkeit der Validität der Ergebnisse berücksichtigt werden.

7   Ausblick

In unserer schnelllebigen komplexen Arbeitswelt werden immer höhere Anforderungen an Führungskräfte und Mitarbeiter gestellt. Gleichzeitig wird der Kostendruck für die Unternehmen immer größer. Diesen Herausforderungen muss sich auch die Personalentwicklung stellen. Personalentwicklungsmaßnahmen müssen sich an den Unternehmenszielen orientieren und einen Beitrag zur Wertschöpfung leisten. Dies erfordert effektives und effizientes Handeln. In diesem Sinne sind die beschriebenen einheitlichen Qualitätsstandards ein Einstieg in ein kosten- und qualitätsorientiertes Bildungs-Controlling.

Literatur

Becker, M. (1999a): Aufgaben und Organisation der betrieblichen Weiterbildung, 2., völlig überarb. Aufl., München/Wien.

Becker, M. (1999b): Personalentwicklung als Führungsaufgabe. In: Stein, J. H. v./Siebertz, P. (Hrsg.): Handbuch Banken und Personal, Frankfurt/M., S. 413 - 442.

Becker, M. (1995): Bildungscontrolling. Möglichkeiten und Grenzen aus wissenschaftstheoretischer und bildungspraktischer Sicht. In: Landsberg, G. v./Weiss, R. (Hrsg.): Handbuch Bildungscontrolling, 2., überarb. Aufl., Stuttgart, S. 57 - 80.

Becker, M. (1993): Strategieorientierte Bildungsbedarfsanalyse. In: Geißler, H. (Hrsg.): Bildungsmarketing, Frankfurt/M., S. 187 - 220.

Wolf-Rainer Lowack

Eigenverantwortliches Lernen – vom Schlagwort zur betrieblichen Realität

1   Einleitung

Die wachsende Bedeutung lebenslangen, selbstgesteuerten und eigenverantwortlichen Lernens wird nun schon seit Jahren betont - in der Literatur, in der Politik, in Schulen und Universitäten und natürlich in den Bildungsabteilungen der Unternehmen. Der technologische, wirtschaftliche und gesellschaftliche Wandel macht es erforderlich, dass der Einzelne sein Bildungsschicksal selbst in die Hand nimmt und permanent nach Möglichkeiten sucht, sich vor dem Hintergrund steigender und ständig ändernder Anforderungen weiter zu qualifizieren. Weiterbildung liegt heute nicht mehr nur in der Verantwortung der Schulen, Hochschulen und Unternehmen: „Employability" heißt das Zauberwort, oder vielleicht doch lieber „Beschäftigungsfähigkeit", und die ist eben auch im Interesse des Mitarbeiters, der zunehmend einen eigenen Beitrag zu leisten hat – lebenslang.

Und dazu gibt es auch tatsächlich keine Alternative. Lernen kann zukünftig gar nicht mehr anders zum Erfolg führen: Sowohl die zunehmende Quantität des zu Lernenden als auch die ständig steigende Komplexität der Anforderungen in fast allen Berufsfeldern setzen eine veränderte Lernhaltung und neue Lernmethoden voraus. Das Warten auf die Initiative des Vorgesetzten, das ausschließliche Lernen im Unterrichts- oder Seminarraum, die Erwartung, dass Lernen grundsätzlich in der Arbeitszeit stattzufinden habe oder gar der Anspruch, nach erfolgreichem Absolvieren von Qualifizierungsmaßnahmen automatisch mehr zu verdienen – all das wird in der zukünftigen Arbeitswelt nicht mehr funktionieren. Da Qualifikation auch zunehmend wichtig für die persönlichen Chancen eines Mitarbeiters auf dem unternehmensinternen oder externen Arbeitsmarkt wird, steigt ohnehin die Erwartung, dass durch Einbringen von Freizeit oder sogar durch Kostenbeteiligung Eigenbeiträge geleistet werden.

Bis hierher ist kaum Widerspruch zu erwarten. Auch Gewerkschaften und Arbeitnehmervertretungen in den Unternehmen sind diesen Grundüberlegungen gegenüber zunehmend aufgeschlossen oder vertreten sie sogar. Die kritische Diskussion beginnt bei der Frage, wie diese zeitgemäße Lernkultur errichtet werden kann.

2   Die Bedeutung moderner Technologien für das eigenverantwortliche Lernen

Unter dem Einsatz innovativer Technologien hat es in der Vergangenheit immer wieder Versuche gegeben, eigenverantwortliches Lernen zu fördern. So begann man in den achtziger Jahren, mit Computer Based Trainings (CBT) zu experimentieren:

Von stupiden „Blättermaschinen" bis hin zu hochkomplexen und ausgefeilten interaktiven Lernprogrammen waren zu fast allen Bildungsthemen Angebote verfügbar. Dabei standen meist die Technik und die didaktische Aufbereitung des Lernstoffes im Mittelpunkt. Das Ergebnis war ernüchternd, die Euphorie rasch verflogen. Man hatte nicht bedacht, dass nur wenige Menschen geborene Autodidakten sind, die Spaß daran haben, sich alleine vor ihren PC zu setzen und sich regelmäßig über Wochen, Monate oder gar Jahre hinweg ohne Interaktion mit Trainern und anderen Lernenden Wissen anzueignen. So blieben die eigens für diese Zwecke aufgestellten Computer ungenutzt und „Lernzentren" oder „Lernkabinette" wurden weitgehend ignoriert.

Doch beim E-Learning soll und kann nun alles ganz anders werden. Durch die über das Internet ermöglichte Kommunikation mit Tutoren, die den Nutzer anleiten, coachen und - wenn erforderlich - motivieren, und durch die Vernetzung mit anderen Teilnehmern will man in der Lage sein, die Probleme der CBT-Ära zu überwinden. Richtig, mit dem Internet erschließen sich Potenziale, die weit über andere technikbasierte Instrumente hinausgehen. Aber auch beim E-Learning ist ein Scheitern der Bemühungen zur Förderung eigenverantwortlichen Lernens unvermeidlich, wenn nicht der gute alte Dreiklang „Können - Wollen - Dürfen" berücksichtigt wird: Der Mitarbeiter muss **fähig** sein, selbstgesteuert und eigenverantwortlich zu lernen, er muss hierfür **motiviert** sein und die Rahmenbedingungen im Unternehmen müssen es ihm **erlauben**.

Um diese Voraussetzungen zu erfüllen, ist ein ganzheitlich angelegtes Konzept zur Einführung von eigenverantwortlichem Lernen erforderlich, das weit über das Thema „Bildung" hinausgeht und das nahezu alle Aspekte moderner Personalarbeit umfasst.

3   Stellhebel zur Förderung eigenverantwortlichen Lernens

In der BASF AG ergeben sich die eingeleiteten Maßnahmen zur Erreichung der angestrebten Lernkultur aus den „Eckpunkten für eine unternehmerische Personalarbeit", in denen die Erwartungen des Unternehmens an die Personalfunktionen, die Führungskräfte und die Mitarbeiter formuliert sind. Unter anderem ist dort folgendes festgeschrieben:

„Die Führungskräfte und Personalfunktionen fördern und unterstützen aktiv die Eigenverantwortung der BASF-Mitarbeiter als Grundlage umfassenden unternehmerischen Denkens und Handelns."

Und auch der Gedanke des eigenverantwortlichen Lernens wurde explizit verankert:

„Eigene Beiträge der Mitarbeiter zum Erhalt und zur Erweiterung ihrer Kompetenzen und Beschäftigungsfähigkeit werden gefordert und gefördert."

Damit ist der personalpolitische Rahmen für die Weiterentwicklung der Lernkultur in der BASF gesteckt. Die Herausforderung liegt bei der Frage, mit welchen konkreten Maßnahmen die angestrebte Lernkultur flächendeckend und nachhaltig erreicht werden kann. Im Folgenden werden die aus Sicht des Autors acht wichtigsten Stellhebel zur Förderung eigenverantwortlichen Lernens in Unternehmen beschrieben: Rekrutierung, Mitarbeitergespräch, systematische Personalentwicklung, Entgelt, Kommunikation, Führungskräftequalifizierung, Lernberatung und E-Learning (siehe Abbildung 1). Obwohl diese Handlungsfelder aus der Perspektive eines Großunternehmens dargestellt sind, lassen sich die meisten Überlegungen auch auf kleinere Organisationen übertragen. Einige Beispiele aus der BASF sollen die Anschaulichkeit unterstützen.

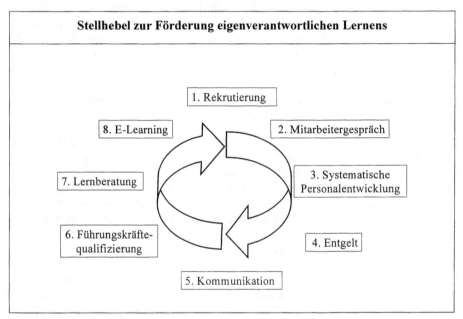

Stellhebel zur Förderung eigenverantwortlichen Lernens

1. Rekrutierung

8. E-Learning

2. Mitarbeitergespräch

7. Lernberatung

3. Systematische Personalentwicklung

6. Führungskräfte-qualifizierung

4. Entgelt

5. Kommunikation

Abbildung 1

3.1   Rekrutierung: Selbstlernbereite Mitarbeiter einstellen

Ein großes Hindernis auf dem Weg zu einer von Eigenverantwortung geprägten Lernkultur ist die häufig fehlende Bereitschaft, die eigene Qualifizierung zu initiieren, konsequent voranzutreiben und über längere Zeiträume - trotz unvermeidlicher Motivationskrisen - durchzuhalten. Es geht also um Grundhaltungen und Einstellungen und damit um Persönlichkeitsmerkmale, die relativ stabil und nur schwer veränderbar sind. Was liegt also näher, als schon bei der Rekrutierung auf unternehmerische Qualitäten zu achten? Mit modernen Auswahlverfahren können heute auch Eigenschaften wie Initiative, Lernbereitschaft und Durchhaltevermögen geprüft werden. Die BASF setzt bei einigen Ausbildungsberufen erfolgreich Assessment Center ein und wird diesen Ansatz weiter ausdehnen.

Bei erwachsenen Bewerbern kann das in der Vergangenheit gezeigte Verhalten berücksichtigt werden, entweder durch Analyse des Lebenslaufes oder durch gezielte Fragen im Auswahlprozess: In welchem Umfang hat der Kandidat in seine Weiterentwicklung investiert? War er bereit, erhebliche Teile seiner Freizeit für seine Qualifizierung zu opfern? Welche zusätzlichen Erfahrungen, Bildungsabschlüsse, Kenntnisse und Fertigkeiten hat er erworben, die ihn von anderen Bewerbern deutlich abheben? Auch die im Rekrutierungsprozess zum Einsatz kommenden formalen Beurteilungskriterien, die aus den strategischen Anforderungen des Unternehmens abgeleitet sind, sollten konsequent die Anforderungen an einen unternehmerisch denkenden und handelnden Mitarbeiter widerspiegeln: Initiative, Veränderungsbereitschaft, Innovationsfähigkeit sind dabei nur einige Beispiele für Kriterien, die auch wichtige Hinweise auf das zu erwartende Lernverhalten geben können.

3.2   Mitarbeitergespräch: Kristallisationspunkt der Erwartungen von Mitarbeiter und Unternehmen

In vielen Unternehmen ist heute ein formalisiertes, meist jährlich stattfindendes Gespräch zwischen Mitarbeiter und Vorgesetztem fest verankert. In der BASF werden im „Mitarbeitergespräch" Arbeitsergebnisse und Zielerreichung des zurückliegenden Jahres bewertet, Ziele und Aufgaben für das kommende Jahr vereinbart - und Entwicklungsperspektiven und -maßnahmen besprochen. Wenn eigenverantwortliches Lernen kein Selbstzweck sein soll, dann muss es spätestens in diesem Gespräch thematisiert werden: Inwieweit erfüllt der Mitarbeiter die Anforderungen in der gegenwärtigen oder einer für die Zukunft geplanten Funktion? Welche Erwartungen hat er im Hinblick auf seine Entwicklung und in welchem Umfang lassen sich diese Erwartungen mit den Interessen des Unternehmens in Einklang bringen? Welche Entwicklungs- und Qualifizierungsmaßnahmen sind erforderlich und welche Unterstützung kann das Unternehmen dazu anbieten? Aber auch: Welcher Beitrag kann vom Mitarbeiter erwartet werden?

Der Vorgesetzte hat die anspruchsvolle Aufgabe, den Mitarbeiter hinsichtlich seiner beruflichen Entwicklung zu beraten, bei der Auswahl, Durchführung und Umsetzung geeigneter Qualifizierungsmaßnahmen als Coach zu unterstützen sowie von ihm Eigenbeiträge einzufordern. Das Mitarbeitergespräch ist in einem Unternehmen das vielleicht wirkungsvollste Führungsinstrument - wenn es richtig eingesetzt wird. Aber was heißt „richtig"? Wir Personalleute neigen dazu, mit fast wissenschaftlichem Anspruch vor allen Dingen technische Fragen zu diskutieren, zum Beispiel ob bei der Leistungsbeurteilung eine vier- oder fünfstufige Skalierung ideal ist, inwieweit die Beurteilungskriterien überschneidungsfrei sein müssen und ob Competencies entgeltrelevant sein sollten oder nicht.

Doch ist es nicht die Qualität der Durchführung, auf die es wirklich ankommt? Die Klärung gegenseitiger Erwartungen in einem offenen und fairen Dialog, der sachliche und zugleich wertschätzende Umgang mit Kritik, das ehrliche Bemühen um Lösungen, mit denen die Interessen des Mitarbeiters und des Unternehmens in Einklang gebracht werden können? Damit schaffen wir ein Umfeld, in dem wir Eigeninitiative und Lernbereitschaft des Mitarbeiters erwarten können!

3.3 Systematische Personalentwicklung: Der Weg ist das Ziel?

Jede noch so ausgeprägte Lernbereitschaft kann wirkungslos verpuffen, wenn der Mitarbeiter keine Entwicklungsperspektiven erkennen kann oder sich erwartete Erfolge auch nach wiederholten Bemühungen nicht einstellen. Damit ist nicht gemeint, dass eigenverantwortliches Lernen einen Anspruch auf Karriere begründen sollte. Aber die meisten von uns wollen mit wachsenden Kenntnissen und Fähigkeiten auch anspruchsvollere Aufgaben wahrnehmen und das macht eine Verzahnung von Qualifizierungsmaßnahmen mit konsequent umgesetzten Personalentwicklungskonzepten erforderlich.

Neben dem bereits angesprochenen Mitarbeitergespräch - dem Kernelement jeglicher systematischer Personalentwicklung - spielt hier die realistische und transparente Entwicklungs- und Nachfolgeplanung eine wichtige Rolle. Damit für den lernwilligen Mitarbeiter die Antwort auf die Frage nach Perspektiven und Chancen keine reine Spekulation bleibt und er hinsichtlich seines beruflichen Weiterkommens angemessene Entscheidungen treffen kann, sollten Entwicklungspfade erarbeitet und kommuniziert werden. Die müssen nicht an hierarchischen Aufstieg gekoppelt sein, sollten aber einheits- und funktionsübergreifende Entwicklungen vorsehen, um Flexibilität bei der Stellenbesetzung und Ausschöpfung möglichst aller Potenziale sicherzustellen. Auch vorausgesetzte Erfahrungen und die erforderlichen Ausprägungsstufen relevanter Kompetenzen sollten für alle Referenzfunktionen bzw. Job Families definiert sein und mit dem Mitarbeiter spätestens dann besprochen werden, wenn Weichenstellungen für seine zukünftige Entwicklung anstehen.

Aber gilt das alles auch für Mitarbeiter, für die aufgrund eingeschränkter Entwicklungspotenziale keine weiterführenden Aufgaben erkennbar sind? Grundsätzlich ja: auch in solchen Situationen müssen die sich verändernden Anforderungen kommuniziert und durch entsprechende Entwicklungsmaßnahmen bewältigt werden. Dazu gehört dann der Mut, auf eventuelle Leistungsdefizite hinzuweisen. Und natürlich greift auch hier das Prinzip „Employability": Unternehmen und Mitarbeiter sind gefordert, Beiträge zum Erhalt der Beschäftigungsfähigkeit zu leisten.

3.4 Entgelt: Was wird im Unternehmen eigentlich belohnt?

Das Gehaltssystem eines Unternehmens gehört sicherlich nicht zu den wirkungsvollsten Stellhebeln, mit denen eigenverantwortliches Lernen gefördert werden kann. Häufig genug behindert die betriebliche Entgeltpolitik jedoch unbemerkt angestrebte Veränderungen der Unternehmenskultur.

Unbestritten ist heute in den meisten Unternehmen, dass Entgelt stärker variabilisiert werden muss, um eine leistungsgerechte Entlohnung zu ermöglichen. Es stellt sich jedoch die Frage, welche Leistungsaspekte beurteilt werden sollen. Insbesondere bei unteren Gehaltsgruppen werden häufig ausschließlich Kategorien wie Zuverlässigkeit, Arbeitsmenge und -qualität berücksichtigt - Merkmale, die sich auf die Kerntätigkeit des Mitarbeiters beziehen. Initiative, Lernbereitschaft und Innovationsfreude zeigen sich jedoch meistens in Arbeitsergebnissen, die außerhalb der Routinearbeit liegen und daher in solchen Systemen nicht berücksichtigt werden. Diese Lücke wird dann häufig durch Instrumente wie das betriebliche Vorschlagswesen geschlossen, das durch die Prämierung einzelner Ideen eine nicht unproblematische Botschaft vermittelt. Innovatives Verhalten wird hier nicht als Teil der „eigentlichen" Arbeit betrachtet, sondern als Ausnahme von der Regel, die eine Honorierung durch ein gesondertes System erforderlich macht. Wenn unternehmerisches Denken und Handeln jedoch als Auftrag an alle Mitarbeiter verstanden werden soll, dann müssen die entsprechenden Kategorien – hier zum Beispiel „innovatives Verhalten" – in das reguläre Beurteilungssystem verbindlich integriert werden!

Ein weiteres Hemmnis auf dem Weg zu einer von Eigenverantwortung geprägten Lernkultur ist in vielen Unternehmen die Kopplung von Qualifizierungsabschlüssen mit Entgelt, was zu Anspruchsdenken und Zertifikatsorientierung führen kann. Wir entwerten und entfremden Lernen, wenn wir es mit Geld anreizen: Lernen ist ein Grundbedürfnis des Menschen und dient neben der allgemeinen Persönlichkeitsentwicklung dem Erwerb von Wissen und Handlungskompetenz. Einen formalen Qualifizierungsabschluss direkt mit einer Gehaltserhöhung zu belohnen, führt langfristig zu einer veränderten Lernmotivation, die diese Ziele in den Hintergrund treten lässt.

Darüber hinaus gilt der Grundsatz, dass Qualifizierung für die kompetente Erfüllung einer Aufgabe zwar notwendig, aber nicht hinreichend ist. Erst mit der erfolgreichen Übertragung des Gelernten in das Arbeitsfeld ist im Rahmen der Leistungsbeurteilung eine Gehaltserhöhung gerechtfertigt. Und nur wenn ein Mitarbeiter auch tatsächlich eine anspruchsvollere Tätigkeit übernimmt, sollte er in eine höhere Entgeltstufe „befördert" werden. Qualifizierung erhöht die Chancen auf berufliche Weiterentwicklung und auf Einkommensverbesserungen, darf aber keinen Anspruch begründen. Die Frage des eigenverantwortlich lernenden Mitarbeiters sollte lauten: Welche Kenntnisse und Fähigkeiten brauche ich, um meine jetzige oder zukünftige Aufgaben erfolgreich bewältigen zu können und wie kann ich sie erwerben?

3.5   Kommunikation: Unterstützung der Überzeugungsarbeit

Bei der Etablierung der neuen Lernkultur und dem erforderlichen Umdenken ist die veröffentlichte Meinung von zentraler Bedeutung. Um diesem Anspruch gerecht zu werden, ist ein durchgängiges, sorgsam auf die jeweilige Zielgruppen abgestimmtes Konzept mit eindeutigen Botschaften erforderlich. Folglich muss das Bekenntnis des Unternehmens zum eigenverantwortlichen Lernen und die daraus resultierenden Erwartungen an die Mitarbeiter als eindeutige, unmissverständliche Botschaft kommuniziert werden.

Bereits beim ersten Kontakt mit einem potenziellen Mitarbeiter kann diese Erwartungshaltung deutlich gemacht werden. Hier . sollten alle externen Kommunikationsmedien einer einheitlichen Sprachregelung folgen, sei es in Unternehmensbroschüren, in der Bewerbungskorrespondenz, im Internet, auf Messeveranstaltungen oder im persönlichen Gespräch. Bringt ein Bewerber nicht die entsprechende „Selbstlernbereitschaft" mit, ist er vermutlich nicht der geeignete Mitarbeiter und sollte sein Glück besser an anderer Stelle versuchen.

Schwieriger ist die interne Kommunikation. Mitarbeitern, die möglicherweise seit vielen Jahren von einer Unternehmenskultur geprägt wurden, die beim Thema „Bildung" Anspruchsdenken und Passivität gefördert hat, muss nun vermittelt werden, dass alles ganz anders ist. Da dies in einer Zeit geschieht, in der sich ohnehin viele den häufigen Veränderungen und neuen Anforderungen nicht gewachsen fühlen, reicht es nicht aus, Eigenbeiträge zur Qualifizierung lediglich einzuklagen. Vielmehr müssen die Mitarbeiter durch überzeugende Argumente für ein neues Lernverhalten gewonnen werden. Der individuelle Nutzen des eigenverantwortlichen Lernens im Sinne von Beschäftigungsfähigkeit und persönlichen Entwicklungschancen sollte dabei gleichrangig mit den Vorteilen für das Gesamtunternehmen kommuniziert werden.

3.6   Führungskräftequalifizierung: Der Chef als Personalentwickler und Coach

Endlich müssen sich Führungskräfte nicht mehr um die Qualifizierung ihrer Mitarbeiter kümmern - weil die ihre Zukunft selbst in die Hand nehmen - und können sich statt dessen ihren „eigentlichen" Aufgaben widmen?

Im Gegenteil. Vor allen Dingen in der Phase des Übergangs von der heutigen (konsumorientierten) zur zukünftigen (von Eigenverantwortung geprägten) Lernkultur kommt den Führungskräften eine entscheidende Rolle zu. Als Vorgesetzte sind sie im wesentlichen für das „Dürfen", also die Rahmenbedingungen, unter denen Lernen stattfindet, verantwortlich, durch die sie auch das „Wollen" ermöglichen. Als Coach nehmen sie Einfluss auf das „Können" des Mitarbeiters.

Beide Rollen stellen hohe Anforderungen an die Kompetenz der Vorgesetzten. Insbesondere die notwendige Verzahnung von Unternehmens- und Mitarbeiterinteressen bringt eine Reihe anspruchsvoller Aufgaben mit sich:

- Ableitung von zukünftig erforderlichen Kompetenzen aus der Geschäftsstrategie und Analyse des Ist-Zustands

- Erarbeitung eines Personalentwicklungskonzepts für die eigene Einheit

- Abstimmung der Entwicklungsvorstellungen des Mitarbeiters mit den Unternehmenserfordernissen

- Vereinbarung von Qualifizierungszielen und gegebenenfalls eines Entwicklungsplans mit dem Mitarbeiter

- Förderung eigenverantwortlichen Lernens und Unterstützung als Coach.

Auf die neue Rolle als Coach muss eine Führungskraft vorbereitet werden. Wichtig ist dabei die Sicherstellung zeitnaher Qualifizierung vor Übernahme der ersten Führungsaufgabe. Neben der Vermittlung von Kenntnissen über Personalentwicklungsinstrumente müssen erforderliche Fähigkeiten, wie z.B. das Geben von Feedbacks, trainiert werden. Ein modularer Aufbau, der zwischen den einzelnen Trainingsabschnitten Gelegenheit zur Umsetzung in die Praxis und zur anschließenden Reflexion und Supervision gibt, fördert die Nachhaltigkeit des Gelernten.

Und natürlich sollten solche Qualifizierungsmaßnahmen von den teilnehmenden Führungskräften hohe Anteile eigenverantwortlichen Lernens verlangen - zum Beispiel durch den konsequenten Einsatz von E-Learning.

3.7   Lernberatung: Katalysator für eigenverantwortliches Lernen

Was für ein Lerntyp bin ich? Kann ich besser durch visuelle oder auditive Reize lernen? Welche Medien sind für mich besonders gut geeignet? Wie kann ich meine Lernziele optimal strukturieren? Was sind ideale Lernzeiten für mich? Was kann ich tun, wenn ich einen „Durchhänger" habe?

Neben einer zielgerichteten Beratung zu verfügbaren Weiterbildungs- und Medienangeboten kommt der Beantwortung derartiger Fragen eine besondere Bedeutung zu. Selbstlern**bereitschaft** allein genügt nicht, auch die Selbstlern**fähigkeit** ist eine wichtige Voraussetzung für erfolgreiches eigenverantwortliches Lernen. Die Unterstützung durch den Chef reicht hier häufig nicht aus. „Lernen lernen" kann die professionelle Unterstützung durch einen Experten erfordern, der gemeinsam mit dem Mitarbeiter eine maßgeschneiderte Lernstrategie erarbeitet und deren Umsetzung unterstützt - auch durch trouble shooting, wenn der Lernprozess ins Stocken gerät.

Im Sprachentraining wurden bei der BASF mit diesem Ansatz bereits ermutigende Erfahrungen gemacht. In den kommenden Monaten wird das Lernberatungs-Angebot auf andere wichtige Qualifizierungsfelder ausgedehnt.

Im Planungsstadium befindet sich zur Zeit das „BASF-Lernzentrum", das bald seine Pforten für die lernwilligen Mitarbeiter des Unternehmens öffnen soll. Neben dem Angebot von **Lernmedien** und **Lernplätzen** (einladende Umgebung zum

Selbstlernen, Bildschirmarbeitsplätze für E-Learning etc.) wird die **Lernberatung** eine tragende Säule dieser neuen Einrichtung sein.

3.8   E-Learning: Chancen durch das Internet

Ist durch die bisher beschriebenen Maßnahmen sichergestellt, dass Mitarbeiter eigenverantwortlich lernen *können*, *wollen* und *dürfen*, dann ist es auch möglich, die Potenziale von E-Learning voll auszuschöpfen:

- Eigenverantwortliches Lernen wird technisch erleichtert und didaktisch gefördert.

- Zeitlich und örtlich variables Lernen erhöht Effizienz und Effektivität aller Qualifizierungsprozesse.

- Zusätzliche Zielgruppen, die durch konventionelle Qualifizierungsansätze nur schwer erreichbar sind, können einbezogen werden (zum Beispiel Mitarbeiter in Wechselschicht und Außendienstmitarbeiter).

- In international operierenden Unternehmen können Mitarbeiter trotz großer räumlicher Entfernungen an gemeinsamen Qualifizierungsmaßnahmen teilnehmen.

- Selbstgesteuerte Lernnetzwerke werden ermöglicht.

- Akzeptanz und Kompetenz in Bezug auf moderne Technologien (zum Beispiel E-Commerce) werden allgemein gefördert.

- Kosten für Trainer, Anreisen und Übernachtungen lassen sich erheblich reduzieren.

Für die BASF waren das genügend Gründe, sich für die Entwicklung und Implementierung eines umfassenden, strategisch ausgerichteten E-Learning-Konzepts zu entscheiden. Ziel ist es, in drei Jahren 30 Prozent der heute in Präsenzseminaren für Qualifizierung aufgewendeten Zeit durch „Web Based Training" (WBT) abzudecken. Dabei wird auf „Blended Learning" gesetzt, d.h. auf die Kombination von E-Learning und Präsenzmaßnahmen. Insbesondere in der Anfangszeit ist es wichtig, die Akzeptanz dieses neuen Mediums durch die aktive Mitwirkung eines Trainers bzw. Tutors sicherzustellen. Beratung bei der Überwindung von Lernbarrieren und Motivationskrisen, gezielte Hinweise zur optimalen Nutzung der Lernmedien oder die Ermutigung zur Etablierung von Lernnetzwerken sind nur einige Beispiele hierfür.

Erfahrungen aus der Pilotphase haben gezeigt, dass betriebliche Wechselschichtmitarbeiter dieser neuen Form des Lernens gegenüber sehr viel mehr aufgeschlossen sind als Führungskräfte. Diese Erkenntnis war überraschend, da die Rahmenbedingungen für E-Learning bei Führungskräften (ungestörtes Lernen im eigenen Büro, Verfügbarkeit eines PCs etc.) deutlich besser sind als bei betrieblichen Mitarbeitern. Es ist zwar ermutigend, dass die Akzeptanz für E-Learning bei einer großen Zahl von Mitarbeitern sehr viel höher ist als ursprünglich erwartet, jedoch darf die Signalwirkung, die vom Verhalten der Führungskräfte ausgeht, nicht unterschätzt werden. Die systematische Nutzung von Selbstlernelementen auch in der Führungskräftequalifizierung wird sicherlich dazu beitragen, dass hier in Zukunft dem Grundsatz „to walk the talk" mehr Rechnung getragen wird und sich damit die Glaubwürdigkeit der Forderung nach eigenverantwortlichem Lernen weiter erhöht.

In der Erstausbildung spielt E-Learning in der BASF ebenfalls eine zunehmende Rolle. Insbesondere die Chance, zukünftige Mitarbeiter sehr früh in ihrer beruflichen Entwicklung an dieses Medium heranzuführen, macht hier den Reiz aus. Zur Zeit werden systematisch alle Ausbildungsinhalte mit dem Ziel geprüft, einzelne Elemente durch Web Based Training zu ersetzen oder zu ergänzen.

4   Eigenverantwortliches Lernen – nur ein Thema für die Unternehmen?

Mit diesem Beitrag wurde der Versuch unternommen, die vielen unterschiedlichen Faktoren, die eigenverantwortliches Lernen innerhalb eines Unternehmens beeinflussen, zu identifizieren sowie Möglichkeiten aufzuzeigen, wie diese Faktoren gezielt als Stellhebel für eine Veränderung der Lernkultur genutzt werden können. Doch jedes noch so umfassende Konzept greift zu kurz, wenn nicht die Verzahnung des Themas mit gesellschaftlichen und politischen Entwicklungen erkannt wird.

Initiative, Lernbereitschaft, Eigenverantwortung und andere unternehmerische Qualitäten werden nicht erst mit Eintritt ins Berufsleben erworben. Im Gegenteil, in dieser Entwicklungsphase eines Menschen sind wesentliche Grundsteine bereits gelegt. Unter dem Stichwort „Rekrutierung" (siehe oben) ist auf ein zentrales und häufig in diesem Zusammenhang unterschätztes Instrument eingegangen worden, mit dem ein Unternehmen dieser Tatsache Rechnung tragen kann: die gezielte Auswahl von unternehmerisch denkenden und handelnden Mitarbeitern.

Doch wie steht es mit den Ressourcen, aus denen wir auswählen können? Der Rückgang der Leistungsorientierung in unserem Bildungssystem, die gesellschaftliche Abwertung von Innovations- und Risikobereitschaft und die Zunahme des Anspruchsdenkens gegenüber Unternehmen und öffentlichen Institutionen haben den Grundsatz, dass der Einzelne für seinen schulischen und beruflichen Erfolg selbst die Verantwortung trägt, in den vergangenen Jahrzehnten langsam aber kontinuierlich ausgehöhlt. Durch gezielte Öffentlichkeitsarbeit, durch aktive Mitwirkung in Verbänden und anderen Interessenvertretungen sowie durch sichtbares sozialpolitisches Engagement können und müssen wir dieser Fehlsteuerung entgegenwirken.

Glossar zur Personalentwicklung[1]

Anforderungskriterien

Anforderungskriterien beschreiben fachliche und verhaltensbezogene Merkmale für eine bestimmte Tätigkeit (Stelle) oder ein Tätigkeitsbündel. Anforderungskriterien können in Standardanforderungen (z. B. Annahme generell gültiger führungsrelevanter Kriterien, abgeleitet aus wissenschaftlicher Erkenntnis) und spezielle Anforderungen (z. B. Erarbeitung zielebenen- bzw. zielpositionsspezifischer Kriterienkataloge, abgeleitet aus den Anforderungen der jeweiligen Organisation) unterteilt werden.

Anforderungsprofil

Anforderungsprofile enthalten qualitativ bewertete Anforderungsarten, die fachlicher, physischer, psychischer und sozialer Natur sein können. Anforderungsprofile fassen gleiche und ähnliche Anforderungen zu Anforderungsbündeln zusammen. Sie beziehen sich nicht auf eine spezifische Stelle, sondern fassen gleiche und vergleichbare Anforderungen zusammen. Sie beschreiben nicht das Profil einer Person. Vorschläge zur inhaltlichen Ausgestaltung liefern das Genfer Schema und das REFA-Schema.

Anpassungsfortbildung

siehe → Anpassungsweiterbildung

Anpassungsweiterbildung

Die Anpassungsweiterbildung ist ein Teilgebiet der → Weiterbildung. Durch die Anpassungsweiterbildung sollen einmal erworbene Fähigkeiten auf den neuesten Stand wissenschaftlicher, produktions- und dienstleistungstechnischer sowie arbeitsorganisatorischer Entwicklungen gehalten (bzw. gebracht) werden (Förderung horizontaler Mobilität).

Anschlussfähigkeit

siehe → Passung

Arbeitsmarktforschung

Arbeitsmarktforschung wird insbesondere vom Institut für Arbeitsmarkt- und Berufsforschung der Bundesanstalt für Arbeit betrieben. Im Hinblick auf die Arbeitsmarktentwicklung und die dadurch geforderte Arbeitsmarktpolitik nehmen

---

[1] Das Glossar basiert auf Definitionen und Begriffsbestimmungen aus der Literatur. Vgl. dazu die in der Bibliographie genannten Quellen und die Beiträge des Tagungsbands.

Arbeitsmarktprognosen eine besondere Rolle ein. Arbeitsmarktforschung kann intern und extern orientierte Erkenntnisgewinnung sein.

Assessment Center

Ein Assessment Center (AC) ist ein systematisch durchgeführtes eignungsdiagnostisches Verfahren. Das Verhalten der Teilnehmer wird bei gleichen Anforderungen in wechselnden Situationen von mehreren Beobachtern aufgezeichnet und bewertet, so dass in einer relativen Bewertung die geeigneten von den nicht geeigneten Kandidaten unterschieden werden können. Das AC wird in Wirtschaft und Verwaltung zur Auswahl von Einsteigern (Einstellungs- bzw. Auswahl-AC) und zur Auswahl von weiterzuentwickelnden Fach- und Führungskräften (Förder-AC) eingesetzt.

Aufstiegsfortbildung

siehe → Aufstiegsweiterbildung

Aufstiegsweiterbildung

Die Aufstiegsweiterbildung ist ein Teilgebiet der → Weiterbildung. Die Maßnahmen der Weiterbildung zielen auf die Übernahme höherwertiger Positionen im Unternehmen ab (Förderung vertikaler Mobilität).

Balanced Score Card (BSC)

Die Balanced Score Card ist ein Instrument der Unternehmenssteuerung, entwickelt von Robert S. Kaplan und David P. Norton. Die BSC übersetzt Mission und Strategie in Ziele und Kennzahlen und ist allgemein in vier verschiedene Perspektiven unterteilt: die finanzwirtschaftliche Perspektive, die Kundenperspektive, die interne Perspektive und die Lern- und Entwicklungsperspektive.

Benchmarking

Beim (externen) Benchmarking werden Produkte, Dienstleistungen oder betriebliche Prozessstrukturen über mehrere Unternehmen hinweg kontinuierlich verglichen, vorzugsweise mit dem besten Unternehmen einer Klasse. Durch diesen Best Practice Vergleich soll die Wettbewerbsorientierung in allen Bereichen des Unternehmens verankert werden.

Berufliche Handlungskompetenz

siehe → Handlungskompetenz

Berufsausbildung

Berufsausbildung (auch: berufliche Erstausbildung) bezeichnet den erstmaligen, systematischen Erwerb beruflicher Kenntnisse und Fähigkeiten in staatlich anerkannten Ausbildungsberufen. Sie soll eine breit angelegte berufliche Grundbildung und die für die Ausübung einer qualifizierten beruflichen Tätigkeit notwendigen fachlichen Fertigkeiten und Kenntnisse in einem geordneten Ausbildungsgang vermitteln und auch den Erwerb von ersten Berufserfahrungen gewährleisten. Die Zuständigkeit für die Berufsausbildung teilen sich Betrieb und Berufsschule (→ Duales System). Grundlage der Berufsausbildung sind das Berufsbildungsgesetz und die Schulgesetze der Länder.

Beschäftigungsfähigkeit

siehe → Employability

Betriebliche Weiterbildung

Betriebliche Weiterbildung ist der Teil der beruflichen Weiterbildung, der vom Unternehmen durchgeführt und/oder veranlasst und (mit-)finanziert wird. Dabei werden → interne Weiterbildung und → externe Weiterbildung unterschieden.

Bildung

Unter Bildung (auch: Personalentwicklung im engen Sinne) versteht man alle geplanten Maßnahmen der Ausbildung, der fachlichen und allgemeinen Weiterbildung, des Führungskräftetrainings und der Umschulung. Bildung betont das Qualitätsdenken und wird betrieblich und überbetrieblich (z. B. bei der IHK) durchgeführt.

Bildungsbudget

Im Bildungsbudget werden alle Mittel ausgewiesen, über welche die Bildungsverantwortlichen im Verlaufe einer Bildungsperiode (i. d. R. ein Jahr) verfügen können. Das Budget dient in erster Linie der Kontrolle der Wirtschaftlichkeit der betrieblichen Bildungsarbeit.

Bildungscontrolling

Bildungscontrolling soll den erreichten und/oder erwarteten Bildungsnutzen in Relation zu den vorgegebenen → Bildungszielen und eingesetzten → Ressourcen evaluieren. Durch bedarfsgerecht durchgeführte betriebliche Bildung sollen Erfolgspotentiale gesichert werden. Dabei ist Bildungscontrolling integraler Bestandteil des Bildungsmanagements und in der Wirkung abhängig vom ‚Reifegrad' des Unternehmens. Bildungscontrolling als strategisches Steuerungsinstrument führt von der Ex-post-Orientierung hin zur Ex-ante-Orientierung.

Bildungsziele

Bildungsziele bezeichnen die quantitative und qualitative Reichweite, den Bildungsertrag, der mit einer Bildungsmaßnahme oder einem Bildungsprogramm erreicht werden soll. Es werden mit zunehmender Konkretisierung Richtziele, Grobziele und Feinziele unterschieden.

Change Agent

Unter einem Change Agent oder einem Organisationsentwicklungsberater wird ein wissenschaftlich oder methodisch geschulter Experte verstanden, der Individuen und Organisationseinheiten bei Problemlösungen unterstützt. Der Schwerpunkt der Unterstützung liegt auf der „Hilfe zur Selbsthilfe" und bezieht sich auf den Veränderungsprozess.

Coaching

Unter Coaching versteht man die aufgabenbezogene (z. T. auch therapeutische) Unterstützung und Begleitung von Mitarbeitern und Führungskräften durch einen sachverständigen und psychologisch geschulten Berater mit dem Ziel der Ergebnis- und Kompetenzverbesserung. Hauptbestandteil des Coachings sind auf ‚Hilfe zu Selbsthilfe' bei fach- und personenbezogenen Problemen zielende Gespräche.

Computer-based Training

Im Computer-based Training (CBT) wird der Lernende über den Computerbildschirm an Praxisfälle und deren Lösungsmöglichkeiten herangeführt. Die Lernkontrolle erfolgt am Ende ebenfalls mittels Computer. CBT kann als interaktives Selbstlerntraining eingesetzt werden. Es kommt in der Grundausbildung und in Produktschulungen zur Anwendung.

Differenzierungsphase

Die Differenzierungsphase oder zweite Generation der → Personalentwicklung ist durch die Systematisierung im → Funktionszyklus (d. h. die Einteilung in Bedarfsanalyse, Ziele setzen, kreatives Gestalten, Durchführung und Erfolgskontrolle) gekennzeichnet.

Duales System (der Berufsausbildung)

Das Duale Ausbildungssystem bezeichnet die Verbindung der berufspraktischen Ausbildung in einem Betrieb oder einer überbetrieblichen Ausbildungseinrichtung mit dem Unterricht in der Berufsschule. Die Aufgaben der Betriebe liegen in der Vermittlung des praktischen Teils der Ausbildung (Fertigkeiten, Kenntnisse, berufliche Erfahrungen, berufsrelevante Fähigkeiten), die Berufsschulen unterrichten die dazugehörige Theorie sowie berufsübergreifende und allgemeine Kenntnisse. Rechtliche Grundlage des Dualen Systems sind das → Berufsbildungsgesetz, die → Ausbildungsordnung und die Schul- bzw. Schulpflichtgesetze der Bundesländer.

Eignungsdiagnostik

siehe → Eignungsfeststellung

Eignungsfeststellung

Die Eignungsfeststellung findet im Rahmen der → Personalauswahl statt. Dabei wird das → Anforderungsprofil der zu besetzenden Stelle mit den für die Stelle relevanten Qualifikationen und Eigenschaften der Bewerber verglichen. Besteht zwischen dem Anforderungsprofil und den Qualifikationen eines Bewerbers ein fit (siehe → Passung), so ist der Bewerber für die Stelle geeignet. Übergeordnetes Ziel ist es, ein bestmögliches → fit zwischen Anforderungsprofil und Bewerberqualifikationen zu erreichen.

Employability

Employability ist gegeben, wenn eine Person über eine einzigartige Handlungsfähigkeit verfügt und für diese die gewünschte Nachfrage besteht. Die Einzigartigkeit besteht in der Fähigkeit zur Erzeugung und Vermarktung von Humanvermögen, das die Wettbewerber in dieser Nutzenkombination und/oder Kostengünstigkeit den nach Humanvermögen nachfragenden Unternehmen (noch) nicht anbieten können.

Empowerment

Das Empowerment ist eine Vorgehensweise, bei der den Mitarbeitern bewusst mehr Entscheidungsbefugnisse zur Aufgabenerledigung übertragen wird. Empowerment verbessert das Wollen, das Können und das Dürfen der Mitarbeiter.

Externe Weiterbildung

Unter externer Weiterbildung versteht man Maßnahmen der → betrieblichen Weiterbildung, die von einem nicht zum Unternehmen gehörenden Weiterbildungsinstitut oder –träger durchgeführt werden.

Fachkarriere

Die Fachkarriere beinhaltet wie die → Führungskarriere den Aufstiegsgedanken, doch ist für sie ein hoher Anteil an reinen Fach- und ein geringer Umfang an Personalführungsaufgaben typisch. Oberziel ist dabei der Erhalt und die Belohnung von Spezialisten, die über eine Führungskarriere keine Karriere hätten machen können. Fachkarrieren differenzieren die Belegschaft nach Spezialwissen und –können.

Fachkompetenz

Fachkompetenz bezeichnet die erforderlichen fachlichen Fähigkeiten, Fertigkeiten und Kenntnisse eines Mitarbeiters oder einer Führungskraft zur abschließenden und fehlerfreien Bewältigung konkreter beruflicher Aufgaben.

Fachlaufbahn

siehe → Fachkarriere

Fit

Unter einem Fit versteht man die Übereinstimmung mehrerer Elemente eines Systems, z.b. die Anschlussfähigkeit der Personalentwicklung an die Unternehmensentwicklung.

Förderung

Förderung beschreibt Personalentwicklung im erweiterten Sinne. Sie baut auf den Bildungsmaßnahmen auf und erweitert diese um Maßnahmen wie Anforderungsprofile, Auswahlverfahren, Einarbeitung, Strukturiertes Mitarbeitergespräch, Führen durch Zielvereinbarung und Karriere- und Nachfolgeplanung. Die Förderung zielt auf die optimale Platzierung des Mitarbeiters in einem betrieblichen Funktionsgefüge und berücksichtigt Eignung, Erfahrung und Potential des Mitarbeiters.

Fortbildung

siehe → Berufliche Weiterbildung

Führen durch Zielvereinbarung

siehe → Zielvereinbarung

Führungsbefähigung

Die Führungsbefähigung ist als Führungsgleichung mit den Faktoren Führungsbegabung (Potential), Führungslernen (Wissen) und Führungserfahrung (Anwendung) darstellbar.

Führungskarriere

Die Führungskarriere beinhaltet die Versetzung innerhalb der Hierarchie. In der Regel erfolgt diese dabei vertikal nach oben und bedeutet für den Mitarbeiter eine Ausweitung seiner Kompetenzen, seiner positionellen Herrschaft und/oder seines Entgelts. Mit dieser Laufbahnform wird nach dem traditionellen Karriereverständnis den Mitarbeitern die Möglichkeit geboten, über einen Aufstieg im Unternehmen ihre persönlichen Ziele zu erreichen.

Führungskräfteentwicklung

Führungskräfteentwicklung zielt auf institutioneller Ebene auf eine optimale Entfaltung und Nutzung der führungsrelevanten Befähigungen und des noch aktivierbaren Führungspotenzials. Auf individueller Ebene sollen die Erwartungen und Wünsche hinsichtlich personeller Entfaltung und beruflichen Werdegangs befriedigt werden. Aus Unternehmenssicht zielt die Führungskräfteentwicklung auf die optimale Besetzung der Führungspositionen.

Führungslaufbahn

siehe → Führungskarriere

Funktionale Kompetenz

Funktionale Kompetenz umfasst aufgabenbezogenes Funktionswissen/-können, fachübergreifende Kenntnisse, Problemlösungsfähigkeit, Initiative und Entscheidungsfähigkeit.

Funktionszyklus der Personalentwicklung

Der Funktionszyklus der Personalentwicklung ist ein formaler Entscheidungs- und Problemlösungsprozess mit den Prozessphasen: Bedarfsanalyse, Zielsetzung, kreative Gestaltung, Durchführung, Erfolgskontrolle und Transfersicherung. Der Funktionszyklus sichert die einheitliche und kostengünstige Realisierung der Personalentwicklung.

Handlungskompetenz

Berufliche Handlungskompetenz wird durch die Maßnahmen der Bildung, der Förderung und der Organisationsentwicklung vermittelt und weist die Elemente → Methoden-, → Fach- und → Sozialkompetenz auf.

Humankapital

siehe → Humanvermögen

Humankapitalrechnung

siehe → Humanvermögensrechung

Humanvermögen

Humanvermögen ist das in Geld bewertete, dem Unternehmen dauerhaft zur Verfügung stehende menschliche Leistungspotenzial im Sinne einer Leistungsreserve. Das Humanvermögen gewinnt gegenüber dem Sachvermögen an Bedeutung und entscheidet wesentlich über die Wettbewerbsfähigkeit eines Unternehmens.

Humanvermögensrechung

Die Humanvermögensrechung umfasst alle betriebswirtschaftlichen Maßnahmen, die notwendig sind, um den Mitarbeitern eines Unternehmens einen Vermögenswert zuzuweisen, sie somit wirtschaftlichen Maßstäben zu unterwerfen. Sie soll ermöglichen, das Leistungsvermögen der Mitarbeiter sowohl als Investition des Unternehmens zu begründen als auch als Aktivposten in der Bilanz auszuweisen.

Institutionalisierungsphase

Die Institutionalisierungsphase oder erste Generation der → Personalentwicklung ist durch eine unsystematische, angebotsorientierte, eher zufällig durchgeführte Personalentwicklung ohne konkreten Bezug zu den Problemsituationen im Unternehmen gekennzeichnet.

Integrationsphase

Die Integrationsphase bezeichnet die dritte Generation der → Personalentwicklung. Sie zeichnet sich durch die Integration von Lern- und Arbeitsfeld sowie durch das Lernen und Tun vor Ort (am Arbeitsplatz) aus.

Interne Weiterbildung

Maßnahmen der → betrieblichen Weiterbildung, die das Unternehmen von unternehmenseigenen Lehrpersonal oder von fremden Lehrpersonal im Unternehmen durchführen lässt.

Karriere

Karriere ist jede beliebige Stellen- oder Positionsfolge einer Person im betrieblichen Positionsgefüge. Karriere wird nicht mehr nur als Aufwärts- sondern auch als Seitwärts- und Abwärtsbewegung in der Hierarchie betrachtet. Karriere ist als eine subjektiv empfundene Bedeutungszunahme einer Person oder einer Personengruppe und als objektiv gegebene Bedeutungszunahme von Personen oder Personengruppen in einer Organisation aufzufassen.

Karriereplanung

Karriereplanung ist ein Instrument der Personalentwicklung und bedeutet die gedankliche Vorwegnahme möglicher Positionen im Organisationsgefüge aus Sicht der Unternehmen und der Mitarbeiter.

Kernkompetenz

Kernkompetenzen (auch Core Competencies) sind einzigartige, zur Erlangung und Verteidigung von Wettbewerbsfähigkeit, unverwechselbare, nachahmungsresistente, bei der Konkurrenz nicht, noch nicht oder so nicht vorhandenen Ressourcenbündel.

Erfolgsvoraussetzungen für Kernkompetenzen sind:

- Einzigartigkeit in der Wahl und Kombination der Ressourcen (Nicht-Imitierbarkeit, Nicht-Substituierbarkeit, Heterogenität und Knappheit),
- Verteidigungsfähigkeit im Konkurrenzkampf und
- Wertschätzung und Wertsteigerung durch den Kunden.

Kompetenz

Kompetenz bezeichnet das Dürfen, das Wollen und das Können einer Person im Hinblick auf die Wahrnehmung einer konkreten Arbeitsaufgabe. Kompetenz ist die Kombination und handlungsorientierte Integration von Basisfaktoren (Ressourcen), Aktionsfaktoren (Technologie) und Zielfaktoren (Markt) zur Erlangung spezifischer Befähigungen, die zur Erreichung bestimmter Handlungsziele erforderlich sind.

Kompetenz dient der Bewältigung gegenwärtiger Probleme und ist als Potential Grundlage für die → Performanz.

Kompetenzentwicklung

Kompetenzentwicklung ist Mittel zur Erreichung von Handlungszwecken durch kompetentes Handeln. Kompetenzentwicklung ist in zwei Schritten durchzuführen:

1. Festlegung der für die Zielgruppe notwendigen Kompetenzen in Kooperation der Führungskräfte, der Abteilung Personalentwicklung und der Mitarbeiter (Kompetenzplanung).

2. Einleitung erforderlicher Maßnahmen zur anforderungsgerechten Professionalisierung der Zielgruppe (Kompetenzaufbau).

Kompetenzprofil

Das Kompetenzprofil legt in Verbindung mit dem → Anforderungsprofil und dem Tätigkeitsprofil fest, wie Wissen, Können und Verantwortung konkret zu kombinieren und situationsgerecht anzuwenden sind. Es liefert Aussagen über die Verfügbarkeit persönlicher qualifikatorischer Voraussetzungen zur Erfüllung der Arbeitsaufgaben eines bestimmten Arbeitsplatzes.

Lernen

Lernen ist eine relativ überdauernde Veränderung des Wissens bzw. der kognitiven Struktur, die sich in motorischen oder verbalen Verhaltensweisen nachweisen lässt. Lernen ist ein hypothetisches Konstrukt, das dem Beobachter nicht direkt zugänglich ist.

Lerntheorien

Aussagen über Gesetzmäßigkeiten und Zusammenhänge beim → Lernen werden als Lerntheorien bezeichnet. Eine geschlossene Theorie des Lernens existiert nicht; hingegen gibt es eine Reihe von Aussagen über Gesetzmäßigkeiten und Zusammenhänge bei bestimmten Varianten des Lernens. Grundsätzlich können behavioristische und kognitive Lerntheorien sowie Theorien des sozialen Lernens (Beobachtungslernen) unterschieden werden.

Lückenkonzept

Das Lückenkonzept bezeichnet als Profilvergleich zwischen Anforderungen, z.B. einer Stelle oder eines Stellenbündels, und den konkret vorhandenen Qualifikationen die Differenz zwischen erwarteten und vorhandenen Leistungs- und Verhaltensanforderungen.

Macht

Macht beschreibt die Möglichkeit, innerhalb einer sozialen Beziehung den eigenen Willen auch gegen Widerstreben durchzusetzen. Macht setzt Gehorsam, dieser Sanktionsmöglichkeiten voraus.

Metapher

Metaphern sind sprachliche oder bildhafte Umschreibungen, um organisationale und personale Phänomene plastischer aufzuzeigen, zu erklären und verändern zu können. Die klassische Metapher von Organisationen ist die Maschine. Die Maschinenmetapher beschreibt ein Unternehmen als mechanisches Gefüge, mit dem ein bestimmtes Ziel erreicht werden soll und dessen einzelne Teile in wohlabgestimmter Anordnung effektiv ineinander greifen.

Methode der kritischen Ereignisse (Critical-Incident-Technique)

Die Methode kritischer Ereignisse wurde von Flanagan ursprünglich entwickelt. Sie basiert darauf, ‚kritische' Verhaltensweisen, d. h. Erfolg oder Misserfolg begründende Ereignisse, für eine bestimmte Tätigkeit zu erfassen. Aufgrund von Beobachtungen werden Häufigkeitsverteilungen ermittelt, auf deren Grundlage zusammenfassende Beurteilungen gebildet werden. Kritisch für den Erfolg einer Tätigkeit sind regelmäßig wiederkehrende, unverzichtbare und „wertvolle" Arbeitsinhalte.

Methodenkompetenz

Methodenkompetenz beschreibt die Fähigkeiten, Informationen zu beschaffen, zu verarbeiten und im Arbeitsprozess einzusetzen, Handlungen und Handlungsfolgen auszuwerten und Konsequenzen für zukünftige Handlungen abzuleiten.

Mitarbeiterbefragung

Die Mitarbeiterbefragung ist ein Instrument der partizipativen Unternehmensführung, bei dem mit Hilfe von (teil-) standardisierten Fragebögen anonym und auf freiwilliger Basis bei allen Mitarbeitern Informationen über die Qualität und Zufriedenheit mit der Führung und Zusammenarbeit erhoben werden. Ziel ist es, mit Hilfe der erhobenen Daten Hinweise über Stärken und Schwächen zu erhalten, um darauf aufbauend Veränderungsprozesse einzuleiten.

Mitarbeitergespräch

Das Mitarbeitergespräch zwischen Führungskraft und Mitarbeitern ist ein wichtiges Element kooperativer Führung. Das Gespräch dient der Standortbestimmung des Mitarbeiters und hilft, Leistungen und Verhalten optimal auf die Unternehmensziele abzustimmen. Die Mitarbeitergespräche dienen der Informationsbeschaffung, sind Planungsgrundlage und Evaluierungsinstrument des betrieblichen Wertschöpfungsprozesses. Zentrale Inhalte des Strukturierten Mitarbeitergespräches sind Leistung, Verhalten, Ziele, Potenzial und Entwicklungsmaßnahmen.

Mitbestimmung

Rechtlich verankerte Beteiligung der Arbeitnehmer bzw. ihrer Vertreter an Willensbildungsprozessen und Entscheidungen auf der Ebene von Betrieb und Unternehmen. Im deutschen Industrial-Relations-System wird nach der Ebene der Mitbestimmung (Arbeitsplatz, Betrieb, Unternehmen) und nach dem Grad der Beteiligung der ArbeitnehmerInnen unterschieden.

Nachfolgeplanung

Die Nachfolgeplanung ist Teil der Karriereplanung und beschäftigt sich systematisch mit der Besetzung freier Stellen durch geeignete Mitarbeiter aus dem Unternehmen oder durch externe Bewerber.

Organisationales Lernen

Organisationales Lernen ist ein Veränderungsprozess in und von Organisationen, der zur Sicherung und Weiterentwicklung kollektiver Problemlöse- und Handlungsfähigkeit sowie zur Verbesserung oder Erneuerung organisationaler Strukturen beitragen soll.

Organisationsentwicklung

Organisationsentwicklung beschreibt Personalentwicklung im weiten Sinne. Auf den individuellen Maßnahmen der Bildung und der Förderung aufbauend, erweitert die Organisationsentwicklung die Personalentwicklung um Gruppenarbeit, Teamkonzepte und → Projektarbeit. Es ist eine Strategie des geplanten und systematischen organisationalen Wandels durch Beeinflussung von Organisationsstruktur, Unternehmenskultur und individuellem Verhalten unter größtmöglicher Berücksichtigung der betroffenen Mitarbeiter. Organisationsentwicklung erfolgt managementgeleitet und zielt auf die integrative Entwicklung von Strukturen, Prozessen und Strukturen.

Organisationstransformation

siehe → Transformationsprozess

Outplacement

Outplacement ist eine Methode der Personalfreistellung, die dazu beiträgt, betriebliche Trennungsvorgänge für das Unternehmen und den Betroffenen sozial verträglich und in beiderseitigem Einvernehmen zu gestalten. Outplacement ist ein Instrument der → Personalentwicklung, da es einerseits direkt auf den betroffenen Mitarbeiter, andererseits aber auch auf die verbleibenden Organisationsmitglieder anforderungsverändernd wirkt.

Outsourcing

Unter Outsourcing versteht man den externen Bezug bislang selbst produzierter Leistungen (Marktlösung). Ziel ist dabei die Erhöhung der Flexibilität, die

Reduzierung der Kosten und die Konzentration auf die → Kernkompetenzen des Unternehmens.

Passung

Passung bzw. Anschlussfähigkeit meint die konstitutive Ähnlichkeit individueller und sozialer Verständigungsmuster, die es Personen und Organisationen ermöglichen, sich untereinander verständlich auszutauschen. Passung ist zu verstehen als die personale und organisatorische Einheit in der Vielheit der Möglichkeiten (Diversity).

Personalentwicklung

Inhaltlich umfasst die Personalentwicklung alle geplanten Maßnahmen der Bildung, der Förderung und der Organisationsentwicklung, die von einer Organisation zielorientiert geplant, realisiert und evaluiert werden.

Personalentwicklungsbedarf

Personalentwicklungsbedarf ist die Differenz zwischen den vorhandenen Qualifikationen der Mitarbeiter und den Arbeitsplatzerfordernissen. Personalentwicklungsmaßnahmen werden erforderlich, wenn zwischen den Anforderungen der gegenwärtigen oder zukünftigen Arbeitsplätze und den Leistungen und Fähigkeiten der Mitarbeiter Abweichungen bestehen.

Personalentwicklungscontrolling

siehe → Bildungscontrolling

Positionierungsverfahren

Das Positionierungsverfahren dient dem Abgleich der künftigen Kernanforderungen mit den Kernkompetenzen und den aktivierbaren Kompetenzreserven (Potenziale) der Mitarbeiter bzw. bestimmter Mitarbeitergruppen (z. B. Vorstand). Ziel der Positionierung ist ein optimaler Personaleinsatz unter Beachtung von Eignung, Neigung und Potential. Die systematische Positionierung sichert einen hinreichend guten eignungs-, neigungs- und anforderungsgerechten Einsatz des Humanvermögens im Unternehmen.

Potenzial

Potenzial meint die von einem Mitarbeiter noch nicht entwickelten Qualifikations-, Kompetenz-, Leistungs- und Verhaltensreserven im Hinblick auf die konkreten Anforderungen einer Stelle oder einer Hierarchieebene. Potenzial bezeichnet somit aktuell vorhandene Eigenschafts- und Verhaltensreserven des Mitarbeiters, die in der Zukunft benötigt werden und durch Personalentwicklung entwickelt werden können.

Potenzialanalyse

Potenzialanalysen sind eignungsprognostische Verfahren, die mit dem Ziel durchgeführt werden, zu erfahren, wie viele aktivierbare Qualifikations- und Leistungsreserven ein Mitarbeiter in sich birgt.

Potenzialbeurteilung

Die Potenzialbeurteilung stellt fest, welche Qualifikationsreserven ein Mitarbeiter aus Sicht des Beurteilungszeitpunktes hat. In prognostisch-spekulativer Form beurteilen die Vorgesetzten das Entwicklungspotential nach ‚nächstbeförderbare Position' und ‚aus derzeitiger Sicht höchsterreichbare Position'. Die Potenzialbeurteilung ist Grundlage der Nachfolge- und Karriereplanung.

Professionalisierung

Professionalisierung beschreibt den Prozess der Entstehung und das Wachstum einzigartiger und damit gegen andere abgrenzbare Cluster an Befähigung, Leistung, Anerkennung und Autonomie von Spezialisten zur Versorgung einer Organisation mit Leistungen.

Projektarbeit

Projektarbeit sichert als ‚Organisation der Übergangs' in transitionalen Unternehmen die marktgerechte Leistungsfähigkeit des Unternehmens und die Beschäftigungsfähigkeit des einzelnen Mitarbeiters in der Dynamik der Wettbewerbsbedingungen. Projekte sind dabei komplexe und zumeist umfangreiche, einmalige und damit jeweils neuartige Aufgabenstellungen, deren Erledigung in der Regel zeitlich befristet ist und Mitarbeitern aus verschiedenartigen Stellen übertragen wird.

Projektkarriere

Die Projektkarriere kann als ‚horizontale Karriere' bezeichnet werden. Ein Mitarbeiter wird durch Abordnung oder Entsendung einer Projektgruppe zugeordnet. Die Tätigkeiten in und/oder die Leitung von Projekten verbessert den relativen Status des Projektmitarbeiters.

Projektlaufbahn

siehe → Projektkarriere

Prozessberatung

Bei der Prozessberatung übernimmt der Berater die Aufgabe der Hilfe zur Selbsthilfe, indem er der Gruppe hilft, Prozesse im Unternehmen zu analysieren, zu verstehen, Handlungsalternativen abzuleiten und umzusetzen. Der Erfolg der Prozessberatung hängt stark von den Fähigkeiten und Erfahrungen des Beraters, des → Change Agents, ab.

Qualifikation

Qualifikation ist die allgemeine und berufliche Ressourcenbasis für potenzielle Handlungen. Qualifikation beschreibt den erreichten Stand an Wissen und Können auf der Entstehungsseite.

Qualifikationsstruktur

Unter einer Qualifikationsstruktur versteht man die Einteilung der Mitarbeiter in Kategorien anhand ihrer jeweiligen Qualifikationen. Zu unterscheiden sind die Qualifikationsstrukturebenen: kein beruflicher Ausbildungsabschluss, Abschluss einer Lehr-/Anlernausbildung, Meister-, Techniker-, Fachschulabschluss, Abschluss einer Fachhochschule bzw. Hochschule.

Qualitative Ziele

Qualitative Ziele sind Wertmaßstäbe, die nicht direkt gemessen, gewogen, gezählt oder berechnet werden können. Qualitative Ziele drücken sich unmittelbar in Resultaten wie Betriebsklima oder Zufriedenheit aus und werden aus diesen Indikatoren abgeleitet.

Quantitative Ziele

Quantitative Ziele sind direkt messbare, geplante Leistungs- und Verhaltensstandards. Gemessen werden Mengen, die dann in Relation zu Zeit und Kosten einerseits und Mitteln oder Erlösen andererseits gesetzt werden.

Ressourcen

Ressourcen sind alle materiellen und immateriellen Güter, die einem Unternehmen unentgeltlich (z.B. Luft) oder entgeltlich (z.B. Mitarbeiter) zur Erfüllung der betrieblichen Aufgaben zur Verfügung stehen. Besonders zu unterscheiden sind finanzielle, personelle und sachliche Ressourcen.

Schlüsselqualifikationen

Schlüsselqualifikationen zeichnen sich dadurch aus, dass sie keinen unmittelbaren Bezug zu bestimmten disparaten praktischen Tätigkeiten aufweisen, sondern vielmehr

- die Eignung für eine große Zahl von Positionen und Funktionen als alternative Optionen zum gleichen Zeitpunkt und

- die Eignung für die Bewältigung einer Sequenz von (meist unvorhersehbaren) Änderungen von Anforderungen haben.

Schlüsselqualifikationen sind Kenntnisse, Fertigkeiten, Fähigkeiten und Werthaltungen, die weitgehend zeit- und berufsunabhängig sind.

Selbstorganisation

Selbstorganisation bedeutet, dass Systemmitglieder über Selbstbeobachtung zu Erkenntnissen gelangen, die zu neuen, selbst gewählten Organisationsformen führen. Selbstorganisation setzt damit Teamfähigkeit und kommunikative Kompetenz voraus und ermöglicht evolutionäre Organisationsprozesse.

Shareholder Value

Die Orientierung am Shareholder Value richtet die Unternehmensführung am Marktwert, d.h. am Wert des Unternehmens aus Sicht der Anteilseigner (Shareholder) aus. Die Erhöhung des Shareholder Value manifestiert sich z.b. in einer Erhöhung des Aktienkurses des Unternehmens.

Sozialkompetenz

Sozialkompetenz beschreibt die Fähigkeit, mit Vorgesetzten, Mitarbeitern, Kollegen, Kunden und Zulieferern zusammenzuarbeiten und ein gutes Arbeitsklima zu schaffen und zu erhalten.

Stakeholder Value

Stakeholder Value meint eine unternehmenspolitische Ausrichtung mit dem Ziel einer angemessenen und akzeptablen Berücksichtigung von Interessen und Ansprüchen der unterschiedlichen am Unternehmen beteiligten bzw. interessierten Gruppen. Als Stakeholder (Interessenträger) werden Gruppen oder Individuen angesehen, die entweder aktiv Einfluss auf Entscheidungen des Unternehmens nehmen können oder passiv durch Entscheidungen betroffen sind. Stakeholder sind z.b. Management, Mitarbeiter, Mitbestimmung, Kunden und Öffentlichkeit.

Stellenbeschreibung

Stellenbeschreibungen legen für die kleinste organisatorische Einheit (die Stelle) fest, welche Ziele sie im Gefüge der Gesamtaufgabe zu erfüllen hat. Sie enthalten alle wesentlichen Merkmale einer Stelle und geben detailliert wieder, welche Aufgaben zur Zielerreichung wahrzunehmen sind. Weiterhin geben Stellenbeschreibungen die Wertigkeit der Stelle, die Einordnung in das hierarchische Gefüge und die Kompetenzen (im Sinne von Befugnissen) des Stelleninhabers an. Die Festlegung der Stellvertretung (aktiv/passiv), die zur Aufgabenwahrnehmung erforderlichen Qualifikationen und die notwendige Berufserfahrung ergänzen die Stellenbeschreibung.

Stellenbündel

Stellenbündel beinhalten die organisatorische Einbindung und die Kernaufgaben der im Stellenbündel zusammengefassten Stellen. Stellenbündel fassen gleiche und verwandte Tätigkeiten zusammen. Stellenbündel sind ein effektives und effizientes Planungsinstrument, das bei zunehmender Dynamik der Veränderung von Tätigkeiten und Anforderungen leicht handhabbar ist und einen geringen Pflegeaufwand verlangt.

Strategisches Personalmanagement

Das strategische Personalmanagement zielt auf die personalwirtschaftliche Vorbereitung und Absicherung vorteilhafter Wettbewerbssituationen des Unternehmens. Sie hat als Gegenstand die Planung, Umsetzung und Kontrolle von grundsätzlichen Handlungsmöglichkeiten zum Aufbau, zum Erhalt, zur Nutzung oder zum Abbau von Personalpotentialen.

Tätigkeitsprofil

Tätigkeitsprofile fassen einzelne Tätigkeitselemente zu einem Profil zusammen. Aus dem Tätigkeitsprofil wird das Anforderungsprofil, aus diesem das Qualifikationsprofil und schließlich das Interventionsprofil abgeleitet.

Traditionale Unternehmen

Traditionale Unternehmen sind relativ veränderungsarme soziale Systeme mit horizontaler und vertikaler Arbeitsteilung und top down Orientierung. Die Bindung des → Humanvermögens erfolgt über Dauerarbeitsverträge, lange Betriebszugehörigkeit wird belohnt, Aufstiegsmöglichkeiten sind klar geregelt. Traditionale Unternehmen agieren in wenig akzelerierenden Beschaffungs- und Absatzmärkten mit monopolähnlichen Verhaltensweisen.

Transformierte Unternehmen

Transformierte Unternehmen sind Netzwerke lose miteinander verknüpfter interner Kernbelegschaften und externer Dienstleister. Die Bindung des → Humanvermögens erfolgt über die anforderungs- und situationsgerechte Optimierung spezieller Motivatorenvektoren bzw. –bündel für die lose gekoppelten Spezialisten.

Transitionale Unternehmen

Transitionale Unternehmen sind dynamische Organisationsfamilien mit relativ rasch wechselnden Anforderungen, abnehmender Wertschöpfungstiefe, sinkenden Karrierechancen, hohem Leistungsdruck und abwechslungsreichen Tätigkeiten. Die Bindung des → Humanvermögens erfolgt durch Information, Qualifizierung und die Attraktivität häufig wechselnder Tätigkeiten.

Training near the Job

Training near the Job findet nicht während der unmittelbaren Arbeitstätigkeit statt, beschäftigt sich aber mit aktuellen Problemen in unmittelbarer Nähe des Arbeitsplatzes, wobei dabei auch konkrete tätigkeitsbezogene Lerninhalte vermittelt werden können. Für die Teilnehmer ergibt sich eine direkte Transfermöglichkeit zu ihren Aufgaben. Umweltfaktoren können außerdem bewusst einbezogen werden.

Training off the Job

Unter Training off the Job werden Methoden der Bildung außerhalb des Arbeitsplatzes verstanden, die meist in institutionalisierter Form (häufig in Seminarform) stattfinden. Das Training off the job kann in innerbetrieblichen eigenen Einrichtungen, in innerbetrieblichen fremden Einrichtungen, in überbetrieblichen Bildungswerken sowie in außerbetrieblichen Weiterbildungsinstituten erfolgen. Das Ziel dieser Methode besteht darin, theoretisches Wissen zu vermitteln und Verhaltensweisen einzuüben.

Training on the Job

Training on the Job bezeichnet Methoden der Bildung, die in unmittelbarem Zusammenwirken mit Vorgesetzten und weiteren Mitarbeitern sowie der tagtäglichen Aufgabenwahrnehmung am Arbeitsplatz stattfinden. Zum Training on the Job gehören z. B. die gelenkte Erfahrungsvermittlung, die Arbeitsunterweisung und der zeitlich befristete, gezielte Arbeitsplatzwechsel (auch Job Rotation).

Transformationsprozess

Transformation bezeichnet allgemein den Austausch von bisher gültigen Leistungs- und Verhaltensstandards durch neue. Der Transformationsprozess der Unternehmen kann in drei Phasen eingeteilt werden. Danach sind Allfunktions-, Spezialfunktions- und Agenturunternehmen zu unterscheiden. Der Wandel von Verkäufer- zu Käufermärkten zwingt die Unternehmen zur Transformation in Spezialfunktionsunternehmen, die sich auf marktfähige → Kernkompetenzen orientieren.

Unternehmenskultur

Unternehmenskultur ist die Gesamtheit der in Unternehmen bewusst oder unbewusst kultivierten, symbolisch oder sprachlich tradierten Wissensvorräte und Hintergrundüberzeugungen, Denkmuster und Weltinterpretationen, Wertvorstellungen und Verhaltensnormen. Die Unternehmenskultur erzeugt als einmaliges Wertefundament die Alleinstellung des Unternehmens wesentlich mit.

Variable Vergütung

Die variable Vergütung ist eine Leistungszulage, die hinsichtlich der Höhe und der Wiederkehr der Zahlungen an ganz konkrete Leistungsbeiträge des Mitarbeiters gekoppelt ist. Sie setzt auf der Grundvergütung auf und wird als Gehaltsbestandteil für das Erreichen von Zielen gezahlt. Variable Vergütung stellt die Dispositionsmasse zur leistungsbezogenen Entlohnung dar und kann gezielt als Leistungsanreiz eingesetzt werden.

Weiterbildung

Weiterbildung umfasst alle Maßnahmen, die in organisierter Form eine Förderung der horizontalen und/oder vertikalen Mobilität sowie Korrektur der Berufstätigkeit ermöglichen, indem den Mitarbeitern entsprechende Kenntnisse, Fertigkeiten und Verhaltensweisen vermittelt werden. Die Förderung der horizontalen Mobilität erfolgt durch Anpassungsweiterbildung, d. h. durch Aktualisierung der beruflichen Qualifikationen. Die Förderung der vertikalen Mobilität erfolgt durch Aufstiegsweiterbildung, die zur Übernahme höherrangiger Positionen befähigen soll.

Wertewandel

Wertewandel meint die sich verändernde Einstellung des Menschen zu Ideen, Sachverhalten, Lebensinhalten und –möglichkeiten. Mit dem Wandel der Einstellungen z.b. zu Beruf und Arbeit verändern sich die Erwartungen an die Unternehmen und die Gesellschaft, die neuen Berufs- und Lebensentwürfe durch die Gestaltung der Arbeitszeit zu ermöglichen.

Wertschöpfung

Unter Wertschöpfung versteht man die Saldogröße aus dem ertrag einer betrieblichen Leistung, vermindert um den Wert der in die Leistungserstellung eingegangenen Vor- bzw. Fremdleistungen.

Wettbewerbsfähigkeit

Wettbewerbsfähigkeit meint die Fähigkeit eines Unternehmens, sich dauerhaft im Markt zu behaupten. Die Wettbewerbsfähigkeit resultiert aus nachahmungsresistenter Erzeugung von Nutzen und Zusatznutzen, der von den Kunden verlangt und bezahlt wird. Die Wettbewerbsfähigkeit ist stets bedroht und deren Erhaltung dauerhafte Aufgabe von Management und Mitarbeitern.

Wissensmanagement

Wissensmanagement in Unternehmen ist die Steuerung (Gestaltung, Lenkung, Entwicklung) des gesamten Wissensprozesses, angefangen von der Identifikation über die Beschaffung und Verarbeitung bis zur Sicherung anhand zuvor strategisch definierter Ziele und der Reflexion dieses Prozesses selbst (Wissenscontrolling i.w.S.).

Zielvereinbarung

Die Zielvereinbarung ist eine kooperative Form der Festlegung von Leistungs-, Verhaltens- und Entwicklungszielen des einzelnen Mitarbeiters oder von Mitarbeitergruppen. Die vereinbarten Ziele dienen dabei der Steuerung des Mitarbeiterhandelns im Sinne der Unternehmensziele. Die Ziele müssen *smart* sein: specific, measurable, attainable, relevant, trackable.

Bücher und Zeitschriften zur Personalentwicklung

Personalwirtschaft/Personalmanagement

Berthel, J. (2000): Personal-Management. Grundzüge für Konzeptionen betrieblicher Personalarbeit, 6. überarb. und erw. Aufl., Stuttgart.

Bühner, R. (1997): Personalmanagement, Landsberg/Lech.

Drumm, H. J. (2000): Personalwirtschaft, 4., überarb. und erw. Aufl., Berlin u. a.

Oechsler, W. A. (2000): Personal und Arbeit. Grundlagen des Human Resource Management und der Arbeitgeber-Arbeitnehmer-Beziehungen, 7. grundleg. überarb. und erw. Aufl., München.

Ridder, H. G. (1999): Personalwirtschaftslehre, Stuttgart.

Ridder, H.G./Conrad, P./Schirmer, F./Bruns, H.J. (Hrsg., 2001): Strategisches Personalmanagement. Mitarbeiterführung, Integration und Wandel aus ressourcenorientierter Perspektive, Landsberg/Lech.

Sattelberger, T. (Hrsg., 1996): Human Resource Management im Umbruch, Wiesbaden.

Schanz, G. (2000): Personalwirtschaftslehre. Lebendige Arbeit in verhaltenswissenschaftlicher Perspektive, 3. neubearb. und erw. Aufl., München.

Scholz, C. (2000): Personalmanagement. Informationsorientierte und verhaltenstheoretische Grundlagen, 5. neubearb. und erw. Aufl., München.

Wunderer, R. (2001): Führung und Zusammenarbeit. Eine unternehmerische Führungslehre, 4. überarb. Aufl., Neuwied/Kriftel.

Personalentwicklung

Becker, M. (2002): Personalentwicklung. Bildung, Förderung und Organisationsentwicklung in Theorie und Praxis, 3. überarb. und erw. Aufl., Stuttgart.

Mentzel, W. (1997): Unternehmenssicherung durch Personalentwicklung. Mitarbeiter motivieren, fördern und weiterbilden, 7., überarb. Aufl., Freiburg i. B.

Neuberger, O. (1994): Personalentwicklung, Stuttgart.

Riekhof, H. C. (Hrsg., 2002): Strategien der Personalentwicklung. Bosch, Gore, Hamburg-Mannheimer, Opel, Philips, Siemens, VW, Weidmüller, WEKA, 5. Aufl., Wiesbaden.

Sattelberger, T. (Hrsg., 1995): Innovative Personalentwicklung. Grundlagen, Konzepte, Erfahrungen, 3. Aufl., Nachdr. 1998., Wiesbaden.

Schwuchow, K./Gutmann, J. (Hrsg., 2002): Jahrbuch Personalentwicklung und Weiterbildung 2002/2003, Neuwied/Kriftel.

Sonntag, K. (Hrsg., 1999): Personalentwicklung in Organisationen. Psychologische Grundlagen, Methoden und Strategien, 2. überarb und erw. Aufl., Göttingen.

Stiefel, R. T. (1996): Lektionen für die Chefetage. Personalentwicklung und Management Development, Stuttgart.

Stiefel, R. T. (1999): Personalentwicklung in Klein- und Mittelbetrieben. Innovationen durch praxiserprobte PE-Konzepte, Leonberg.

Weiterbildung

Becker, M. (1999): Aufgaben und Organisation der betrieblichen Weiterbildung, 2. völlig überarb. Aufl., München.

Faulstich, P. (1998): Strategien betrieblicher Weiterbildung. Kompetenz und Organisation, München.

Goltz, M. (1999): Betriebliche Weiterbildung im Spannungsfeld von tradierten Strukturen und kulturellem Wandel, München/Mering.

Hendrich, W./Büchter, K. (1999): Politikfeld betriebliche Weiterbildung. Trends, Erfahrungen und Widersprüche in Theorie und Praxis, München/Mering.

Pawlowsky, P./Bäumer, J. (1996): Betriebliche Weiterbildung. Management von Qualifikation und Wissen, München.

Schmidt-Lauf, S. (1999): Kooperationsstrategien in der betrieblichen Weiterbildung, München/Mering.

Förderung

Bohlen, F. N. (2002): Das Bewerber-Auswahl-Gespräch. Wie Sie den richtigen Mitarbeiter finden, 2. überarb. Aufl., Leonberg.

Breisig, T. (2001): Entlohnen und Führen mit Zielvereinbarungen. Orientierungs- und Gestaltungshilfen für Betriebs- und Personalräte sowie für Personalverantwortliche, 2. überarb. Aufl., Köln.

Bungard, W./Kohnke, O. (2002): Zielvereinbarungen erfolgreich umsetzen, 2. überarb. und erw. Aufl., Wiesbaden.

Fisseni, H. J./Fennekels, G. P. (1995): Das Assessment Center, Göttingen.

Hamann, A./Huber, J. J. (2001): Coaching. Die Führungskraft als Trainer, 4. überarb. Aufl., Leonberg.

Hilb, M. (1997): Management by Mentoring. Ein wiederentdecktes Konzept zur Personalentwicklung, Neuwied/Kriftel.

Hofbauer, H./Winkler, B. (2002): Das Mitarbeitergespräch als Führungsinstrument, 2. erw. Aufl., München.

Horn, U. (1996): Integrative Entwicklungsbegleitung statt Assessment Center, Hamburg.

Innerhofer, C./Innerhofer, P./Lang, E. (2000): Leadership Coaching. Führen durch Analyse, Zielvereinbarung und Feedback, 2. Aufl., Neuwied/Kriftel.

Kieser, A./Nagel, R./Krüger, K. H. (1990): Die Einführung neuer Mitarbeiter in das Unternehmen, Neuwied/Kriftel.

Kompa, A. (1999): Assessment Center. Bestandsaufnahme und Kritik, München/Mering.

List, K. H. (1996): Wer ist qualifiziert? Neue Wege bei Personalauswahl und Karrierebeurteilung, Köln.

Neuberger, O. (1998): Das Mitarbeiter-Gespräch. Praktische Grundlagen für erfolgreiche Führungsarbeit, Leonberg.

Obermann, C. (1993): Assessment Center. Entwicklung, Durchführung, Trends, Wiesbaden.

Rosenstiel, L. v./Lang, T./Sigl, E. (Hrsg., 1994): Fach- und Führungsnachwuchs finden und fördern, Stuttgart.

Rosenstiel, L. v./Lang, T./Sigl, E. (Hrsg., 1997): Perspektiven der Karriere, Stuttgart.

Sarges, W. (Hrsg., 2001): Weiterentwicklungen der Assessment Center-Methode, Göttingen.

Sattelberger, T. (Hrsg., 1999): Handbuch der Personalberatung. Realität und Mythos, München.

Schircks, A. D. (1994): Management Development und Führung, Göttingen.

Schmidt, G. (1995): Business Coaching, Wiesbaden.

Schuler, H. (2000): Psychologische Personalauswahl. Einführung in die Berufseignungsdiagnostik, Göttingen.

Thomas, A. M. (1998): Coaching in der Personalentwicklung, Bern.

Organisationsentwicklung/Organisationales Lernen

Becker H./Langosch, I. (1995): Produktivität und Menschlichkeit. Organisationsentwicklung und ihre Anwendung in der Praxis, Stuttgart.

Comelli, G. (1998): Handbuch der Weiterbildung für die Praxis in Wirtschaft und Verwaltung, Bd. 4, Training als Beitrag zur Organisationsentwicklung, München.

French, W. L./Bell, Ch. jr. (1994): Organisationsentwicklung. Sozialwissenschaftliche Strategien zur Organisationsveränderung, Bern.

Philipps, G. (1999): Das Konzept der Organisationsentwicklung. Ansätze und Kritik sowie Konsequenzen für die Ausgestaltung von OE-Prozessen in der Praxis, Frankfurt/M.

Probst, G.J.B./Buechel, S. T. (1998): Organisationales Lernen, 2., aktual. Aufl., Wiesbaden.

Rosenstiel, L. v. (2002): Grundlagen der Organisationspsychologie, Stuttgart.

Stotz, M. (1999): Organisationale Lernprozesse. Begriff, Merkmale, Einflussfaktoren, Wiesbaden.

Wiegand, M. (1996): Prozesse Organisationalen Lernens, Wiesbaden.

Organisation der Personalentwicklung

Einsiedler, H. E./Breuer, K./Hollstege, S./Janusch, M. (1999): Organisation der Personalentwicklung, Neuwied/Kriftel.

Scholz, C. (Hrsg., 1999): Innovative Personalorganisation. Center-Modelle für Wertschöpfung, Strategie, Intelligenz und Virtualisierung, Neuwied/Kriftel.

Wunderer, R./Arx, S.v. (1998): Personalmanagement als Wertschöpfungs-Center. Integriertes Organisations- und Personalentwicklungskonzept, Wiesbaden.

Rolle und Selbstverständnis des Personalentwicklers

Büchter, K./Hendrich, W. (1996): Professionalisierung in der betrieblichen Weiterbildung. Anspruch und Wirklichkeit. Theoretische Ansprüche und empirische Ergebnisse, München/Mering.

Ziep, K. D. (1998): Der Dozent in der Weiterbildung. Professionalisierung und Handlungskompetenzen, Weinheim.

Bildungscontrolling

Franz, H. W. (1999): Integriertes Qualitätsmanagement (IQM) in der Weiterbildung. EFQM und DIN ISO 9001. Modell, Instrumente, Fallstudie, Bielefeld.

Gerlich, P. (1999): Controlling von Bildung. Evaluation oder Bildungs-Controlling?, München/Mering.

Hummel, H. (2001): Erfolgreiches Bildungscontrolling, Heidelberg.

Krekel, E./Seusing, B. (1999): Bildungscontrolling, Bielefeld.

Landsberg, G. v./Weiss, R. (Hrsg., 1995): Bildungscontrolling, 2., überarb. Aufl., Stuttgart.

Rank, B./Wakenhut, R. (1996): Bildungscontrolling. Erfolg in der Führungskräfte-
      entwicklung, München/Mering.

Handwörterbücher

Büdenbender, U./Strutz, H. (1996): Gabler-Lexikon Personal, Wiesbaden.

Gaugler, E./Weber, W. (Hrsg., 1992): Handwörterbuch des Personalwesens, Stutt-
      gart.

Geißler, K./Looss, W. (Hrsg., 1999): Handbuch Personalentwicklung, Köln.

Heeg, F. J./Münch, J. (1993): Handbuch Personal- und Organisationsentwicklung,
      Neusäß.

Liebel, H. J./Oechsler, W. A. (1994): Handbuch Human Resource Management. The-
      orien und Methoden erfolgreicher Führung, Wiesbaden.

Meier, H. (1995): Handwörterbuch der Aus- und Weiterbildung, Neuwied/Kriftel.

Rosenstiel, L. v./Domsch, M./Regnet, E. (Hrsg., 1999): Führung von Mitarbeitern.
      Handbuch für ein erfolgreiches Personalmanagement, 4., überarb. und erw.
      Aufl., Stuttgart.

Straub, D. (2002): Jahres-Handbuch Personal 2002, München.

Tippelt, R. (1999): Handbuch Weiterbildung/Erwachsenenbildung, Opladen.

Weber, W./Mayrhofer, W./Nienhüser, W. (1997): Taschenlexikon Personalwirtschaft,
      Stuttgart.

Zeitschriften

Grundlagen der Weiterbildung, Hrsg.: Verein Grundlagen der Weiterbildung e.V.

io management, Hrsg.: ETH-Zentrum für Unternehmenswissenschaft BWI.

ManagerSeminare. Das Weiterbildungsmagazin, Hrsg.: ManagerSeminare Gerhard
      May Verlags GmbH.

Organisationsentwicklung, Hrsg.: Gesellschaft für Organisationsentwicklung e. V.

Personal. Zeitschrift für Human Resource Management, Hrsg.: Gaugler, E./Wagner, D./Zander, E.

Personalführung, Hrsg.: Deutsche Gesellschaft für Personalführung e.V. (DGfP).

Personalwirtschaft, Hrsg.: Luchterhand Verlag.

Zeitschrift Führung und Organisation, Hrsg.: Gesellschaft für Organisation e.V.

Zeitschrift für Personalforschung, Hrsg.: Eckardstein, D. v./Neuberger, O./Scholz, C./Wächter, H./Weber, W./Wunderer, R.

Alphabetisches Autorenverzeichnis

Becker, Manfred, Prof. Dr., Martin-Luther-Universität Halle-Wittenberg, Wirtschaftswissenschaftliche Fakultät, Institut für Betriebswirtschaftslehre, Professor für Betriebswirtschaftslehre, insbesondere Organisation und Personalwirtschaft, Halle (Saale).

Bellmann, Lutz, Dr., Institut für Arbeitsmarkt- und Berufsforschung der Bundesanstalt für Arbeit (IAB), Wissenschaftlicher Direktor, Bereich V/5, Nürnberg.

Brand, Hartmut, Leiter Personalentwicklung und Leiter Bildungszentrum AOK Hessen, AOK Hessen, Homberg/Ohm.

Bührnheim, Dieter, Geschäftsführer, A/V/E Abrechnungsgesellschaft für Ver- und Entsorgungsleistungen mbH Halle und B/A/S Berliner Abrechnungs- und Servicegesellschaft für Ver- und Entsorgung mbH, Halle (Saale).

Drescher, Anne, Dr., Kommunale Gemeinschaftsstelle (KGSt), Köln und Berlin.

Lowack, Wolf-Rainer, Abteilungsdirektor Bildungswesen bei der BASF AG in Ludwigshafen

Ridder, Hans-Gerd, Prof. Dr., Universität Hannover, Fachbereich Wirtschaftswissenschaften, verantwortlich für Allgemeine Betriebswirtschaftslehre, Institut für Betriebsforschung, Abteilung Personal und Arbeit, Hannover.

Schwarz, Volker, ehem. wiss. Mitarbeiter, Martin-Luther-Universität Halle-Wittenberg, Wirtschaftswissenschaftliche Fakultät, Institut für Betriebswirtschaftslehre, Professur für Organisation und Personalwirtschaft, Halle (Saale).

Weiß, Reinhold, Priv.-Doz. Dr., Institut der deutschen Wirtschaft (IW) und Universität der Bundeswehr Hamburg, Köln und Hamburg.

Manfred Becker, unter Mitarbeit von Anke Schwertner:
Gestaltung der Personal- und Führungskräfteentwicklung.
Empirische Erhebung, State of the Art und Entwicklungstendenzen
ISBN 3-87988-664-4, Rainer Hampp Verlag, München und Mering 2002, 406 S., € 34.80

Die vorliegende Untersuchung liefert aktuelle empirische Befunde zu den Themengebieten Unternehmensführung, Personalentwicklung und Führungskräfteentwicklung. In einer deutschlandweiten repräsentativen Befragung haben 232 Personalleiter interessante Einblicke in die in den Unternehmen praktizierte Personal- und Führungskräfteentwicklung und die Unternehmensführung gegeben. Die Ergebnisse wurden systematisch ausgewertet, thematisch logisch aufbereitet und mit Tabellen, Grafiken und Schaubildern anschaulich dargestellt. Die empirischen Befunde sind für Dozenten und Praktiker eine wichtige und objektive Grundlage zur Gestaltung ihrer Personalentwicklungsarbeit.

Univ.-Prof. Dr. Manfred Becker, seit April 1993 Inhaber der Professur für Allgemeine Betriebswirtschaftslehre, Organisation und Personalwirtschaft an der Martin-Luther-Universität Halle-Wittenberg, von 1990 bis 1993 Universitätsprofessor für Betriebswirtschaftslehre mit dem Schwerpunkt Personalwirtschaft an der Gerhard-Mercator-Universität GH Duisburg, von 1980 bis 1990 leitende Funktionen in der Personalentwicklung eines internationalen Industrieunternehmens, Habilitation 1987, Promotion 1979.

Dipl.-Kffr. Anke Schwertner, seit Juni 2000 wissenschaftliche Mitarbeiterin und Doktorandin bei Prof. Dr. M. Becker, von 1994 bis 2000 Studium der Betriebswirtschaftslehre an der Technischen Universität Chemnitz.

Manfred Becker /Anke Schwertner (Hg.):
Personalentwicklung als Kompetenzentwicklung
ISBN 3-87988-665-2, Rainer Hampp Verlag, München und Mering 2002, 238 S., € 27.80

Der vorliegende Tagungsband dokumentiert Beiträge, die anlässlich des 2. Wissenschaftlichen Symposiums zur Personalentwicklung in der Wittenberger Leucorea im November 2001 gehalten wurden. Die Beiträge beleuchten die Personalentwicklung sowohl aus theoretischer als auch aus praktischer Sicht.

Die Aufsätze behandeln folgende Themenschwerpunkte: Personalentwicklung zwischen individueller und betrieblicher Verantwortung, Personalentwicklung in der öffentlichen Verwaltung, Tendenzen marktwirtschaftlicher Austauschbeziehungen in der beruflichen und privaten Bildung, Personalentwicklung zwischen Qualifikation und Kompetenz, persönliche und betriebliche Finanzierung der Weiterbildung, Reformansätze in der Aus- und Weiterbildung und internationale Standards der Weiterbildung.

Die Beitrage informieren Dozenten, Praktiker und Studierende über aktuelle, für Theorie und Praxis gleichermaßen wichtige Erklärungs- und Gestaltungsanliegen systematischer Personalentwicklung.

Erhard Schreiber / Matthias Meyer / Thomas Steger / Rainhart Lang:
**Eliten in "Wechseljahren". Verbands- und Kombinatsführungs-
kräfte im ostdeutschen Transformationsprozess**
Arbeit, Organisation und Personal im Transformationsprozess. Herausgegeben von R. Lang,
Chr. Baitsch, P. Pawlowsky, Bd. 18
ISBN 3-87988-689-X, Rainer Hampp Verlag, München und Mering 2002, 229 S., € 22.80

Das Schicksal gesellschaftlicher Eliten hat zu allen Zeiten das Interesse ihrer Zeitge-
nossen erweckt, nicht zuletzt weil es in besonderem Maße mit dem der sie umgeben-
den Gesellschaftsordnung verknüpft erscheint. Dieses Interesse bezog sich im vergangenen Jahrzehnt auch – und speziell – auf die Eliten der durch die Wende und den
nachfolgenden Wiedervereinigungsprozess untergegangenen DDR.

Im Rahmen eines vom Sächsischen Ministeriums für Wissenschaft und Kunst
(SMWK) geförderten Forschungsprojektes wurden nun zwei Teilgruppen ökonomischer Eliten, die bisher eher etwas im Hintergrund gestanden haben, einer näheren Betrachtung unterzogen: einerseits die Eliten in den Wirtschafs- und Berufsverbänden
sowie Gewerkschaften in Sachsen, andererseits die Eliten der ehemaligen in Sachsen
angesiedelten Kombinatsleitungen.

Die empirische Untersuchung stützte sich auf insgesamt 130 qualitative Interviews mit
Eliten und Akteuren in deren Umfeld. Darüber hinaus flossen umfangreiche Daten zum
soziodemographischen Profil sowie zu den Bildungs- und Berufsbiographien der Inter-
viewpartner sowie Daten zum Nachwendeverbleib weiterer 240 ehemaliger Kombi-
natseliten ein. Im vorliegenden Band werden somit Ergebnisse qualitativer und quantitativer Analysen zusammengeführt und gemeinsam interpretiert.

Stefan Koch: **Eigenverantwortliches Handeln von Führungskräften**
Reihe ORGANISATION & PERSONAL, hrsg. von Oswald Neuberger, Bd. 10
ISBN 3-87988-574-5, Rainer Hampp Verlag, München u. Mering 2001, 272 S., € 24.80

Unternehmen haben sich in den letzten Jahren radikal verändert, und mit ihnen die Ar-
beitsprozesse. Flexible, dezentrale oder sogar virtuelle Organisationsformen bringen es
mit sich, dass Positionsinhaber vor Ort die Initiative ergreifen und aus eigener Verantwortung heraus im Sinne übergeordneter Ziele handeln müssen. Bürokratische und hierarchische Regelungen leisten dabei wenig Hilfestellung, eher stehen sie effektivem
Handeln im Wege.

Eigenverantwortliches Handeln ist in diesem Buch eine präzise Beschreibung für
etwas, das auch als „freiwilliges Arbeitsengagement", „unternehmerisches Handeln"
oder „Mitunternehmertum" im Gespräch ist. Dieses sind die Zauberworte, mit denen
Beschäftigte für die neuen Organisationsformen „fit gemacht" werden sollen. In vor-
derster Front sind von den Neuerungen Führungskräfte betroffen, die folglich hier im
Zentrum stehen. Das vorliegende Buch untersucht, wann berufliches Handeln eigenverantwortlich ist und was Führungskräfte zu solchem Handeln motiviert – letztendlich
ihre persönlichen Normen und Überzeugungen. Eine umfangreiche empirische Studie
macht schließlich praktische Implikationen des Themas deutlich: Inwieweit können es
Unternehmen überhaupt würdigen, wenn ihre Führungskräfte eigenverantwortlich handeln, und wie können sie es unterstützen?